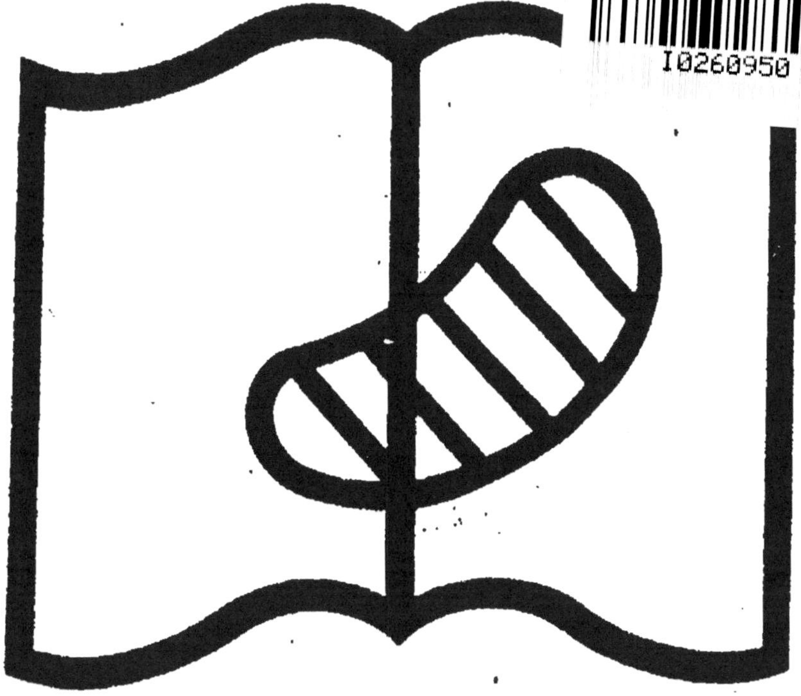

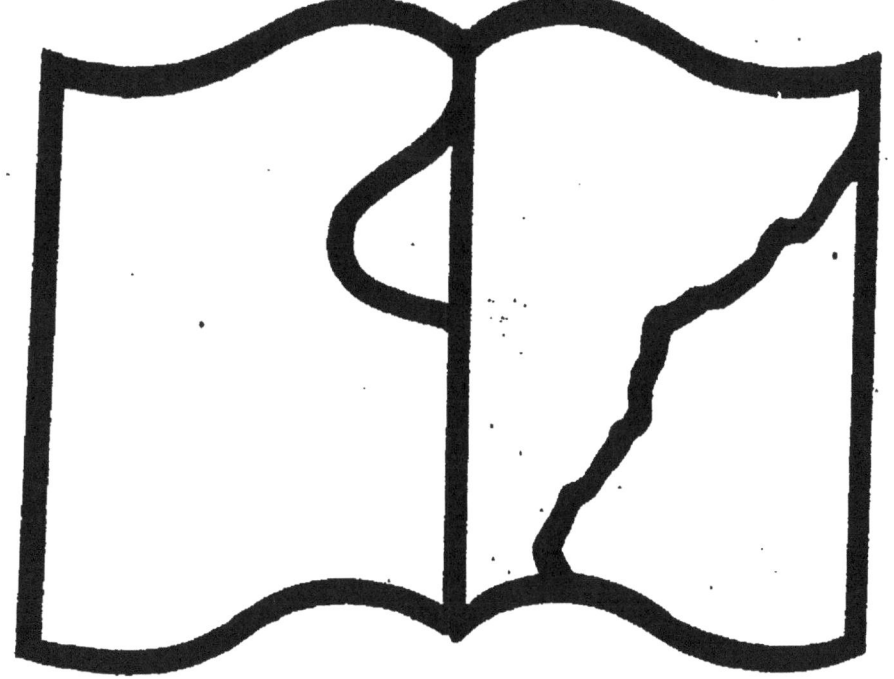

Original illisible

NF Z 43-120-10

VOYAGES

DE

MISS BERRY A PARIS

1782-1836

MISS BERRY ET MISS AGNÈS BERRY

(D'après une peinture de Zoffany, appartenant au colonel Ferguson of Raith.)

VOYAGES

DE

MISS BERRY

A PARIS

1782-1836

TRADUITS PAR Mme LA DUCHESSE DE BROGLIE

PARIS

ANCIENNE MAISON POUGET-COULON ET ROBLOT

A. ROBLOT, Succ^r

67, RUE CAUMARTIN, 67

—

1905

INTRODUCTION

Mary Berry, née à Kirkbridge (Stanwick Yorkshire), le 16 mars 1763, était fille d'un avocat distingué. Sa mère, miss Seton, morte très jeune, appartenait à une famille honorable et bien alliée. Mary Berry n'avait qu'une sœur cadette, Agnès[1], dont elle ne se sépara jamais.

On la représente à dix-huit ans comme une personne douée de beaucoup d'agréments, de grâce et d'élégance. Tous ceux qui la connaissaient l'aimaient et l'admiraient. Intelligente, spirituelle, instruite et active, miss Berry persuada à son père de quitter la campagne[2] pour s'établir à Londres et bientôt de voyager en Europe.

Nous lui devons la première publication des célèbres lettres de Mme du Deffand à Horace Walpole. Miss Berry publia encore quelques autres ouvrages[3]. Cependant elle est peu connue en

---

[1] Agnès Berry, née le 20 mai 1764.
[2] M. Berry et ses filles habitaient alors Chiswick.
[3] *Vues comparatives de la vie sociale en France et en Angleterre.* (1828.) — *Préface des Lettres de lord Orford adressées aux misses*

France. Seules quelques personnes, aujourd'hui fort âgées, peuvent se souvenir de l'avoir vue à Paris, où elle se plaisait, et était reçue dans les salons les plus célèbres de l'époque. Le volumineux journal[1] dans lequel se retrace sa longue existence n'a pas été traduit, malgré l'intérêt que présente l'œuvre d'une femme de mérite et d'esprit, vivement appréciée de ses contemporains.

Durant les années que miss Berry passa à Londres, de 1785 à 1788, elle fit la connaissance de l'homme remarquable dont elle devait embellir les derniers jours par un dévouement rempli d'affection et de dignité.

C'était Horace Walpole, né à Hougton en 1717, troisième fils du célèbre ministre Robert Walpole, et de sa première femme Catherine Shorter. Entré de bonne heure au collège d'Eton, il s'y lia avec des jeunes gens studieux et intelligents, dont quelques-uns occupèrent plus tard des positions importantes dans la politique et dans les lettres. De

---

Berry. — *Quelques récits sur la vie de M*^{me} *du Deffand*. — *Quelques récits sur la vie de Rachel, lady Russell et M*^{me} *de Sévigné, considérées comme contemporaines*. — Les *Amis élégants*, comédie. — *Préface des Œuvres de lord Orford*. — Les *Deux Martins*, pièce comique qui ne fut pas publiée. La comédie des *Amis élégants* fut représentée à Strawberry-Hill au mois de novembre 1791. Miss Berry y tint un rôle, ainsi que son père et sa sœur Agnès. Le prologue et l'épilogue furent composés par miss Joanna Baillie, auteur distingué, amie de miss Berry.

[1] Extracts from the *Journal and Correspondance* of miss Berry from the year 1763 to 1852. Edited by lady Theresa Lewis, in three volumes. London, Longmans Green and C°, 1866. 2th edition.

ce nombre furent Richard West, le poète Gray, George Montagu et son cousin Harry Seymour Conway, qui devint maréchal et ministre d'État. Horace Walpole siégea à la chambre des Communes, et hérita en 1791, à l'âge de soixante-quatorze ans, de la fortune et des titres de son neveu, le comte d'Orford, mais ne voulut pas siéger à la chambre des Lords.

Il s'occupa d'embellir son château de Strawberry-Hill et d'accroître ses collections de livres, de tableaux, de numismatique et d'antiques. Horace Walpole aimait la France et avait entretenu de nombreuses correspondances avec les personnes les plus remarquables de ce pays, entre autres, la marquise du Deffand[1], qu'il avait connue à Paris en 1765 et qui, malgré son âge avancé, éprouvait pour lui une amitié très vive. Walpole avait beaucoup écrit et écrivait encore. Il était poète, historien, publiciste, auteur dramatique et romancier. Malgré des travaux littéraires, nombreux et variés, il n'était pas auteur dans l'acception ordinaire du mot. Le goût véritable et l'occupation favorite d'Horace Walpole, c'était la correspondance et la conversation.

Mary et sa sœur, Agnès Berry, rencontrèrent Horace Walpole chez lady Herries, femme du ban-

---

[1] Marie de Vichy Chamrond, marquise du Deffand, née en 1697, d'une famille noble de Bourgogne, mariée en 1718 au marquis du Deffand, dont elle se sépara. Elle devint aveugle en 1754 et mourut en 1780.

quier de Saint-James Street. Quelques mois après, se trouvant à Strawberry-Hill, son séjour de prédilection, il écrivait à l'une de ses anciennes amies, lady Ossory, les lignes suivantes :

« Je n'ai pas recueilli de récente anecdote dans nos champs ; mais j'ai fait, ce qui vaut beaucoup mieux pour moi, une précieuse acquisition. C'est la connaissance de deux demoiselles du nom de Berry, que j'ai rencontrées l'hiver dernier et qui ont par hasard pris une maison ici avec leur père pour cette saison. Il les a conduites il y a deux ou trois ans en France, et elles en sont revenues les personnes de leur âge les plus instruites et les plus accomplies que j'aie vues. Elles sont extrêmement sensées, parfaitement naturelles, franches, sachant parler de tout.

« Rien d'aussi aisé et d'aussi agréable que leur entretien ; rien de plus à propos que leurs réponses et leurs observations. L'aînée, à ce que j'ai découvert par hasard, entend le latin et parle français absolument comme une Française. La plus jeune dessine d'une manière charmante.

« Leur figure, ajoute Walpole pour nous compléter le séduisant portrait des deux jeunes filles, a tout ce qui plaît. Mary, la plus âgée, a un visage doux avec de beaux yeux noirs, qui s'animent quand elle parle, et la régularité de ses traits emprunte à sa pâleur quelque chose d'intéressant. Agnès, la cadette, a une physionomie agréable, intelligente, qu'on ne peut dire belle, mais presque.

« Le bon sens, l'instruction, la simplicité, la bonne grâce caractérisent les Berry. Je ne sais laquelle j'aime le mieux. »

C'était sans doute Mary, comme nous l'apprend l'historien français de Walpole, M. de Rémusat :

« Ce fut, dit-il, une singulière bonne fortune pour Walpole, que de rencontrer ainsi à la campagne et tout près de lui une société telle qu'il l'aurait choisie. Lui-même était pour ses nouvelles amies une ressource précieuse. Ses livres, ses tableaux, son jardin, et mieux encore ses souvenirs et sa conversation, tout devait intéresser deux jeunes personnes distinguées qui recevaient là, pour ainsi dire, la dernière éducation de leur esprit. Il s'habitua à les aimer comme sa vraie famille; il leur consacra les soins d'une amitié délicate, empressée, charmée. On dit même qu'il comprit mieux alors les sentiments que Mme du Deffand avait éprouvés pour lui, et, soit qu'il voulût assurer et relever la fortune d'une famille profondément intéressante, soit que la beauté et la jeunesse eussent produit sur son cœur une impression qu'il s'avouait à peine, il offrit à miss Berry de prendre son nom. »

La proposition qu'il fit à Mary Berry était toute paternelle, et Horace Walpole insista fortement pour qu'elle consentît à l'accepter.

« Mais, continue M. de Rémusat, il avait affaire à une âme élevée, sincère, qui ne voulut garder de lui qu'un souvenir reconnaissant, que plus d'un demi-siècle n'affaiblit pas. »

Miss Berry ne devint donc pas comtesse d'Orford.

Son refus fut peut-être inspiré par le sentiment qu'elle éprouvait pour le général O'Hara [1], dont le nom paraît dans son journal dès l'année 1784.

Le général O'Hara était fort estimé de tous ceux avec lesquels miss Berry vivait en relations intimes. Il est souvent nommé avec louanges et intérêt dans les lettres de lord Orford. Le maréchal Conway et lady Ailesbury étaient ses plus chers amis, et son affection pour leur fille, Mrs Damer, celle d'un frère. Miss Berry aima réellement le général O'Hara et crut jusqu'à la fin de sa vie que son union avec lui aurait élevé son caractère, éveillé les meilleurs sentiments de son cœur et assuré son bonheur en ce monde.

Ce fut à Cheltenham, en 1796, que le général O'Hara fit à miss Berry la déclaration de ses sentiments et qu'elle s'engagea à l'épouser, tout en craignant, ainsi que son fiancé, de causer un chagrin à leur ami dévoué, Horace Walpole. Le général O'Hara venait d'être nommé gouverneur de Gibraltar, et devait se rendre à son poste au mois de novembre suivant. Il désirait un prompt mariage, afin d'emmener sa femme avec lui. Mais miss Berry n'accepta pas et eut l'abnégation de laisser le général partir seul.

[1] Miss Berry vit pour la première fois le général O'Hara à Rome, dans l'église de Saint-Pierre, le 31 mars 1784.

« En me soumettant à cette absence, écrit miss Berry, je crois que je suis dans le vrai. Je suis sûre d'agir pour le bonheur et la paix de ceux qui m'entourent sans penser à moi. »

Peut-être se trompa-t-elle sur la ligne du devoir, peut-être appela-t-elle sur sa tête plus de malheurs qu'elle ne craignait; mais comment ne pas admirer l'esprit de sacrifice avec lequel miss Berry prit cette décision ?

Ceci se passait à la fin du mois d'avril 1796.

Ils ne se revirent jamais, et une ombre de tendre regret s'étendit, pour ne plus s'effacer, sur la longue existence de miss Berry. Ces espérances déçues et cet amour brisé augmentèrent la disposition naturelle d'amertume de son caractère. Quarante-huit ans après la rupture de cet engagement, miss Berry rouvrit le paquet de lettres qui formait sa correspondance avec le général O'Hara, et en le refermant y attacha une note touchante dont voici quelques extraits :

« Ce paquet de lettres se rapporte aux six mois les plus heureux de ma longue et insignifiante existence.

« J'aimais pour la première fois ! Un avenir de bonheur s'ouvrait devant moi. Mais un enchaînement de circonstances malheureuses anéantirent mes espérances. Elles ne furent pas détruites d'un seul coup, mais minées peu à peu par des malentendus qui brisèrent notre confiance ! Cependant mon cœur ne pouvait renoncer à l'espoir d'une explication par laquelle tout aurait été effacé, si nous avions pu nous revoir [1]. »

Horace Walpole, malgré sa vieillesse et ses infirmités, s'ingénia avec Mary et Agnès Berry à rendre service aux infortunées familles françaises réfugiées à Londres pendant la Terreur.

Son indignation et sa tristesse étaient profondes, et il l'exprime à miss Berry dans la lettre suivante, mars 1793 :

« La rage qui règne à Paris semble s'exaspérer chaque jour davantage ; les uns sont dans le désespoir, les autres ne sont que des bandits fieffés. Je tremble tellement pour la plus grande et la plus torturée des victimes, la Reine, que je ne saurais ressentir le malheur des autres aussi vivement peut-être qu'ils le méritent. Jamais martyre n'a subi des tourments plus longs ni plus variés que ceux de cette princesse ; son courage et sa patience sont à la hauteur de son infortune. Ma pauvre vieille amie, la duchesse de La Vallière, qui a plus de quatre-vingt-dix ans, et qui est sourde comme une pierre, est gardée à vue dans son propre hôtel. Sa fille, la duchesse de Châtillon, mère de la duchesse de La Trémoïlle, est arrêtée ; combien cette dernière,

---

[1] Le général O'Hara ne quitta pas son gouvernement de Gibraltar et y mourut en 1802.

Miss Berry apprit la mort du général O'Hara le vendredi 26 mars 1802. Elle assistait, à l'Opéra, à la représentation d'*Œdipe à Colone*, où cette nouvelle, venue d'Angleterre, lui fut brusquement annoncée. Miss Berry mentionne le fait dans son journal, assez froidement.

attachée comme elle l'est à la Reine, doit se sentir profondément malheureuse ! »

Enfin, ces sentiments sont encore affirmés dans la *Correspondance de Walpole*, publiée par le comte de Baillon :

« Les exilés ne trouvèrent point ailleurs un ami ni un protecteur plus dévoué ; les femmes, dont il avait tant apprécié la grâce et l'esprit dans leurs salons dorés, il sentait qu'il avait contracté envers elles une dette de reconnaissance, et il l'acquittait fidèlement... Bien plus, l'incrédule qu'on avait vu si souvent exercer sa verve plaisante sur les différentes religions et sur leurs ministres, s'empressa d'inscrire son nom au bas de la souscription qu'on avait ouverte à Londres en faveur des prêtres français et de témoigner une respectueuse sympathie à leur caractère et à leur détresse. « Si l'horreur de « l'athéisme, écrivait-il alors, implique le papisme, « à mes yeux c'est un compliment que d'être « appelé papiste. »

Miss Berry entoura la fin de la vie d'Horace Walpole d'un dévouement filial, et raconte ainsi ses derniers moments :

« Les attaques de goutte de plus en plus fréquentes et longues de lord Orford rendaient ses voisins, à Strawberry-Hill, fort anxieux de le faire transporter dans Berkeley-Square, pour qu'il se trouvât plus près des secours, si une crise soudaine survenait. Comme ses correspondants habituels devaient, peu après son retour à Londres, venir s'y installer également, il ne pouvait plus y avoir d'échange de lettres avec lui. Quand il n'était pas sous le coup de la souffrance, son esprit conservait son calme et sa gaieté ; il était toujours susceptible d'amusement ; mais pendant les dernières semaines de sa vie, lorsque la fièvre vint s'ajouter à ses autres douleurs, son esprit subit la cruelle hallucination de se croire négligé et abandonné par les seules personnes auxquelles sa mémoire se rattachait et qu'il désirait voir toujours auprès de lui. En vain lui rappelaient-elles combien peu elles l'avaient quitté et combien leur absence avait été courte ; il semblait satisfait pour un instant, mais la même préoccupation le reprenait dès qu'il les avait perdues de vue. Enfin la nature, succombant à l'excès de la faiblesse, lui fit perdre toute autre notion que celle de l'existence, et il s'éteignit sans lutte le 2 mars 1797. Walpole laissa sa correspondance française à miss Berry et la pria dans son testament d'accepter le don d'une petite maison de campagne, près de Strawberry-Hill. Ce fut sa nièce, Mrs Damer, fille du maréchal Conway [1], femme d'un esprit distingué

---

[1] H. S. Conway était le cousin maternel de Walpole et le plus cher de ses amis.

Il était le second fils de lord Conway et de Charlotte Shorter, sœur de lady Walpole, femme du ministre. Après avoir rempli avec distinction plusieurs charges à la cour et à l'armée, il fut fait secrétaire d'État en 1765, général d'artillerie en 1770, et enfin, feld-maréchal en 1793. Il avait épousé la comtesse douairière d'Aylesbury, dont il n'a eu qu'une fille, Mrs Damer, à qui Walpole légua Strawberry-Hill. (*Lettre de H. Walpole à H. S. Conway.* Note du comte de Baillon.)

et très connue aussi par son talent de sculpteur, qui eut la jouissance viagère du château de Strawberry-Hill ; Mrs Damer était l'amie de Mary Berry et l'accompagna en France en 1802. »

Dans l'Avertissement qui précède les lettres que lord Orford lui avait adressées ainsi qu'à sa sœur, miss Berry rend le plus éclatant témoignage aux qualités de l'esprit et du cœur de son vieil ami. Miss Berry y défend sa mémoire contre les critiques auxquels elle reproche de n'avoir pas compris son caractère.

« On accuse lord Orford de s'être moqué de tout. La moquerie n'était pas chez lui une marque d'aversion ni de mépris. Il avait de forts préjugés, quelquefois assez peu fondés, et il a souvent erré dans l'appréciation des caractères ; quand il était sous l'influence de certaines impressions, il exprimait ses idées toujours avec franchise, mais souvent avec trop de violence. Peu de personnes obtinrent les affections de son cœur, parce que dans la première jeunesse elles n'avaient point été cultivées ; mais elles furent toujours singulièrement vives, pures et constantes ; ce n'était pas l'ardeur de la passion, mais la continuelle préoccupation d'un attachement véritable. »

Miss Berry, comme nous l'avons déjà dit, était reçue amicalement par plusieurs des personnes célèbres ou occupant de hautes situations en Angleterre, en France et dans tous les pays que lui fit parcourir son humeur voyageuse.

Une note de son journal, en Suisse, nous apprend comment elle rencontra Mˡˡᵉ Necker.

« Je la vis pour la première fois à Lausanne, en 1784. C'était à une fête donnée au prince Henri de Prusse, au mois de juin. Nous revenions d'Italie. J'avais vingt ans. Elle en avait seize. »

Les misses Berry critiquèrent l'indépendance de son langage, ce qui explique la note suivante, la seule écrite pendant un court séjour à Paris après un voyage en Hollande, Belgique, Allemagne, Italie et Suisse.

« Paris, 1785 [1].

« Par nos relations en Italie avec le roi de Suède, Gustave III, nous nous étions intimement liés avec son ambassadeur à Paris, M. de Staël [2]. Il me parla en toute confiance de son mariage projeté avec Mˡˡᵉ Necker, me demanda mon opinion et me consulta. Mais le mariage était décidé... »

Cependant miss Berry devint l'amie de Mˡˡᵉ Necker (Mᵐᵉ de Staël). Elles se virent souvent par la suite, et surtout à Londres pendant l'hiver de 1814 [3]. Le

---

[1] C'est la seule note de miss Berry pendant ce séjour à Paris.

[2] Eric Magnus, baron de Staël-Holstein, ambassadeur de Suède à Paris, épousa Mˡˡᵉ Necker, le 14 janvier 1786. La cérémonie fut célébrée dans la chapelle de l'ambassade.

[3] Londres, mai 1814. Dans une lettre adressée à Mrs Damer, miss Berry dit s'être séparée de Mᵐᵉ de Staël « non sans attendrissement de ma part », et la déclare « malgré ses fautes, ses fautes, ses ridicules et ses petitesses, une créature très supérieure ». Miss Berry craint d'être mal jugée et oubliée par Mᵐᵉ de Staël, qui l'appréciait cependant plus qu'elle ne le croyait,

23 avril 1814, miss Berry note que « le roi de France a quitté Londres ce matin à neuf heures. Si le même intervalle se fait entre les visites des rois de France en Angleterre, nous n'en verrons pas d'autres avant cinq cents ans » ! Après le roi de France, ce fut Mme de Staël qui rentra dans ce Paris qu'elle préférait à toute autre résidence. Miss Berry reçut au mois de mars 1815 la lettre suivante, de Mme de Staël, lui annonçant le mariage de sa fille avec le duc de Broglie.

« Paris, le 3 mars 1815. Rue de Grenelle-Saint-Germain, 15.

« Je suis affligée, ma chère miss Berry, de n'avoir point reçu de vos nouvelles depuis mon départ d'Angleterre. Il faut pourtant que je vous demande si vous vous intéressez au mariage d'Albertine[1] avec M. de Broglie? Nous allons passer le printemps et l'été en Suisse. N'y a-t-il aucune chance pour que vous veniez m'y voir? Il me semble que ce voyage ne fatiguerait pas monsieur votre père. Parlez de moi à votre sœur. Combien de fois n'ai-je pas regretté nos entretiens! il n'y a point de femme qui puisse vous faire oublier. Albertine demande à finir cette lettre[2].

si l'on en juge par le passage suivant d'une lettre adressée à miss Berry par un ami et datée de 1815 : « Mme de Staël a dit à une personne, qui me l'a répété, qu'elle vous aimait le mieux et vous trouvait de beaucoup la femme la plus intelligente d'Angleterre. »

[1] Albertine-Ida-Gustavine de Staël-Holstein, née à Paris, le 8 juin 1797, mariée à Pise, le 20 février 1816, au duc de Broglie, morte à Broglie, le 22 septembre 1838.

[2] Ces lettres sont en français dans l'original.

« Est-ce vrai, *dear* miss Berry, que vous m'aimez un peu, et que mon sort vous intéresse ? Il est fort heureux, beaucoup plus que je ne mérite. J'espère revoir un jour l'Angleterre et vous amener toutes les personnes qui m'intéressent. En attendant, soyez assez bonne pour prier mes amis anglais de ne pas m'oublier, W. Spencer, Anacreon Moore, etc., et puis rappelez-moi au souvenir de mademoiselle votre sœur. Quant à vous, j'espère que vous savez que je suis *yours for ever*.

« ALBERTINE DE STAEL. »

Miss Berry perdit son père, Mr Berry, à Gênes, le 19 mai 1817. Il mourut dans les bras de ses filles ; « en paix avec le ciel et la terre, » et fut enterré dans le cimetière situé sur le bassin de Carignano. Miss Berry écrivit à Mme de Staël pour lui faire part de son malheur, mais leurs lettres se croisèrent. Celle de Mme de Staël est étiquetée dans les papiers de miss Berry avec la mention : « Dernière lettre de Mme de Staël. » En effet, Mme de Staël mourut le 14 juillet 1817.

« Paris, rue Neuve-des-Mathurins, le 26 mai 1817.

Mme de Staël à miss Berry.

« Il m'est arrivé, *my dear friend*, un accident vraiment épouvantable à la suite de ma maladie : c'est de ne pouvoir faire presque aucun usage ni de mes pieds ni de mes mains, à cause des crampes cruelles que j'éprouve. Je suis donc couchée sur le dos depuis quatre-vingt-dix jours comme une tortue, mais avec beaucoup plus d'agitation d'esprit et de souffrance d'imagination que cet animal. Je comptois partir le premier de mai pour la Suisse; les médecins m'ont promis le premier de juin. Je voudrois me flatter du premier de juillet, et je passe ma vie à me tromper, ou à me désespérer; il y a véritablement une punition du ciel, quand la personne la plus active se trouve pour ainsi dire comme pétrifiée. Je ne le suis pourtant pas, ni d'esprit, ni de cœur; voilà pourquoi je regrette votre entretien et votre amitié. Comment pourrois-je jouir de l'un et de l'autre? En vérité, je n'en sais rien. Si j'ai la possibilité d'être transportée, fût-ce comme un paquet dans ma voiture, je serai à Coppet le 15 juillet, et à Rome les premiers jours de novembre; mais si, comme un triste présage me le dit au fond du cœur, je suis forcée de ne pas bouger de Paris, vous m'y trouverez si vous retournez en Angleterre; mais vous m'y retrouveriez si désespérée, que je ne serais bonne à rien qu'à vous affliger.

« Voilà mon état bizarrement cruel et qui a renversé tous mes projets dans ce monde. Puisse le bon Dieu me faire sortir de cet abîme où sa main seule peut m'être secourable! Mandez-moi vos projets, et croyez que personne ne peut apprécier plus vivement que moi tout ce que vous valez à tant d'égards. Rappelez-moi au souvenir de votre père et de votre sœur, et répondez-moi directement ici. Ma fille[1], qui, Dieu merci, est très heureusement accouchée d'une *grosse fille*[2] aussi ronde que j'étois jadis, se rappelle à votre souvenir, et toute ma famille souhaite de ne pas être oubliée d'une personne aussi supérieure que vous. Remerciez en mon nom mes amis de Gênes qui ne m'ont pas oubliée. »

Les dernières années de miss Berry s'écoulèrent paisiblement à Londres, à Richmond et à Petersham, où elle passait la belle saison dans une jolie habitation. Elle perdit sa sœur Agnès, au mois de janvier 1852, et se prépara à la suivre avec calme, persuadée que sa propre fin ne pouvait tarder.

Dans une lettre adressée à un parent, miss Berry raconte ainsi les derniers moments de sa sœur :

« Sa mort a été des plus douces. Certainement aucune créature n'a autant de raisons d'avoir de la reconnaissance pour la bonté, la sympathie et l'affection de ses amis que moi. Enfin, j'espère être assez bien préparée pour suivre ma chère Agnès à bref délai, comme nous en avions souvent parlé ensemble. »

Un seul événement lui parut digne d'être noté, durant ces derniers mois d'existence :

---

[1] La duchesse de Broglie.
[2] Pauline de Broglie, née à Paris, le 1er mars 1817, morte à Paris, le 28 décembre 1831.

« La reine, écrit-elle, le 28 juin 1852, me fit l'honneur de m'appeler auprès d'elle. Mon amie, la duchesse de Sutherland, fut chargée de me dire que la reine désirait me connaître ; ce sont ses propres expressions. J'avais heureusement assez de force pour me rendre à cette invitation. J'ai été enchantée de trouver notre souveraine si gracieuse et si naturelle, sans parler de l'extrême amabilité qu'elle m'a témoignée personnellement. »

Vers la fin d'octobre, miss Berry sentit sa vie décliner sensiblement ; elle rentra à Londres [1] et s'éteignit sans souffrance, le 20 novembre 1852, dans sa quatre-vingt-dixième année. Elle repose près de sa chère Agnès, dans le cimetière de Petersham.

Le comte de Carlisle écrivit et fit placer sur leur tombe, à Petersham, l'inscription suivante :

MARY BERRY

NÉE EN MARS 1763, MORTE EN NOVEMBRE 1852.

AGNÈS BERRY

NÉE EN MAI 1764, MORTE EN JANVIER 1852.

« Sous cette pierre sont déposés les restes de deux sœurs, au milieu des lieux qu'elles avaient aimés et habités pendant leur vie. Les tendres

---

[1] Miss Berry habitait, à Londres, Curzon Street.

regrets des survivants d'une suite non interrompue d'amis qui leur furent dévoués avec une tendre affection pendant toutes les étapes de leur longue carrière les suivent jusqu'ici.

« Elles aspiraient au repos dans le Seigneur avec une pieuse adoration du grand Dieu du ciel et de la terre.

« Elles furent aimables et charmantes pendant leur vie, et la mort ne les sépara pas. »

VOYAGES
DE
MISS BERRY A PARIS
1782-1836

SECOND VOYAGE EN FRANCE
1790[1]

Le 10 octobre 1790, M. Berry et ses filles quittèrent l'Angleterre pour le continent, malgré les instances de leurs amis, entre autres d'Horace Walpole, qui craignaient pour eux les désordres dont la France était le théâtre.

Journal. — Dimanche 10 octobre 1790. — « Nous avons quitté North Andley Street, à onze heures et demie, et sommes arrivés au *Old Ship*, à Brigthelmstone, à huit heures et demie. »

---

[1] La relation du premier voyage de miss Berry en France ne contient que des notes insignifiantes, à l'exception de celle qui se trouve dans l'Introduction, page 12. A cette époque (1785), miss Berry arriva à Paris avec son père et sa sœur. Elle y séjourna du 20 mars au mois de juin.

Lundi 11. — « Nous nous sommes embarqués sur le *Speedwell,* sloop de quarante tonnes, capitaine Lyn. Nous avions payé pour le passage huit guinées et demie, et le capitaine prit notre voiture et nos bagages. Le vent étant favorable, nous avons atteint la côte de France en un peu plus de douze heures ; mais il nous en fallut vingt-quatre pour entrer à Dieppe. »

Mardi 12. — « Nous sommes descendus à l'hôtel du Grand-Cerf, à Dieppe, après une traversée de vingt-quatre heures. Je m'étais couchée en m'embarquant, et je restai immobile jusqu'à l'arrivée. L'auberge est beaucoup mieux tenue que je ne m'y attendais ; nous avons soupé et pris du thé, et nous nous sommes couchés.

« J'avais entendu parler de Dieppe comme de la ville la plus sale de France ; elle ne mérite pas cette épithète : les rues sont droites, assez larges, quoique les maisons soient pour la plupart mal bâties, ce qui est plus frappant encore lorsqu'on arrive d'Angleterre.

« Il y a une belle vue sur la mer du haut du vieux château, que mon père et moi avons été visiter, et qui est gardé par quelques invalides. »

Mercredi 13. — « Nous sommes descendus à l'hôtel Vatel, à Rouen. La route était excellente, et nous l'avons parcourue presque aussi vite que nous l'aurions fait en Angleterre. Rouen est grand et populeux ; mais les rues y sont remarquablement étroites, même pour ce pays. La Seine, qui est ici aussi large que la Tamise au pont de Kew, est couverte de vaisseaux et bordée d'un quai long de près d'un mille, large, gai, bruyant, rempli de monde et d'animation.

« La cathédrale, noble édifice gothique, très ornée extérieurement et intérieurement, est ce que j'ai vu de plus beau, après la cathédrale d'York. Le chœur est fermé par une grille de cuivre poli et travaillé à jour. La grande porte de l'Ouest, comme celle de notre cathédrale de Winchester, est gâtée par un fronton de style grec qui n'est même pas aussi beau. Les boutiques de Rouen n'ont aucune fermeture sur la rue, et les marchandes y sont assises en toute saison, du matin au soir, munies de petites chaufferettes sous les pieds.

« Ici il nous a fallu changer notre itinéraire; car nos banquiers, Garvie et Cie, ne purent même nous donner cinq livres en espèces, au lieu des soixante dont nous avions besoin. On ne nous offrit que des assignats de huit cents florins ; il était impossible de se procurer aucune monnaie à Rouen. Par conséquent, au lieu de passer par Saint-Germain et Versailles en évitant Paris, nous avons été obligés d'y aller pour chercher de l'argent, ce viatique indispensable. »

Jeudi 14. — « Départ de Rouen. La route sur les rives de la Seine est très belle. A Gaillon, il y a un vieux et magnifique château avec des tours, appartenant à l'archevêque de Rouen, cardinal de La Rochefoucauld. La moitié du revenu de ce prélat (vingt mille livres sterling par an) était donnée aux pauvres, de l'aveu même du peuple. Ce revenu est réduit maintenant à quinze cents livres.

« Arrivés à Mantes. »

Vendredi 15 octobre 1790. — « Nous sommes entrés à Paris et descendus à l'hôtel d'Orléans, rue des Petits-Augustins. Pour douze florins par jour, nous avons loué l'appartement du second. Un *laquais de place*, connu de la maison, nous attendait sur l'escalier. En moins d'une heure, nous avons fait venir de chez un traiteur un très bon diner; bref, nous nous sommes sentis aussi bien installés que si nous avions été ici depuis un mois.

« Je ne connais pas d'endroit où il soit possible de trouver en si peu de temps tout ce dont on a besoin !

« Les abords de Paris, depuis Saint-Germain-en-Laye et surtout à partir du beau pont de Neuilly, sont dignes de mener à ce que les Français se plaisent à appeler la *première cité du monde*.

« *La première cité du monde* est actuellement en grand négligé, car bien des personnes ont émigré devant la violence et les préjugés du peuple; d'autres, sans courir de réels dangers, se tiennent à l'écart, observant les événements, et une autre classe, non moins nombreuse peut-être, s'est retirée en province par raison d'économie et désir de tranquillité; aussi les rues de Paris, le Palais-Royal, les Tuileries, bref, tous les endroits publics ont un aspect bien différent de ce qu'ils étaient il y a cinq ans, et semblent hantés par des gens d'une autre espèce.

« Les rues sont pleines de fiacres et de charrettes; c'est à peine s'il y a une voiture de maître ou de remise sur vingt. Aux Tuileries et au Palais-Royal, on ne voit guère que des gens de la dernière classe. »

Samedi 16. — « M. de Lévis[1], informé de notre arrivée, vint chez nous le matin. Nous lui avons donné rendez-

---

[1] Pierre-Marc-Gaston de Lévis, fils du maréchal duc de Lévis et d'Augustine-Michelle de Thoron, avait été élu député de la noblesse de Dijon à l'âge de vingt-cinq ans. Son père était mort gouverneur de l'Artois en 1787. Il siégeait à l'Assemblée du côté libéral très modéré. Après les événements du 10 août 1792, il émigra et rejoignit l'armée des Princes, où il servit comme simple soldat. Il fut blessé à l'expédition de Quiberon et publia à Londres une belle oraison funèbre de Louis XVI et de Marie-Antoinette.

Rentré en France après le 18 brumaire, puis en 1808, il s'occupa surtout de littérature. En 1814, il fut nommé pair et reprit part aux affaires,

vous à deux heures et demie sur la terrasse des Tuileries pour entrer, s'il était possible, à l'Assemblée Nationale.

« Dans l'intervalle, nous avons été jusqu'à la porte Saint-Antoine voir les restes de la Bastille, dont les fossés sont maintenant comblés et les pierres entassées de chaque côté. Il y a encore beaucoup d'ouvriers creusant les fondations. On dit que l'emplacement de la Bastille sera nivelé pour faire une *place* qui prendra le nom de Louis XVI.

« Nous sommes revenus par les boulevards, qui, en dépit de leur gaieté naturelle, ont l'air aussi abandonné que le reste de la ville. L'Ambigu-Comique, le Théâtre-Lyrique et tous les petits théâtres ont de nouvelles façades d'un assez beau style antique. Je dois avouer que l'architecture à Paris est maintenant de meilleur goût qu'à Londres. Tous les derniers édifices français ont un air de grandeur que nous n'avons encore pu atteindre, je citerai comme exemple cette masse disgracieuse de Somerset House. La colonnade de la gaie et belle façade de la place Louis XV m'a frappée à cette seconde visite comme un peu maigre; je lui ferai le même reproche qu'à celles de nos édifices, d'être divisée en trop de petites parties.

« A deux heures et demie, nous avons trouvé M. de Lévis nous attendant sur la terrasse des Feuillans, aux Tuileries. La salle de l'Assemblée Nationale y touche; c'était autrefois un manège. Nous y sommes entrés sous les auspices de notre ami, M. de Lévis, député de la noblesse de Dijon.

sans cesser de cultiver les lettres. Le duc de Lévis avait épousé Mlle d'Ennery, dont il eut deux enfants : un fils, le dernier duc de Lévis, et une fille, la marquise de Nicolay. Le duc de Lévis mourut en février 1830, et eut pour successeur à l'Académie française son cousin par alliance, le général comte Philippe de Ségur.

« Les membres de l'Assemblée Nationale disposent chacun à leur tour et par ordre alphabétique d'un certain nombre de billets.

« M. de Lévis n'en avait pas ce jour-là ; mais comme les débats offraient peu d'intérêt (c'était une discussion sur l'unification des divers impôts *sur les biens fonciers*), beaucoup de personnes avaient quitté la Galerie, et nous avons pu avoir de très bonnes places. La salle est longue et très bien aménagée avec six ou sept rangées de bancs en gradins tout autour, recouverts de drap vert ; et une porte qui rappelle celle de notre Westminster Hall, quand il sert de cour de justice.

« Au milieu d'un des côtés siège le Président, assis à une petite table placée à la hauteur du dernier banc. Au-dessous, est une table plus grande devant laquelle sont installés les clercs et les *sténographes*. En face du Président est une espèce de chaire dans laquelle viennent se placer ceux qui désirent faire un discours. Les députés qui n'ont qu'un amendement à présenter, une objection à faire, ou quelques mots à dire, parlent de leur banc. Pendant que nous étions là, il n'y en eut jamais moins de deux ou trois parlant à la fois, souvent davantage. Au milieu d'un tel bruit, il était impossible de rien entendre ; le Président agitait en vain une petite sonnette placée à côté de lui sur la table, pour imposer silence ou dominer les autres bruits, et les huissiers cherchaient aussi, mais inutilement, à rétablir le calme. Lorsqu'enfin un des députés, grâce à sa persévérance et à d'excellents poumons, arrivait à se faire entendre, on n'écoutait que deux ou trois phrases interrompues par le blâme ou l'approbation de la majeure partie de l'Assemblée, chaque membre exprimant à grand bruit ses sentiments.

« L'extérieur des députés n'est pas plus distingué que leur manière de discuter. Je n'ai jamais vu une réunion de gens aussi étranges, râpés et mal vêtus. Notre Chambre des Communes a bien meilleur air.

« Quand la *rage actuelle* de réforme sera passée, quand le peuple commencera à reconnaître que ses représentants ont beaucoup démoli sans rien remplacer, le parti aristocratique (car il existe même à l'Assemblée Nationale) reviendra ; il aura peut-être assez de pouvoir, s'il renferme de vrais patriotes, pour faire une bonne constitution et rendre à la monarchie dégradée le degré de puissance qui, dans un pays comme celui-là, peut être nécessaire pour sauvegarder la liberté du peuple.

« Lorsque l'Assemblée s'est séparée, à quatre heures, nous sommes rentrés à notre hôtel.

« Après dîner, nous avons été au Champ de Mars, qui s'appelle maintenant le Champ de la Fédération. M. de Lévis, qui nous avait beaucoup recommandé d'y aller, vint nous voir au moment où nous montions en voiture, et nous accompagna, ce qui fut fort agréable; car il nous expliqua où l'on s'asseyait, comment on arrivait, etc.

« J'aurais beaucoup regretté de n'avoir pas vu ce lieu de réunion ; c'est, à mon avis, ce qu'il y a de meilleur goût et de plus grand style en France. L'espèce de pavillon sous lequel siègent le Roi, les États, etc. etc., s'harmonise admirablement avec l'édifice plus élevé de l'École Militaire, auquel il est relié par un passage couvert ; l'enceinte est large et bien encadrée par les arbres ; l'autel au milieu, bien qu'édifié en planches et en toile seulement, est du plus bel effet. L'ensemble rappelle un de ces beaux paysages de Grèce, du Poussin.

« Nous voyions cela par le plus beau clair de lune, ce qui ajoutait peut-être à la beauté de la scène. »

Dimanche 17. — « Nous avons quitté Paris très satisfaits des quelques heures que nous y avions passées, et contents d'avoir vu la ville dans la singulière situation où elle se trouve par suite de l'état actuel de la France. »

Le 28 octobre 1791, M. Berry et ses filles revinrent à Paris par l'Italie et la Suisse. La seule note que durant ce séjour on trouve sur le carnet de miss Berry se rapporte à Mme de Staël et trahit un certain dépit du changement qui s'était produit dans la manière de son ancienne amie à son égard.

« Nous sommes revenus d'Italie à Paris à la fin du mois d'octobre 1791, et nous avons trouvé l'ambassadrice de Suède rue du Bac, au plus fort de sa passion pour Talleyrand. Nous soupons chez elle, invités par son mari qui nous voit tous les jours. Elle, beaucoup trop occupée de sa passion *pour s'apercevoir de mon existence*[1]... »

---

[1] En français dans le texte.

TROISIÈME VOYAGE

1802

A ce moment de la paix d'Amiens, l'état du continent permit à miss Berry de satisfaire son goût pour les voyages, et, après un intervalle de onze ans, elle quitta l'Angleterre pour aller à Paris avec Mrs Damer[1].

Une visite d'un mois à peine dans un pays étranger ne peut donner qu'une connaissance bien superficielle de son état politique et social. En si peu de temps, un voyageur ne peut guère recueillir de renseignements en dehors de ce qui tombe sous son observation immédiate.

Les habitudes de la société française avaient subi de grands changements depuis son précédent séjour.

Le Journal de miss Berry est à proprement parler un compte rendu détaillé de chacune de ses journées à Paris, et rien de plus. Il ne contient ni dissertations, ni vues, ni prophéties. Miss Berry rencontra plusieurs de ceux dont les noms étaient devenus historiques et entra en relations avec eux; mais elle eut plutôt occasion d'observer leur extérieur que de juger leurs caractères

[1] Voir la note de l'Introduction, page 10.

et leurs conversations. Au lieu d'attacher des idées confuses à de simples noms, elle fit connaissance avec des personnages réellement vivants, et quoique la lecture de son Journal ne puisse procurer à d'autres le même avantage, il aide le lecteur à se rendre compte de l'époque et des événements au milieu desquels l'introduit un témoin oculaire. Miss Berry fut très impressionnée par la magnificence de la décoration intérieure des Tuileries et des résidences officielles des ministres.

Mais l'industrie et le goût ont pris depuis lors de tels développements, que plusieurs des objets qui excitaient sa surprise par leur splendeur et leur richesse sont maintenant à la portée des fortunes même modestes. Les tentures de soie, les mousselines brodées, les riches candélabres et le mobilier ornemental qui font son admiration se trouvent partout aujourd'hui dans les grandes maisons de campagne d'Angleterre. Miss Berry était bon juge en fait de luxe et de magnificence, et l'impression produite sur son esprit par ce qu'elle vit de la splendeur républicaine était sans doute exacte, si l'on tient compte du goût de l'époque.

Journal. — *Lundi,* 8 *mars* 1802. — « Départ de Londres à onze heures et demie. Arrivée à Sittingbourne à sept heures du soir. La route de Londres à Dartford était couverte d'une boue si épaisse, que quatre chevaux ne pouvaient guère faire avancer qu'au pas la voiture peu lourde cependant, et cela pendant plusieurs milles. La matinée était brumeuse et très froide. Il n'y a pas, que je sache, en Angleterre de grande route plus ennuyeuse que cette route de Douvres. Les postes sont longues; la route est une succession de montées et descentes perpétuelles. dont plusieurs sont longues et pénibles, et à chaque poste les postillons s'arrêtent à une maison située à mi-chemin pour faire boire leurs chevaux. Aller de Londres à Douvres en un jour, même dans la belle saison, serait une très longue étape. »

Mardi, 9. — « Arrivée à Douvres à une heure et demie. La journée est belle et ensoleillée, mais froide, avec grand vent du nord-est. Le pays autour de Canterbury est joli, même en cette ingrate saison. Aperçu le château de Douvres d'une montagne à six milles de la ville. Le York-Hôtel, à Douvres, est dans une situation plus gaie, ayant vue sur la mer, que celui de la Cité de Londres, et l'on y est beaucoup mieux logé.

« Après le dîner, je suis allée jusqu'à la jetée. Jamais je ne m'y étais promenée, quoique j'eusse débarqué ici deux fois venant de France, car j'étais toujours triste et malade, et pressée de partir. Cette jetée est pittoresquement placée, juste au-dessous des hautes falaises crayeuses dont le point le plus élevé est couronné par le grand et beau château de Douvres. Les ports extérieur et intérieur sont remplis de vaisseaux, ce qui masque une quantité de maisons de médiocre apparence.

« J'ai admiré tout cela cet après-midi, éclairé par un beau soleil, et ce spectacle m'a beaucoup frappée. Si nous étions arrivés deux heures plus tôt, de manière à mettre notre voiture à bord en profitant de la marée, il y avait assez de vent pour nous porter à Calais en deux heures et demie. Mais, ayant manqué la marée du jour, il était inutile de mettre à la voile dans la nuit; car à quelque heure que nous fussions arrivés à Calais, nous aurions été retenus à bord jusqu'au matin. »

Mercredi, 10. — « Belle journée, un soleil brillant, à peine un nuage au ciel. Montés à bord du *Swift*, capitaine Blake, au quai de Douvres, à onze heures. Arrivés au port de Calais à quatre heures dix minutes, et au quai peu d'instants plus tard; la même marée nous a amenés d'un port à l'autre.

« La jetée et le quai étaient couverts de gens ayant l'apparence de marins, car un autre bateau anglais quittait le port au même moment avec un grand nombre de passagers.

« Un officier de douane, râpé, monta tout de suite à bord du vaisseau (vieil officier ou soldat invalide). Il demanda à voir nos passeports et nous pria d'écrire nos noms et notre nationalité.

« On nous fit rester à bord jusqu'à ce que quelqu'un fût allé trouver un officier municipal. Nous ne fûmes l'objet, pendant ce temps-là, d'aucune réflexion grossière, d'aucune remarque malveillante de la part de la foule qui encombrait le quai, et, au moment où le capitaine nous permit de quitter le navire, une demi-douzaine de mains sales, mais prévenantes, se tendirent vers nous pour nous aider à gravir l'échelle.

« Nous nous rendîmes avec le capitaine de notre vaisseau et le vieil invalide dont j'ai déjà parlé, d'abord à l'une des petites maisons basses situées près du port, où nos noms et notre nationalité furent encore déclinés et inscrits, puis à une espèce de bureau de la douane. Là, on nous pria de déclarer si nous avions avec nous quelque chose qui fût « contre les droits ». Notre déclaration négative ayant été immédiatement enregistrée, nous allâmes toujours avec notre capitaine, notre vieil invalide et M. Quillaque (le successeur de M. Dessein) qui nous avait rejoints, à l'hôtel de ville. Le commissaire de police lut notre passeport, et chacun répondit à son nom. Nous laissâmes au commissaire notre laissez-passer de M. Otto[1], sur la promesse qu'il nous en donnerait un dans la soirée.

« Toutes ces formalités furent accomplies sans brutalité, sans questions impertinentes ni trop longue attente.

« De l'hôtel de ville, nous allâmes à l'auberge de M. Dessein, et à cinq heures nous étions en possession d'un appartement très confortable. La seule chose que je remarquai avec surprise à Calais fut l'absence complète de soldats; je ne vis que la sentinelle en faction à la porte de l'hôtel de ville.

« L'auberge de Dessein est très propre; mais la cuisine et le vin sont mauvais et les prix exorbitants. »

Miss Berry raconte, relai par relai, son voyage de Calais à Amiens; nous y relevons quelques détails qui lui ont paru caractéristiques : l'absence complète de soldats, sauf un factionnaire à Calais et un autre à Abbeville; un arbre de la liberté, le premier qu'elle ait vu, planté, sur la place du marché, et entouré d'une barrière blanche : petit tilleul rabougri, transplanté trop vieux et qui n'a pu reprendre; ailleurs, l'unique croix de bois qu'elle ait rencontrée sur toute la route, échappée sans doute par hasard à la destruction. Ce qui la frappe partout, c'est la prospérité des campagnes, l'air de santé des enfants, le nombre plus considérable et l'aspect plus aisé des habitations rurales. Par contre, les villages et les petites villes sont misérables; la voiture est souvent, au relai, entourée de mendiants (comme sous l'ancien régime); l'état de délabrement des églises, —

---

[1] Louis-Guillaume Otto, né à Bade en 1754, était commissaire français des prisonniers en Angleterre.
(*Correspondance de Cornwallis*, vol. III, p. 385.)

bien que souvent les habitants se défendent, par honte, de les avoir démolies, — et des châteaux environnants accentue encore cette impression de tristesse. La narration reprend à Picquigny.

« Flexcourt et Picquigny [1] sont de misérables villages dans l'ancien genre, remplis de mendiants.

« A Flexcourt, il fallut attendre vingt minutes pour avoir des chevaux.

« Près de Picquigny, sur les bords de la Somme, se trouve la grande abbaye « du Garde [2] ». L'église est complètement détruite. L'abbaye, qui ressemble à un vaste château moderne, a été achetée par un négociant d'Amiens qui en a fait sa maison de campagne.

« Immédiatement au-dessus du village de Picquigny, se voit un grand château appartenant autrefois au comte d'Artois ; la toiture est à moitié enlevée, et il est d'ailleurs complètement en ruines. Nous arrivons à Amiens en

---

[1] Le château de Picquigny fut construit à la fin du XVe siècle. Mme de Sévigné en fait la description dans la lettre datée du 27 avril. « C'est un vieux bâtiment élevé au-dessus de la ville comme Grignan : un parfaitement beau chapitre, comme à Grignan ; un doyen, douze chanoines. Je ne sais si la fondation est aussi belle, mais ce sont des terrasses sur la rivière de Somme qui fait cent tours dans les prairies. Voilà ce qui n'est point à Grignan. Il y a un camp de César à un quart de lieue d'ici dont on respecte encore les tranchées. »

Le château de Picquigny fut vendu par Jean d'Ailly, en 1774, la somme de cinq cent mille francs à M. de Ber, qui le revendit l'année suivante au juif Calmer. Celui-ci, voyant que sa religion le privait du droit de disposer des bénéfices sur les terres qui en dépendaient, le revendit au comte d'Artois, qui le conserva jusqu'à la Révolution.

Le château fut alors vendu comme propriété nationale. Il appartient maintenant au baron Adrien de Morgan, membre du conseil général de la Somme. Il l'a acheté, il y a douze ou quinze ans, au maître de poste de Picquigny (1865).

[2] L'abbaye du Garde est occupée par des moines de l'ordre de la Trappe (Murray's Handbook, 1844). Le propriétaire actuel de l'abbaye du Garde est M. Bosquillon de Genlis (1860).

traversant un très long et sale faubourg. La ville elle-même a bon air. Les rues sont larges et belles.

« La cathédrale a été respectée, et la population se vante d'avoir plus entendu parler de la Révolution qu'elle n'en a souffert.

« Nous avons écrit à lord Cornwallis[1] pour savoir de ses nouvelles et lui demander ses commissions pour Paris. M. Merry était informé de notre arrivée et vint nous voir une heure après. Ce qu'il nous raconta de la manière dont les négociateurs passent leur temps à Amiens est curieux. Lord Cornwallis sort à cheval tous les matins, et Joseph Bonaparte ne se lève pas avant une heure ou deux de l'après-midi. Les conférences, qui sont très fréquentes, ne commencent jamais avant trois ou quatre heures et durent jusqu'au dîner, qui n'a lieu qu'à six, sept, ou même huit heures.

« Les dîners ne se donnent que dans quatre ou cinq maisons, entre autres celles du préfet et du maire, et les convives s'ennuient terriblement de toujours voir les mêmes figures. Les repas, néanmoins, durent fort peu de temps. On garde les voitures, et tout le monde va au théâtre, excepté notre bon lord Cornwallis, qui demeure tranquillement à boire un verre de vin avec quiconque veut lui tenir compagnie[2]. »

[1] Lord Cornwallis, écrivant à un ami, parle ainsi de sa mission : « Ma famille en cette occasion est réduite. En dehors de M. Merry, qui a été négocier à Paris, et de M. Moore, secrétaire du State Office placé sous ses ordres, elle se compose uniquement du lieutenant-colonel Littles Hale et du lieutenant-colonel Nightingall. »

M. André Merry épousa en 1803 la veuve de John Leather, fut ministre en France, aux États-Unis, en Danemark et en Suède, d'avril 1802 à avril 1809. Il mourut en 1835. (*Correspondance de Cornwallis*, vol. III, p. 384.)

[2] Ce récit est pleinement confirmé par les extraits suivants d'une lettre du colonel Nightingall. « Personne ne peut nous envier. Nous n'avons un peu d'agrément que les jours où nous pouvons tranquillement dîner seuls à la maison. Quant à des plaisirs, il n'y en a d'aucune sorte. Nous

Samedi, 13. — « Départ d'Amiens. En pleine campagne je vis pour la première fois des femmes travailler dans les champs. Au delà de Saint-Just, pendant un quart de lieue, la route était si mauvaise, qu'en temps de pluie je crois qu'une lourde berline anglaise n'aurait pu y passer. Mais partout on voit une quantité de matériaux préparés pour les réparations. A Breteuil est un château neuf à moitié démoli.

« A Clermont, un grand parc appartenant au duc de Fitz-James[1]. La maison est entièrement détruite, et le mur du parc présente des brèches, de distance en distance. Mais les arbres sont intacts et florissants. Le pays est très joli autour de Clermont et Longueville, et entre Longueville et Chantilly. »

Dimanche, 14 mars. — « Il n'y a pas un seul arbre abattu sur la route entre Chantilly et Paris.

voyons tous les jours les mêmes personnes, et nous rencontrons toujours à dîner les mêmes cérémonieux convives.

« La société se compose de Joseph Bonaparte, qui est peut-être le mieux, quoiqu'il n'ait pas du tout les manières d'un gentleman. Il a cependant de bonnes intentions et désire être poli. Sa femme, Marie-Julie Clary (née en 1794), est une petite personne très sotte, très maigre, très laide, très vulgaire, sans aucune conversation. L'ambassadeur de Hollande est, je crois, beaucoup au-dessus de la moyenne, et sa femme, qui a été jolie, a meilleure façon que personne ici. Le préfet (Nicolas-Alaric Quinette, depuis baron de Rochemont) est un coquin de fort mauvaise mine; il a été membre de la Convention. Cet homme n'est sans doute pas destiné à devenir un de nos tendres amis... Ensuite viennent le maire et sa femme. Nous avons en général un ou deux grands dîners par semaine. Nous dînons une fois chez Joseph et une autre chez Schimmel Penhinck, et quelquefois chez le maire ou le préfet. Comme il n'y a aucune variété, vous êtes maintenant au courant de notre manière de vivre à Amiens.

« J'ai oublié d'ajouter que, quand nous dînons dehors, nous n'avons rien de supportable à manger ou à boire, ce qui n'ajoute guère au plaisir de la réunion. » (*Correspondance de lord Cornwallis*, vol. III, p. 486.)

[1] On voit sur la droite, en venant de Saint-Just et peu avant d'atteindre Clermont-sur-Oise, le parc et le château ayant appartenu à M. le duc de Fitz-James (Murray's Handbook, 1834). Le propriétaire actuel est M. de Beaumesnil (1860).

« Le château de Chantilly est entièrement détruit. Les écuries subsistent et ont servi de caserne aux dragons.

« La ville, que nous avons traversée (car l'auberge neuve est au delà), m'a semblé avoir beaucoup moins bonne apparence qu'autrefois. Dans un village, entre Luzarches et Écouen, où se trouve une grande église de pierre non dégradée, beaucoup de gens se rendaient aux offices.

« Dans un autre village, sur une église également en bon état, on a peint les mots « Temple de la Raison ». La plupart des églises entre Chantilly et Paris sont moins détériorées que celles que nous avons vues auparavant. Je voudrais pouvoir en dire autant de la misérable et magnifique basilique de Saint-Denis, baptisée maintenant « La Franciade », mais appelée encore Saint-Denis par tout le monde. Le toit est plus qu'à moitié enlevé; il n'en reste que la charpente brisée. L'aspect de la basilique est aussi triste que possible. Un des clochers est entièrement détruit jusqu'au niveau de la tour d'où il s'élançait. Celui qui fait pendant semble avoir été épargné; le portail et la belle rosace gothique de la fenêtre de l'Est me parurent peu endommagés, autant que je pus en juger en passant. L'entrée dans Paris par ce côté n'a jamais été remarquable, et nous étions arrivées à la chaussée d'Antin, maintenant rue du Mont-Blanc, et parvenues à la porte de M. Perrégaux[1] avant que je susse où j'étais.

« Le boulevard me frappa, comme toujours, par son apparence de gaieté, quoique les belles maisons me

---

[1] Perrégaux Jean-Frédéric, sénateur et régent de la Banque de France, né à Neufchâtel, en Suisse; il était déjà banquier à Paris sous Louis XVI, en 1785, et fut très protégé par Napoléon. Une de ses filles épousa Marmont, duc de Raguse.

parussent moins blanches et moins bien entretenues qu'elles ne l'étaient autrefois. De chez M. Perrégaux nous nous rendîmes à l'hôtel de l'Empire, rue Cerutti, près du boulevard, où nous avions retenu un appartement. Le salon était orné de grandes glaces, de beaux meubles, mais moins confortable que les appartements que j'avais précédemment occupés à Paris, et le prix en était énorme : dix-huit louis pour quinze jours, ou trente louis pour un mois. Après un peu de réflexion, quelques murmures et beaucoup de regrets du temps perdu pour notre installation, nous envoyâmes le courrier et la femme de chambre chercher un autre appartement dans le faubourg Saint-Germain, le quartier auquel nous étions le plus accoutumées. Après une longue absence, ils revinrent, ayant visité plus d'une demi-douzaine d'hôtels, tous pleins, mais disant que nous pourrions avoir pour le jour suivant le premier étage de l'hôtel d'Orléans, rue des Petits-Augustins, au prix de cinq louis par semaine.

« Les hôtels du faubourg Saint-Germain ne sont plus à la mode comme autrefois. Le quartier brillant est celui que nous quittons. Il est plus commode, étant maintenant beaucoup plus près de tous les théâtres. A l'hôtel de l'Empire il y a certainement de fort beaux appartements; et, en vérité, ils doivent l'être, car M. Caulfield[1], un jeune Irlandais, en occupait un pour lequel il donnait quatre-vingt-dix louis par mois. Le reste de la maison était rempli d'Anglais. Nous espérions, en dépit de nos ennuis de la matinée, être le soir au moins en état d'aller dans un théâtre avec Per-

---

[1] M. Caulfield appartenait à une famille irlandaise qui habita souvent Paris et était fort appréciée dans la société la plus distinguée de ce temps.

régaux en « loge grillée », comme autrefois; mais point du tout. Perrégaux ne vint pas, et notre soirée se passa à mettre notre journal au net, non sans répéter souvent la plainte de Titus : *Diem perdidi*.

Lundi, 15 mars 1802. — « Nous quittons l'hôtel de l'Empire en fiacre. Il y en a plus que jamais à Paris, et certainement meilleurs qu'autrefois, sans être pour cela de bonnes voitures, comme on nous l'avait dit en Angleterre. Il y a autant de coupés que de carrosses, et aussi de longues stations de cabriolets dans presque tous les quartiers de Paris. Chevaux, harnais et véhicules sont plus propres et ont meilleur air que l'on ne pourrait s'y attendre.

« Les voitures portent chacune un numéro peint comme ceux de nos « hackney coaches » et doivent avoir, la nuit, des lanternes allumées et de plus un grelot au cou du cheval. Les voitures particulières sont soumises aux mêmes obligations quant aux lanternes et grelots. Les coupés sont regardés comme supérieurs aux berlines.

« Nous arrivâmes ainsi à notre ancien hôtel d'Orléans, où nous trouvâmes que rien n'avait été changé depuis que nous y avions demeuré seize ans auparavant. Aussi tout était-il bien fané, tentures, peintures et mobilier. »

Même jour. — « Reçu la visite de Barrois, le fils d'un grand libraire, que nous avions vu avec Edwards[1], à Londres, et à qui Edwards avait fait dire de se présenter chez nous dès notre arrivée.

« Par ce jeune homme, très sensé et impartial, nous avons eu, sur l'état présent des affaires en ce pays, beau-

---

[1] Un des libraires les plus connus de Londres. Il demeurait dans Pall Mall.

coup de renseignements peu favorables. Dans sa conversation on pouvait assez bien juger des opinions, des craintes et des projets de la plus grande partie de la bourgeoisie, sinon de France, du moins de Paris.

« A une heure, nous sommes allés au musée du Louvre. Les étrangers y sont admis tous les jours, excepté les décades, de dix heures à quatre heures, en montrant simplement leur passeport à la porte. Il est absolument impossible de donner une idée de ce musée. On y arrive, à présent, par un escalier simple et commode ; on entre d'abord dans une vaste salle carrée à peu près deux fois plus grande que la salle d'exposition de Somerset House, et garnie des plus belles peintures italiennes placées dans un très bon jour.

« De cette pièce on entre dans une galerie. Quelle galerie, mais quelle galerie !... Telle que le monde n'en a jamais vu, comme grandeur et comme décoration !

« Elle est si longue, que la perspective se termine presque par un point, et si remplie, qu'à chaque pas, quelque désir qu'on ait de continuer, l'attention est arrêtée par les plus belles peintures que l'on ait vues auparavant dans d'autres pays, sans compter des milliers de nouveaux tableaux.

« Les petits tableaux et ceux qui ont été enlevés aux palais sont dans leurs beaux cadres dorés ; mais les grands tableaux et ceux qui viennent des églises sont, pour le moment au moins, dans des cadres plats en bois jaune. La première moitié de cette galerie contient les écoles flamandes, allemandes et françaises.

« A peu près au milieu, il y a un enfoncement de chaque côté, à partir duquel commence l'école italienne. Tout ce que je puis dire, et en vérité tout ce que je pus voir, c'est que chacune de ces divisions générales contient toutes les toiles fameuses et excellentes admirées autrefois dans leurs pays respectifs.

« Ces toiles paraissent en très bon état. Il semble qu'on ne les a ni retouchées ni revernies. La lumière n'est pas mauvaise non plus, et s'il y avait des stores aux fenêtres, comme on a l'intention d'en mettre, elle serait aussi bonne que possible pour une telle multitude de tableaux. Dans la même immense galerie, au rez-de-chaussée, se trouvent les statues ; mais ici l'espace est divisé en plusieurs salles différentes, nommées : salle d'Apollon, salle des Muses, etc.

« Ce sont plutôt des divisions séparées par des colonnes, et communiquant toutes entre elles. Les murs sont en stuc peint, de manière à paraître incrustés de granit vert et rouge, dans un style simple et beau, digne de l'Italie, et, en même temps, très avantageux pour les statues ; elles sont mille fois mieux placées qu'elles ne l'étaient en Italie, sans excepter l'Apollon, qui est dans une niche au bout des salles et admirablement éclairé.

« Des statues, de leur nombre, de leur beauté, du plaisir que j'éprouvai à les voir, comme d'anciennes connaissances, etc. etc., je ne dirai rien.

« Dans la galerie de peinture, nous avons rencontré Mrs Cosway[1], qui en grave une vue générale avec un petit croquis de chaque tableau. Elle nous présenta à l'un

---

[1] Maria Cosway, fille d'un aubergiste nommé Hadfield, à Livourne, femme de l'artiste de ce nom et artiste elle-même.
Après la mort de son mari, elle vint à Paris avec le projet de dessiner la galerie du Louvre en accompagnant chaque dessin d'un historique de la toile et du peintre. Elle n'alla pas jusqu'au bout, mais n'en resta pas moins à Paris, et devint l'admiratrice passionnée du peintre David. Après quelques années de séjour à Paris, fatiguée des plaisirs du monde, elle

des conservateurs, M. de La Vallée, homme modeste et tranquille, qui semble avoir du goût. Il nous montra beaucoup de choses.

« Nous avions l'intention de passer la soirée au Théâtre-Français, nommé maintenant Théâtre de la République; mais, ne trouvant de place ni au premier ni au second rang, nous demandâmes à notre valet de place, espèce de cicerone d'ordinaire fort intelligent, à quel bon théâtre nous pourrions aller. Il nous conduisit tout près, au théâtre du Vaudeville. On nous fit entrer dans une loge au premier rang, où un homme d'apparence très ordinaire occupait une des premières places. Nous supposions qu'il nous l'offrirait, mais *point du tout ;* il ne regarda même pas de notre côté, et ne fit pas le moindre mouvement pour nous inviter à nous asseoir à côté de lui ; c'est là en vérité un changement d'usage en France, tel que je n'aurais pu y croire si je ne l'avais vu. Nous nous trouvions dans un assez grand théâtre, un peu sale, mais joliment décoré. Les personnes qui nous entouraient semblaient de condition modeste.

« Mais il est maintenant tout aussi impossible qu'autrefois de juger d'après l'apparence en France, bien que pour des raisons diamétralement opposées. Nous restâmes assises quelque temps derrière notre homme, qui, pour compléter la politesse, *chiquait* et *crachait* à chaque instant à côté de lui !

« Enfin nous obtînmes d'une ouvreuse une autre loge

---

se retira dans un couvent près de Lyon, dont elle devint supérieure. Mrs Cosway n'était pas une nouvelle connaissance pour miss Berry. Déjà, dans une lettre datée du 8 juin 1791, Horace Walpole écrit : « Je serais content de savoir Mrs Cosway avec vous. Elle est agréable ; mais, assurément il est bizarre d'abandonner en un instant son mari, son enfant et son pays. »

et fûmes alors délivrées de ce voisinage, qui nous avait, en vérité, donné mal au cœur.

« Les hommes dans ce théâtre avaient encore plus mauvais air que les femmes, je veux dire qu'ils étaient plus sales et plus négligés. Il y avait plus d'hommes poudrés qu'en Angleterre; mais ils portaient de longues redingotes, des bottes, et avaient une mauvaise tenue.

« La mise des femmes était convenable; mais il y en avait peu d'élégantes, et toutes manquaient de grâce. Ce petit théâtre a une sortie commode et couverte; une seule voiture peut avancer à la fois. »

Mardi, 16 mars. — « Nous avons été porter des lettres d'introduction à Mmes de Chabot, de Castellane, de Beauvau, de Mortemart, Louis de Talleyrand-Périgord, d'Audenarde, etc. C'était autrefois une étiquette obligatoire à Paris de porter ces lettres soi-même, en demandant à être admis chez les gens sans les connaître. En lisant ces lettres, ils apprenaient qui on était. Ils les lisaient en votre présence, ce qui était singulier. Maintenant je crois qu'il est tout aussi bien admis de les envoyer d'avance par un domestique.

« Nous sommes allées chez Mme Leroy[1], aujourd'hui la Mlle Bertin[2] de Paris. Elle habite le rez-de-chaussée d'un magnifique hôtel, rue de Richelieu, actuellement rue de la Loi. Mme Leroy fut très polie, pas du tout effrontée, comme on nous l'avait dit; mais si elle avait

---

[1] Les successeurs de Leroy demeurent aujourd'hui rue Royale.

[2] La célèbre Mlle Bertin était marchande de modes de la reine Marie-Antoinette.

Pendant la Terreur, elle reçut la visite des commissaires du gouvernement, qui voulaient connaître le chiffre et les détails des dettes de la reine. Mais, avertie de leur visite, elle détruisit ses comptes et déclara avec fermeté que la reine ne lui devait rien. Mlle Bertin mourut en 1818.

quelque chose de joli, elle nous traita en dames étrangères et ne nous montra rien que j'eusse aimé à porter. Ce n'était ni singulier ni trop jeune, mais d'aspect vulgaire. Mrs Damer commanda un chapeau du prix de deux louis sur le modèle d'un autre chapeau entièrement en dentelle d'une valeur de soixante-deux louis. L'ameublement de Mme Leroy était extrêmement élégant, rideaux pourpres, drapés à l'antique, avec une épaisse frange orange. Les chaises en acajou garnies de même. Il me semble que les meubles en acajou sont très répandus à Paris.

« Dans la soirée, nous allâmes à l'Opéra dans une loge au premier rang, de six places, pour laquelle nous payâmes la somme énorme de cinquante-sept livres. Mais il y a toujours foule, et aux beaux jours (c'en était un), on ne peut avoir de places autrement.

« Le théâtre, bâti dans la rue Richelieu, est neuf et joli. Il a trois rangs de loges et d'autres encore près de la scène pour les gens du théâtre. Les ornements sont tous brun pâle, bronze et or, un peu sombres. Le lustre, ou cercle de lampes Argand qui éclaire la salle, est d'un goût parfait. On joua *Anacréon*, où on avait introduit une longue danse, et à la fin *Télémaque*. Laÿs, le premier artiste de l'Opéra, jouait dans *Anacréon*. Il a une très belle voix ; la musique est très jolie, et tous les acteurs sont extrêmement bien costumés à l'antique. La tête d'Anacréon parfaite ; mais un opéra français est toujours une chose ennuyeuse. La danse est certainement plus merveilleuse que jamais ; je ne la trouve pas plus agréable. Dans le premier ballet, il n'y eut qu'une entrée d'hommes, de trois ensemble ; tout le reste était des femmes. Six d'entre elles sont des danseuses hors ligne ; mais les femmes dansent maintenant de la même façon que les hommes, c'est-à-dire en exécutant tous les pas difficiles et tous les tours de force possible. Un pas de deux très long fut dansé avec tant d'ensemble et de précision, qu'on était obligé de se frotter les yeux pour se persuader que ce n'étaient pas deux machines mises en mouvement par le même fil !

« Le rôle de Télémaque, tenu par Vestris [1], ne le fut pas aussi bien qu'à Londres par d'Egville. Ce genre de danse n'a jamais été ce qui convenait le mieux à Vestris. Il est encore merveilleux de souplesse; mais il a tellement grossi que sa personne semble écrasée, et sa tête énorme. Il portait une perruque ébouriffée, de teinte claire, et entièrement frisée.

« Mlle Clotilde [2] représentait Calypso. D'abord je n'admirai pas beaucoup sa taille. Elle est d'une grandeur remarquable cependant, et quand elle entra costumée en chasseresse, c'était la copie exacte de la statue de Diane. La draperie de son costume s'ouvrait au-dessus du genou, et de ma vie je n'ai vu des jambes plus parfaites et ressemblant davantage à celles d'Apollon, dont elles prirent plusieurs fois l'attitude.

« Toutes les autres danseuses étaient vêtues de jupes de mousseline blanche légère, avec une draperie de

---

[1] Auguste Vestris, fils du célèbre danseur connu sous le nom de Dieu de la danse, et qui se retira du théâtre en 1781.
Auguste Vestris, de même que son père, était considéré comme le meilleur danseur de son temps.
[2] Clotilde-Augustine Malfaittrai, née en 1776. Elle était élève du vieux Vestris et parut pour la première fois en 1793. En 1802, elle épousa le compositeur Boïeldieu; mais son inconduite était telle, qu'ils se séparèrent en 1806.
Elle quitta le théâtre en 1819, et mourut en 1826. Clotilde a cruellement figuré dans l'horrible exécution des dames de Sainte-Amaranthe, en 1794. Voir *le Baron de Batz, la Messe rouge*, par G. Lenôtre.

même étoffe disposée de diverses manières, de moitié plus courte que la jupe et permettant de voir les formes couvertes d'un maillot couleur de chair. Quelques-unes n'avaient pas d'autre corsage que ce maillot, avec une petite patte sur l'épaule.

« La société, réunie à l'Opéra, bien que tout le beau monde y fût, n'était pas brillante ; les femmes enveloppées de leurs horribles châles[1], avec des têtes qui ne semblaient pas coiffées, et les hommes, même à ce théâtre élégant, avaient une apparence sale et négligée.

« En vérité, c'est à cette sortie de l'Opéra qu'on s'apercevait d'un des plus grands changements survenus à Paris. Autrefois on y voyait des groupes brillants de jeunes gens à la mode et de toutes les « filles » célèbres qui rivalisaient avec les femmes de la société et les surpassaient par l'éclat de leurs toilettes. Aujourd'hui c'est le rendez-vous de la plus étrange collection d'êtres vulgaires et bizarres que l'on puisse imaginer.

« Nous restâmes là quelque temps pour attendre notre voiture, et nous eûmes le loisir de les examiner. Je ne vis pas une femme ayant l'apparence d'une femme du monde, quoiqu'il y en eût une à mes côtés pendant quelque temps portant sur son chapeau un voile de dentelle d'une valeur de soixante ou quatre-vingts guinées et sur ses épaules un châle aussi riche. Il y a beaucoup d'ordre à la sortie de ces grands théâtres ; si l'on reste jusqu'à la fin, on est obligé d'attendre sa voiture, mais elle arrive sûrement, et le départ se fait sans arrêt ni accident. »

[1] Cette mode, qui s'est prolongée longtemps, commençait seulement alors.

Jeudi, 18 mars. — « Nous sommes allés avec Barrois à la préfecture de Police générale. Le passeport délivré à Calais ou ailleurs, en entrant en France, oblige à s'y présenter aussitôt que possible après l'arrivée à Paris. On s'y rend donc au bout de trois ou quatre jours, et l'on déclare être arrivé la veille.

« Nos deux domestiques vinrent avec nous, car on fait plus de difficultés pour les hommes que pour les femmes. Un escalier de service peu propre nous conduisit dans une vaste pièce remplie d'employés mal tenus, puis dans une autre salle où deux ou trois personnes attendaient pour la même affaire.

« L'homme auquel nous eûmes à parler fut fort poli. Après nous avoir retenus environ un quart d'heure pour copier nos noms dans une demi-douzaine de livres, il nous permit de nous retirer.

« Mais les domestiques furent obligés d'attendre près d'une heure avant de recevoir le papier qui tient lieu de passeport pendant le séjour à Paris. Le travail est immense dans cette administration; tous les papiers sont conservés dans des cartons placés sur des rayons autour des salles. On pourrait se croire chez une marchande de modes, plutôt que dans un bureau de police.

« Le soir, nous sommes allées au théâtre de la République, autrefois le Théâtre-Français. La salle est nouvelle [1]. La belle salle du faubourg Saint-Germain ayant été brûlée, une autre fut construite; mais ne convint pas. Celle-ci n'a aucun droit à plus de succès, car elle est laide et incommode à la fois. On a la rage de tout décorer à l'antique, et l'intérieur de

---

[1] Rue de Richelieu, n° 6.

ce théâtre est complètement gâté par une abondance de colonnes. Les loges ont de trop petites ouvertures. Il y a un amphithéâtre appelé galerie, à deux rangs, tout autour de la salle. Lorsque les spectateurs s'y tiennent debout, ils empêchent ceux des loges de côté de rien voir, et quand ils parlent, de rien entendre. La pièce, *Bajazet*, était jouée par les principaux acteurs du théâtre. Mlle Raucourt[1], maintenant une grosse femme, à la figure rouge, joua Roxane avec le plus mauvais goût possible. Ses inflexions de voix sont violentes. Quelquefois, elle dit tout bas trois ou quatre vers dans le but de produire un grand effet; mais cela ne réussit qu'à empêcher de l'entendre et de la comprendre.

« Mlle Vanhove[2], en Atalide, est beaucoup meilleure; elle n'a pas assez de majesté pour la tragédie, mais son jeu est naturel et passionné.

« Le vizir Acomat est bien représenté par Dupré; il a une jolie tournure, une diction claire avec beaucoup d'entrain sans déclamation. Les costumes sont beaux et scrupuleusement exacts. Cette pièce fut suivie de *Défiance et Malice*, jouée par Saint-Val[3] et Mlle Mézeray[4].

---

[1] Françoise-Marie-Antoinette Saucerotte-Raucourt, née en 1756. Elle débuta à Paris en 1772 et fut reçue avec enthousiasme. En 1776, elle perdit la faveur du public et quitta la France. En 1779, elle revint à Paris et retrouva sa popularité. En 1793, elle resta six mois prisonnière au Temple. Plus tard, avec d'autres acteurs, elle ouvrit un second Théâtre-Français et obtint heureusement la protection de Bonaparte en 1799. En 1806, elle ouvrit un théâtre à Milan et mourut en 1815.

[2] Mlle Vanhove, mariée plus tard à Talma, se retira du théâtre en 1810.

[3] Saint-Val joua d'abord la comédie avec grand succès. En 1793, il fut mis en prison avec les autres acteurs jusqu'en 1794. Saint-Val fut ensuite très admiré comme acteur tragique. Il se retira en 1818 et mourut en 1835.

[4] Joséphine Mézeray, née en 1772, débuta au Théâtre-Français en 1791.

« Celle-ci imitait Mlle Contat, mais *haud passibus æquis*. Saint-Val est un comédien lourd et sans talent ; si je n'avais pas vu la pièce admirablement jouée dans la société en Angleterre, je ne sais pas si elle m'eût fait autant de plaisir. »

Vendredi, 19 mars. — « Dans la matinée, nous avons visité des magasins. Vaché, un grand marchand de soieries, loge dans un vaste hôtel, rue Vivienne, sous le même toit que Lignereuse, successeur de d'Aquerre. Dans cet hôtel se trouve également un grand dépôt de porcelaines de Sèvres.

« Cette transformation d'hôtels en magasins est tout à fait nouvelle à Paris. Le magasin de Vaché occupe un très grand appartement et comprend tout ce qui a rapport aux rubans, garnitures, etc. Il est considéré comme le premier de Paris, en ce genre. Celui de Lignereuse me désappointa. Il y avait chez lui beaucoup moins de choses que je ne le croyais, toutes fort chères, et peu ou pas de bon goût véritable. Les objets sont maintenant un mélange d'acajou et de bronze doré, les ornements des candélabres, pendules, etc., d'un style prétentieux et mesquin.

« Les nouvelles porcelaines de Sèvres, elles aussi, ne sont pas jolies. Le fond des tasses est décoré de

---

Sa beauté et son jeu admirable dans les rôles de coquettes assurèrent son succès. En 1794, elle fut emprisonnée. Rendue à la liberté, elle rejoignit Mlle Raucourt.

A la révolution du 18 fructidor, le théâtre fut fermé sous prétexte qu'il était une réunion de royalistes. Joséphine Mézeray reparut au Théâtre-Français ; mais une jalousie de théâtre lui troubla l'esprit, et on la trouva, une nuit, dans un fossé plein d'eau derrière les Invalides.

Les cris plaintifs de son petit chien attirèrent l'attention, et on la sauva ; mais elle mourut quelques jours après, dans un état de folie complète.

toutes sortes de couleurs sombres et bizarres, avec des bordures d'or.

« Nous avons dîné chez Mme de Castellane[1], pour laquelle Mme de Starenberg nous avait donné une lettre d'introduction. Nous étions invitées pour cinq heures et demie. Mme de Castellane habite une assez jolie maison, au milieu d'un jardin, rue Plumet, faubourg Saint-Germain. Cette dame paraît maussade, et est cependant polie et sensée. La réunion se composait en tout de neuf personnes; nous-mêmes, le maître et la maîtresse de la maison et le précepteur des enfants (qui dînèrent à une petite table à part), cela faisait cinq. Les autres étaient Mme de Staël, Mathieu[2] de Montmorency, M. de Crillon, véritable type de gentilhomme français, d'âge mûr et du plus grand air.

« Tout le dîner fut servi à la fois, excepté le poisson et quatre plats de légumes, ce qui fit plus de mets sur la table que je n'en avais jamais vu dans une maison française. Le repas dura moins qu'autrefois. »

Samedi, 20 mars. — « Nous avons été au magasin de papiers sur le boulevard. Autrefois, ce magasin était tenu par Arthur; maintenant, par Robert. Les papiers que l'on nous montra sont veloutés, unis, pour ressembler à du casimir; les bordures aussi sont veloutées et d'un très bel effet. Mais là encore le goût est moins bon que je ne m'y attendais.

« Dans la soirée nous avons été avec M. Jackson faire

---

[1] Adélaïde-Louise Guyonne de Rohan-Chabot, mariée 1° à Louis-Alexandre, duc de La Rochefoucauld, 2° au marquis de Castellane, pair de France, lieutenant-général, mère du maréchal de Castellane.
[2] Depuis, duc Mathieu de Montmorency.

des visites à des femmes de ministres; à Mme de Luçay, femme du préfet du Palais, et à Mme Fouché, femme du ministre de la Justice. Ensuite chez Berthier, ministre de la Guerre, qui recevait ce jour-là.

« Berthier habite un grand hôtel appelé l'hôtel de Genève. L'entrée en est malpropre, et nous n'y avons trouvé personne, pas même un domestique. Dans tous les ministères il y a des sentinelles, non seulement à la porte, mais dans l'antichambre.

« L'appartement est très beau. Dans la seconde pièce il y avait plusieurs hommes; dans la troisième, Berthier[1] recevait seul (car il n'est pas marié), quelques femmes et un grand nombre d'hommes en uniformes de toutes sortes, soit militaires, soit civils.

« Berthier nous accueillit fort poliment. C'est un petit homme d'apparence maladive, aux cheveux noirs frisés. Il portait l'uniforme de ministre d'État, en drap bleu avec une large broderie d'argent. Mais les tailleurs, plus encore que les autres industriels, sont en décadence, car aucun habit n'a bonne façon, surtout les uniformes des autorités constituées, qui sont tous trop longs ou trop larges; enfin, confectionnés comme par des tailleurs de village.

[1] Louis-Alexandre Berthier, né en 1755, fut élevé en soldat. Demeuré quelque temps fidèle aux Bourbons, il favorisa la fuite de Mesdames, tantes de Louis XVI. Sous la République, il fut fait chef d'état-major de l'armée d'Italie.

En 1798, il commanda à Rome quand le pape fut détrôné. On dit qu'il accompagna à contre-cœur Bonaparte en Égypte, étant épris d'une Italienne. A la chute du Directoire, en 1799, il devint ministre de la guerre. En 1806, il fut fait prince de Neuchâtel et épousa la princesse Élisabeth-Marie de Bavière Birkenfeld. Après la campagne d'Autriche, il devint prince de Wagram. Il accompagna Napoléon en Russie.

En 1814, il revint à ses premiers sentiments, et suivit Louis XVIII à Gand en 1815. Désirant rester neutre, il se retira à Bamberg, où il fut assassiné par des hommes masqués, sans doute des affiliés de sociétés

4

« Cambacérès[1], le second consul, assistait à cette soirée. Il arriva très tard et fut reçu sans aucune cérémonie.

« C'est un homme fort laid, court, gros. Ses yeux sont enfoncés dans la tête, et il est mal coiffé. Son costume est l'uniforme trop simple des consuls, en velours bleu garni de broderies d'or, des culottes de futaine et des bottes à revers ordinaires.

« Le général Macdonald[2] (celui qui commanda en Italie) était là aussi, bien tenu dans son uniforme militaire; sa figure est intelligente, quoique sans noblesse. Le prince héréditaire d'Orange en uniforme. Le président du tribunat portait son costume de drap bleu brodé d'or, pantalon et bottes à la hussarde avec des glands d'or.

« Nous nous trouvâmes presque immédiatement entourées de plusieurs personnes que nous avions rencontrées ailleurs : la vieille et originale princesse Santa-Croce, qui paraissait aussi jeune qu'en Italie, et qui était

---

secrètes, qui, entrant brusquement dans sa chambre, le jetèrent par la fenêtre dans la rue, où il fut relevé expirant.

[1] Jean-Jacques-Régis de Cambacérès, né à Montpellier, octobre 1753, mort à Paris, juin 1824. Il fut député à la Convention en 1792, devint président de l'Assemblée nationale et ensuite président du Comité de salut public. Il perdit la confiance du Directoire pour avoir refusé de voter la « mort du Tyran ».

Il fut choisi par Bonaparte comme second consul. Quand Bonaparte devint empereur, Cambacérès fut créé archi-chancelier, et garda cette situation jusqu'à la chute de Napoléon.

[2] Stephen-James-Joseph Macdonald, maréchal de France, duc de Tarente, né à Sedan en 1765, d'une famille écossaise depuis longtemps établie en France. Il se distingua à Jemmapès, et, en 1795, à Menin-Comminés et à Courtray. Il passa le Wahal sur la glace et prit la flotte hollandaise. A Wagram, il fut fait maréchal sur le champ de bataille; il prit part à la campagne de Russie et se battit à Leipzig, en 1813.

Il accompagna Napoléon à Fontainebleau et le pressa d'abdiquer. Il s'attacha ensuite aux Bourbons et mourut en 1840.

aussi décolletée que les Françaises; puis Mme Doria, de Gênes, et bien d'autres.

« On nous présenta à plusieurs Françaises, Mmes de Sémonville et Joubert[1], Mme Le Couteulx, Mme Marmont, fille de Perrégaux (mariée au général Marmont, favori de Bonaparte), Mme Visconti, très belle Italienne, maîtresse en titre du maître de la maison. Mme de Staël était là aussi. Presque toutes ces dames étaient surchargées de châles, de dentelles, de diamants, mais horriblement mal habillées. Mme Visconti, la seule qui fût réellement bien mise, portait une robe de velours noir et des diamants dans les cheveux.

« Les domestiques qui servaient les rafraîchissements avaient des bottes. Les femmes se tenaient assises tout autour du salon comme à Londres, dans les petites soirées, et les hommes debout dans le milieu. Nous sommes restées jusqu'à près de minuit; alors on commença à se retirer.

« Deux marchands, le mari et la femme, qui tenaient une petite boutique sur le Pont-Neuf, ont été assassinés l'autre soir à six heures et demie; c'est-à-dire en plein jour, malgré des centaines de passants et un corps de garde sur le pont même.

« Ces boutiques sont établies dans les enfoncements formés par le dessus des piles du pont, et il est incroyable que deux personnes soient ainsi égorgées sans qu'on vienne à leur secours. »

---

[1] Mlle de Montholon épousa le général Joubert le 16 juillet 1799, au moment où il reçut l'ordre de prendre le commandement de l'armée d'Italie. Il quitta sa jeune femme, certains disent le lendemain de son mariage, d'autres quelques jours après. Ils se séparèrent à Pont-de-Vause pour ne jamais se revoir. Le 15 août, Joubert fut tué à la bataille de Novi.
Mme Joubert se remaria au général Macdonald.

Dimanche, 21 mars. — « Nous nous sommes promenées dans les Tuileries, de la place Louis XV à la porte du Pont-Royal. Le temps n'était pas beau, et la pluie menaçait; cependant, comme la décade et le dimanche se trouvaient coïncider, il y avait pas mal de promeneurs dans l'allée qui touche la terrasse des Feuillants. Mais les costumes n'ont conservé que bien peu de cette charmante variété qui distinguait les promenades publiques de Paris. Tous les hommes sont également mal vêtus, et, parmi les femmes, les anciens costumes des différents états ont presque tous disparu.

« Le parterre devant le palais est beaucoup plus joli qu'autrefois; dans chaque ancien carré on a semé du gazon entouré de bordures.

« Chaque massif est garni de treillages rustiques contre lesquels croissent de jolies plantes ou arbustes.

« Plusieurs statues ont été changées de place et apportées sur la terrasse en face du palais.

« Dans la soirée, nous sommes allées au théâtre Louvois; c'est de beaucoup le plus joli que j'aie vu à Paris, à la fois pour la décoration et la distribution, qui est celle de l'ancien Théâtre-Français détruit par un incendie. Les décorations sont formées d'arabesques, de griffons, imitation de bronze sur fond rose et chamois.

« L'intérieur des loges est peint en bleu, de façon à imiter des tentures de drap ou de soie. On représenta *les Provinciaux à Paris*, ensuite *la Petite Ville*, deux comédies des plus amusantes, qui sont plutôt des successions de scènes écrites par Picard[1], excellent

---

[1] Louis-Bénédict Picard, artiste dramatique, né à Paris en 1760, mort en 1828.
Son premier ouvrage est intitulé : *le Badinage dangereux*. Il composa beaucoup d'autres bonnes comédies; *le Contrat d'union, la Petite Ville*

acteur lui-même dans toutes deux. En vérité, tous les rôles furent joués avec ce naturel parfait et cet ensemble qu'on ne trouve que sur la scène française.

« Dans la matinée nous avions fait une visite à Mme de Staël. Elle nous reçut dans un cabinet excessivement sale, sur un sofa fané. Sa robe et un spencer flottant, qui laissait le cou à découvert, n'étaient pas plus soignés.

« A cause de la décade et du dimanche, les boutiques étaient presque toutes fermées. »

Lundi, 22 mars. — « Dans la matinée nous sommes allées à la galerie des statues et chez des brocanteurs. Ces sortes de boutiques sont maintenant remplies de trésors, vieilles porcelaines de Sèvres, de Chine, ornements de toute espèce, qui, achetés pour rien dans les grands hôtels pendant et après la Révolution, sont revendus le quadruple.

« Nous avons été le soir chez Mme de Luçay, femme du préfet du Palais. Il y avait chez elle presque autant de monde que chez Berthier, mais la société était moins bien composée comme femmes : là aussi on voyait tout le corps diplomatique. Le cardinal Caprara[1], nonce du pape, dans son véritable costume de cardinal; le cardinal Erskine[2] portait celui de « monsignor »; n'étant encore que cardinal *in petto,* il n'a pas le droit d'en

---

et *les Marionnettes* sont considérées comme les meilleures. Il écrivit aussi des poèmes et des romans.

[1] Le cardinal Caprara, né en 1733, fut envoyé en France en 1801, quand le premier consul rétablit solennellement le culte. Le cardinal dirigea le *Te Deum* qui termina la cérémonie à cette occasion et couronna, en 1805, Napoléon comme roi d'Italie. Il mourut en 1810.

[2] Charles Erskine, né à Rome en 1753, descendait d'une famille écossaise qui avait suivi les Stuarts en exil. Il fut fait cardinal par le pape Pie VII et bien accueilli par le premier consul. Il mourut en 1811.

porter les insignes. Des dames italiennes et françaises d'apparence très vulgaire remplissaient le salon.

« L'appartement était trop petit pour recevoir tant de monde, mais assez bien arrangé. Les peintures imitaient le bois de citronnier et d'acajou. La maîtresse de la maison est une jolie petite personne. M. de Luçay, très poli, « bien coiffé, » était sans uniforme. Nous avons fait cette visite à dix heures, et nous sommes rentrées à notre hôtel un peu avant minuit pour souper et aller ensuite à un bal donné dans ce qu'on appelle le « Cercle des Étrangers ».

« Le Cercle des Étrangers est un grand et bel hôtel près des boulevards, rue Grange-Batelière, et je crois que les frais de ce bal sont supportés par un *club*. On nous avait dit que nous y verrions les « nouveaux riches ». Si tout ce monde en était, ils sont vraiment nombreux, car il y avait là trois ou quatre cents personnes au moins. La file des voitures, sur le boulevard, était longue de près d'un quart de lieue, et il y en avait une autre dans la rue par laquelle nous sommes arrivées. A Londres, on aurait trouvé le moyen de briser une douzaine de voitures. Ici, les soldats placés sur le boulevard faisaient avancer les équipages l'un après l'autre.

« Je ne puis donner une idée de la toilette plus ou moins convenable des femmes, du manque de distinction des hommes, enfin de l'ensemble de la société. Les petites gravures coloriées des « Modes de Paris » reproduisent les toilettes exactement et sans exagération; mais elles ne sont que rarement bien portées.

« On y voyait aussi de très riches bijoux d'or et d'argent, de très belles dentelles, des cous et des épaules nus jusqu'au milieu du dos avec les omoplates réunies par des corsages étroits, des bras couverts seulement d'un morceau de dentelle au-dessous de l'épaule; puis des traînes qui n'en finissaient pas; bref, une variété infinie, mais de mauvais goût. Et pas une figure sur laquelle l'œil pût se reposer avec plaisir ! Telles étaient les femmes.

« Parmi les hommes, je cherchai en vain les « Merveilleux » et les « Incroyables ». Tous, même les très bons danseurs, n'étaient remarquables que par leur manque total d'élégance.

« Lorsque nous avons quitté le bal, entre une et deux heures du matin, on y arrivait encore. Cela devait durer toute la nuit. Le souper était servi dans des pièces séparées. Je ne dois pas oublier de dire l'effet comique produit par ces figures extraordinaires d'hommes et de femmes valsant avec la lenteur que l'on croit gracieuse en France pour ce genre de danse.

« L'impression produite par cet ensemble était si étrange, qu'on avait peine à se croire à Paris. Mais on nous a dit, il est vrai, que la plupart de ces gens étaient des nouveaux riches de second ordre. »

Mardi, 23 mars. — « Dans la soirée, nous avons été chez la princesse Charles de Beauvau (sœur de Mlle de Mortemart), à laquelle je devais remettre une lettre de Mrs Harcourt.

« Comme j'ignorais que cette lettre dût me servir d'introduction, je fus surprise de la grande politesse de Mme de Beauvau. Elle occupe une petite maison dont l'intérieur rappelle l'Angleterre par ses proportions et son mobilier.

« Ayant habité l'Angleterre dès son enfance pendant de longues années, de même que sa sœur Mlle de Mortemart, la princesse est attachée aux manières, aux habitudes, aux modes anglaises, et parle notre langue mieux qu'aucune Française que j'aie entendue.

« Nous étions les premiers arrivés; après nous vinrent Mme de Bouillé (femme du fils du marquis de Bouillé), jolie, blonde, et calme; Mme d'Hénin, Mme de La Rochefoucauld (veuve du duc[1] qui fut assassiné), le duc de Rohan-Chabot, M. Jackson, lord Cooper, M. Luttrell[2] et lord Henry Petty[3]. Nous étions assis, à causer dans une très petite pièce, et toutes ces personnes arrivèrent les unes après les autres jusqu'à minuit. Alors un souper froid fut servi dans la plus glaciale des salles à manger, au rez-de-chaussée.

« On remonta au bout d'une demi-heure, et nous étions rentrées à une heure et demie. »

Mercredi, 24 mars. — « Le matin, nous avons été à Saint-Roch, l'église de la rue Saint-Honoré. Cette église est, avec Notre-Dame, celle qui a le plus souffert pendant les jours de dévastation, et *nota bene*, elle

---

[1] Louis-Alexandre de La Rochefoucauld adopta chaudement plusieurs des doctrines de la Révolution, mais ne voulut pas aller aussi loin que ses véritables partisans. Il désapprouva ouvertement la conduite de Pétion et de Manuel, en 1792. Les amis de ceux-ci arrivant au pouvoir, le duc fut insulté et persécuté. Il quitta Paris; mais sa retraite fut découverte et des assassins envoyés à Gisors, où il fut tué au mois de septembre 1793, à l'âge de soixante ans. Sa mère échappa difficilement au même sort. Sa veuve se remaria au marquis de Castellane.

[2] Henri Luttrell se distingua par sa brillante conversation; il avait toujours à sa disposition une quantité d'anecdotes et d'épigrammes; mais ses satires, quoique vives, blessaient rarement, et il était recherché dans les différentes sociétés au milieu desquelles il vivait. Il est l'auteur des *Lettres à Julia*, publiées en 1822. M. Luttrell mourut en 1850, à un âge avancé.

[3] Lord Henry Petty, second fils de William, premier marquis de Lansdowne, né en 1780, succéda aux titres et aux propriétés de son père en 1809. Il épousa Louise-Emma, fille du second comte de Ilchester, et mourut en 1863.

Les relations de miss Berry avec lord Lansdowne datent probablement de cette visite à Paris. Leur amitié dura jusqu'à la fin de la vie de miss Berry.

est maintenant, après l'église des Carmes de la rue Vaugirard, la plus « à la mode » de Paris.

« Les chapelles des bas-côtés sont entièrement dégarnies ; les autels et les ornements ont été retirés. Les murs intérieurs de Saint-Roch et la base des colonnes qui supportent les bas-côtés étaient autrefois recouverts de marbre, aujourd'hui complètement enlevé par places. Les autels qui restent ont perdu leurs tableaux et leurs beaux frontispices.

« Il y a deux chapelles derrière le maître-autel de Saint-Roch. Dans la plus éloignée, on a placé un très beau crucifix de marbre plus grand que nature. Il vient de l'église du Mont-Calvaire.

« Ce crucifix, éclairé par en haut, est d'un effet admirable. Dans l'église, pendant notre visite, quelques gens mal vêtus priaient et une femme se confessait.

« Les enfants de plusieurs paroisses suivent le catéchisme de Saint-Roch. A en juger par le nombre de chaises empilées dans tous les coins, l'église doit être souvent très remplie.

« Le soir, nous sommes allées à la Comédie-Française, où l'on jouait le *Philosophe sans le savoir* et la *Gageure imprévue*.

« La première pièce est une comédie de Sedaine[1], très admirée et très souvent donnée, peut-être parce qu'elle est parfaitement jouée par Molé[2], Fleury et Mlle Contat[3].

---

[1] Michel-Jean Sedaine, auteur dramatique, né à Paris en 1717, mort en 1797, auteur de *Rose et Colas*, *la Femme vengée*, etc.

[2] François-Remi Molé, né en 1734, parut sur la scène en 1754. Ses opinions politiques le préservèrent du sort de ses camarades, en 1793. Il était considéré comme un des meilleurs comédiens de son temps, et jouissait aussi d'une réputation de tragédien. Il mourut au mois de décembre 1802 et fut accompagné jusqu'à sa tombe par tous les acteurs des théâtres de Paris et par une députation de l'Institut, dont il était membre.

[3] Louise Contat, née à Paris en 1760. Elle était élève de Mme Préville,

« Celle-ci, que j'avais vue dans ses beaux jours, toujours vive et agréable malgré son embonpoint, est épaissie et moins brillante. Mais elle a une expression charmante, et dans les rôles de tantes, qu'elle a pris aujourd'hui, elle est aussi bonne qu'autrefois dans les rôles de coquettes. Personne, à mon avis, n'a une meilleure diction.

« Il était près de onze heures, lorsque nous arrivâmes chez Mme Fouché, femme du ministre de la Police, qui recevait ce soir-là, et à laquelle M. Jackson avait annoncé notre visite.

« Tout le monde s'en allait lorsque nous sommes entrées ; heureusement nous avons trouvé Mlle de Contuela, que nous connaissions, et qui nous présenta à une femme vulgaire portant une perruque jaune, une belle robe de mousseline lamée d'or avec une garniture pareille et un très beau fichu de dentelle tombant devant elle comme un tablier.

« C'était Mme Fouché. Notre visite dura moins de dix minutes. Nous eûmes à peine le temps d'admirer de splendides appartements. M. et Mme Fouché habitent l'hôtel Mazarin, sur le quai Voltaire, qui a été remis à neuf pour eux. Le salon est tendu de panneaux des plus belles tapisseries des Gobelins, et rempli d'une profusion de sculptures et de dorures d'un goût supérieur à ce que j'ai encore vu dans les autres palais.

« Fouché[1], fils d'un épicier de Nantes, était entré

---

et débuta à l'âge de seize ans. Son premier grand succès fut le rôle de Suzanne dans *le Mariage de Figaro*, de Beaumarchais (1784), et elle devint une artiste remarquable au Théâtre-Français. Son obésité l'obligea à changer ses rôles. Elle quitta le théâtre trois ans avant sa mort, qui arriva en 1813.

[1] Joseph Fouché, duc d'Otrante, né en 1763. Il avait vingt-cinq ans lorsque la Révolution éclata. Il se maria et s'établit dans sa ville natale.

dans l'ordre des Oratoriens, dont les vœux n'étaient pas perpétuels. Devenu député à la Convention, il fut envoyé, avec Collot-d'Herbois, à Lyon, en 1793. En 1799, il devint ministre de la Police. Quand les clubs jacobins furent rouverts, Fouché, quoique jacobin violent, les fit fermer pour conserver ses fonctions, dans lesquelles il fut maintenu par Bonaparte, malgré ses opinions jacobines.

« Fouché était dans l'antichambre; nous n'avons pu que lui faire la révérence en passant. Sa figure n'a rien d'attrayant : c'est un petit homme pâle et flétri, avec de petits yeux gris. Il portait l'uniforme des ministres d'État, en velours bleu brodé d'argent et des bottes à la hussarde.

Jeudi, 25 mars. — « Le matin, nous avons été au musée des Monuments nationaux, qui occupe tout l'emplacement du couvent des Petits-Augustins. On a réuni là toutes les statues des rois, provenant de Saint-Denis et d'autres endroits, les tombes et les monuments des grands personnages, enfin les épaves des églises et des couvents de tout le pays. Les anciennes sculptures, que le vandalisme des moments d'effervescence a laissées subsister, sont en réparation, car il y a ici un grand nombre d'ouvriers employés par M. Le Noir, dans de

---

Il vota avec Danton pour la mort du roi et fut envoyé avec Collot-d'Herbois à Lyon, en 1793. En 1799, il fut élevé au poste de ministre de la police et épousa, en 1815, M¹¹ᵉ de Castellane. Sa vie occupe une si grande place dans l'histoire du temps, qu'il est impossible de la résumer en une note biographique. Il fut exilé en 1816, et mourut à Trieste en 1820.

Il laissa deux enfants de son premier mariage : un fils qui porta le titre de duc d'Otrante, et une fille, devenue la comtesse de Thermes. La première femme de Fouché était M¹¹ᵉ Guoico. Elle mourut en 1813, laissant la réputation d'une personne de beaucoup d'esprit.

vastes salles, les unes formées par l'église et les autres par les cellules et le dortoir des moines.

« Tout est classé d'après l'époque, c'est-à-dire les sculptures et les tombes du xiii° siècle ensemble, ensuite du xiv°, et ainsi de suite.

« Nous n'avons eu que le temps d'y jeter un coup d'œil, mais M. Le Noir nous a donné des billets pour retourner au musée lorsque cela nous plairait.

« Il est curieux d'observer la rapide décadence des arts depuis François Ier jusqu'à Louis XIV. Le monument, si admiré du cardinal de Richelieu, qui se trouve dans l'ancienne église des Capucins, entouré de tombes d'une époque antérieure, ne peut entrer en comparaison avec elles. Dans le jardin, entouré par les cloîtres, il y a des centaines de statues qui ne sont pas encore placées, entre autres, une très belle, en marbre, d'Ignace de Loyola et un bronze, grandeur naturelle, de Louis XIV enfant, très bien exécuté.

« Il faut être un artiste et rien qu'un artiste pour admirer sans regret ou même sans indignation ces musées et ces collections. Dans le grand jardin du couvent, qui est très bien planté, M. Le Noir dispose des tombeaux ou plutôt des cénotaphes pour tous les grands génies de la France.

« Il possède là, ou du moins il l'affirme, le cœur de Molière et les ossements de Racine, etc. etc. Enfin il appelle ce jardin funèbre les « Champs-Élysées ». Ce M. Le Noir, le seul violent jacobin avec qui j'aie causé, est aussi la seule personne que j'aie entendu s'élever contre les insultes infligées à la religion.

« Le soir, nous avons été présentées par M. Jackson au second et au troisième consul. Nous nous sommes rendus d'abord chez Cambacérès, qui habite l'hôtel d'Elbeuf¹, et nous l'avons trouvé dans la seconde pièce d'un vaste appartement entièrement tendu de tapisseries des Gobelins représentant des scènes turques, d'après les dessins d'un peintre français.

« Nous admirons leur fraîcheur, et Cambacérès nous dit qu'elles étaient là depuis plus de soixante-quatre ans ; elles sont certainement mieux conservées que bien des tableaux.

« La société réunie chez Cambacérès se composait d'un cercle d'hommes tous debout comme pour un lever. C'est au milieu d'eux que nous avons été présentées au consul et conduites par lui à une rangée de chaises sur lesquelles étaient assises huit ou dix femmes des membres du gouvernement. Elles n'étaient qu'en demi-toilettes, car ce n'était pas une grande réception.

« Presque tous les hommes portaient l'uniforme civil ou militaire. Les manières de Cambacérès sont fort polies. Il causa avec nous autant qu'on pouvait s'y attendre en pareille occasion, et nous demanda de revenir à sa prochaine réception le septidi (dimanche).

« De l'hôtel d'Elbeuf nous passâmes chez Le Brun², qui est logé dans la partie des Tuileries appelée le Pavillon de Flore.

« On y arrive par le coin de la grande cour. L'appar-

---

1 Place du Carrousel, ancien hôtel de la comtesse de Brionne et du prince de Lambesc.

2 Charles-François Lebrun, duc de Plaisance, né en 1739, député aux États généraux en 1789, nommé troisième consul en décembre 1799, archi-trésorier de l'Empire en 1804, gouverneur général de Ligurie et duc de Plaisance en 1805. Il signa la constitution qui rappelait la maison de Bourbon et fut créé pair de France par Louis XVIII. Après le retour de Napoléon, en 1815, il accepta la pairie et la place de grand maître de l'Université, ce qui lui ôta la possibilité de siéger dans la nouvelle chambre formée au mois d'août 1815. Il mourut en 1824.

tement est petit et moins magnifiquement meublé que les autres, mais il contient de bonnes peintures.

« La réunion offrait le même aspect que chez Cambacérès, et beaucoup des mêmes personnes nous y avaient précédées ou suivies. On annonça le général Lafayette[1]; il ne portait pas d'uniforme et était vêtu d'un simple habit bleu, cheveux courts et chapeau rond.

« Le général Lafayette a l'air distingué, mais maladif. Le voyant pour la première fois, je ne saurais dire s'il est changé.

« Je remarquai que deux jeunes gens, le général de la Roche et le général qui commandait à Porto-Ferrajo, ne lui adressèrent pas la parole.

« Cambacérès n'est pas marié, et personne ne fait les honneurs à l'hôtel d'Elbeuf. Chez Le Brun, qui est veuf, une sorte de femme de charge, vieille et vulgaire, recevait. C'était probablement quelque parente, à laquelle tout le monde faisait un salut. Elle vint poliment

---

[1] Marie-Jean Motier, marquis de Lafayette, né en 1757, au château de Chavagnac, en Auvergne. Comme général et comme homme politique, il joua un rôle important dans trois grandes révolutions et acquit une réputation universelle. L'histoire de Lafayette est trop connue et trop unie à l'histoire de France pour être résumée en une courte biographie. Il épousa, à l'âge de seize ans, une des filles du duc d'Ayen.

Il siégea, comme député de la noblesse d'Auvergne, à l'assemblée des États généraux, après avoir été, en 1777, en Amérique.

En 1790, il jura sur l'autel de la Patrie, au Champ de Mars, fidélité au Roi, à la Loi et à la Nation. Un an après, il fut dénoncé par Robespierre et Collot-d'Herbois; mais il ne fut pas condamné par l'Assemblée. En 1792, il se réfugia en Autriche et fut cinq ans captif à Olmütz. Il fut mis en liberté par l'intervention de Napoléon. En 1797, il rentra en France lorsque Napoléon devint premier consul. Sa conduite, en 1830, décida du sort de l'ancienne dynastie et établit la nouvelle. Il était commandant de la garde nationale. Lafayette n'accepta aucune négociation avec le parti royaliste, disant hautement : « Il n'est plus temps; » et le même jour il reçut publiquement le duc d'Orléans. Il est mort au mois de mai 1834, et est inhumé à Picpus, à côté des victimes de la Terreur guillotinées à la barrière du Trône.

s'asseoir à côté de moi; mais elle était si peu au fait de ce qui l'entourait, qu'elle ne savait même pas les noms de ceux qui se trouvaient là.

« Le Brun, fils d'un fermier de Vire, en Normandie, fut secrétaire du fameux Maupeou, dont il rédigeait les édits et les proclamations.

« Maupeou l'appelait « mon bijou ». Il fit partie de l'Assemblée constituante, puis du Conseil des Anciens, et fut nommé consul lorsque Bonaparte revint d'Égypte.

« Le Brun a les manières et l'apparence d'un homme intelligent. Il se souvint de Mrs Damer, pour l'avoir vue il y a longtemps, en 1795, lors de la vente des tableaux du prince de Conti. C'est un lettré. Il a traduit la *Jérusalem*, du Tasse, et l'*Iliade*, d'Homère, en prose française.

« Après être restées à peu près une demi-heure chez Le Brun, nous allâmes retrouver Barrois pour changer nos toilettes contre des robes moins élégantes. Puis Barrois nous conduisit à un des nombreux bals publics de cette grande ville. Nous avions choisi, comme le plus rapproché, celui de l'hôtel de Longueville, sur la place du Carrousel.

« Le bal avait lieu dans une très longue pièce basse ornée d'arabesques, très sale, mais très bien éclairée par des lampes suspendues au plafond. Nous avons trouvé cet endroit à moitié plein, vers onze heures, de gens misérablement vêtus. Les masques étaient admis ce soir-là; les trois quarts de l'assistance étaient masqués, ce que je regrettai.

« Après toutes les histoires colportées sur l'indécence de la toilette et des manières à Paris, je me sentais mal à l'aise avant d'entrer. Je me préparais à être scandalisée : mes craintes étaient vaines. Jamais je ne m'étais trouvée dans une réunion aussi convenable. Pas une femme n'était aussi décolletée qu'au bal des Étrangers ; la tenue n'était pas mauvaise, et il y avait, en réalité, bien moins d'entrain qu'on n'aurait pu croire dans un semblable endroit. Autrefois, j'avais remarqué plus d'animation dans la classe populaire en France.

« Ce soir-là on dansait surtout la valse, pour laquelle il y a maintenant une telle rage, qu'elle a remplacé partout la jolie danse villageoise où les Français excellaient, tandis qu'ils valsent beaucoup moins bien que les Allemands. D'ailleurs, les femmes qui dansent dans les bals publics étant peu considérées, cela rend la décence de leur tenue plus remarquable encore.

« Il y avait là plusieurs ménages de bons bourgeois se promenant de long en large, car en ce lieu la danse seule est interdite aux honnêtes femmes. Quelques femmes portaient des habits d'homme. C'est une mode assez répandue actuellement[1] dans ce genre de monde, quelquefois par commodité, et aussi, si j'ose le dire, pour des raisons moins excusables ! Il y avait des hommes habillés en femme, mais ils avaient le masque sur le visage ou à la main.

« Nous sommes restées près d'une heure dans cette salle, que nous avons laissée plus remplie qu'à notre arrivée. Le bal devait durer toute la nuit. »

Vendredi, 26 mars. — « Dans l'après-midi, nous nous sommes promenées aux Champs-Élysées, de la place Louis XV jusqu'à la barrière. C'était entre trois et quatre heures, et cependant on voyait une file de voitures se rendant au bois de Boulogne, tant les habi-

---

[1] George Sand la signale dans ses *Mémoires*, et l'adopta en 1830.

tudes sont changées. Le bois de Boulogne est plus que jamais le rendez-vous à la mode pour ceux qui possèdent chevaux et voitures. Nous avons vu trois amazones bien montées, avec des habits et des chapeaux exactement pareils à ceux des Anglaises.

« La route, de chaque côté du pavé, aux Champs-Élysées, est fort mauvaise, et les promenades entre les arbres ne sont pas en meilleur état. Il n'y avait pas beaucoup de promeneurs à pied, quoique la journée fût belle et chaude.

« Nous avons dîné chez notre ministre, M. Jackson. Il est bien logé, dans un appartement au rez-de-chaussée de l'hôtel de Caraman, rue Saint-Dominique[1].

« La réunion était composée de Mmes de Brignole et de Staël; du ci-devant abbé, maintenant M. de Saint-Phar[2], du prince Auguste d'Arenberg, qui portait autrefois le nom de comte de la Marck, du baron Amfelt, d'Adrien de Montmorency[3], du ministre de Suède, baron Ehrenswerd, du marquis de Douglas[4] et de la femme du général Marmont[5], fille de Perrégaux.

« Cette dernière est une jolie petite femme, mais avec des airs, des grâces et une certaine impertinence

---

[1] Aujourd'hui hôtel de la Rochefoucauld-d'Estissac, 28, rue Saint-Dominique.
[2] Fils naturel du duc d'Orléans et d'une danseuse, Mlle Le Marquis.
[3] Anne-Pierre-Adrien de Montmorency, né en 1769, prit le titre de duc de Laval à la mort de son père, en 1816.
Dans sa jeunesse il fit partie de l'armée; mais, abandonnant sa profession, il revint en France en 1801. En 1814, il reprit du service pour la cause royaliste. La même année, il fut envoyé comme ambassadeur à Madrid, et remplit les mêmes fonctions ensuite à Rome et à Londres.
[4] Alexandre, marquis de Douglas, né en 1767, succéda à son père comme duc de Hamilton, en 1819, et mourut en 1852.
[5] Auguste-Frédéric-Louis Marmont, duc de Raguse, né en 1774, d'une famille ancienne et respectable. Il entra dans l'armée en 1789. En 1796, il devint premier aide de camp de Napoléon lorsqu'il commandait

sans façon, renchérissant sur toutes les ci-devant duchesses et marquises. Son mari est un affidé de Bonaparte. Il était au nombre des cinq qui revinrent d'Égypte avec lui, et il a maintenant toute sa confiance.

« C'est un homme de taille moyenne; il porte ses cheveux noirs sans poudre, beaucoup de barbe; il a une figure grave et intelligente, dont l'expression me rappela celle de la seconde fille de l'archevêque d'York [1].

« Pendant que nous étions en train de nous habiller, pour nous rendre chez M. Jackson, entre cinq et six heures, le canon des Invalides nous annonça que la paix attendue depuis si longtemps venait enfin d'être signée. Cela parut faire peu d'impression sur la société avec laquelle nous avons dîné. Notre ministre semblait même de fort mauvaise humeur, ayant sans doute pour cela des raisons personnelles.

« Ces nouvelles ne tinrent aucune place dans la conversation.

« A l'Opéra et dans les rues, je m'attendais à voir de bruyantes démonstrations. Mais point du tout ! Il n'y avait ni foule, ni groupe, ni feux de joie. Les ministères seuls étaient éclairés par de petits « pots à feu » posés sur le rebord des murs; mais presque aucune maison particulière n'était illuminée. Enfin, on ne remarquait aucun signe de réjouissance publique. Le château des Tuileries était magnifique, avec des cordons de feu tout le long de son immense façade. Il y en

---

l'armée d'Italie, et fut dès ce moment constamment employé à l'armée et dans les grands commandements. A Salamanque, il fut battu par le duc de Wellington. Au retour des Bourbons, il passa de leur côté; et accompagna Louis XVIII à Gand. Il mourut à Venise, en 1852.

[1] Dr William Markham, archevêque d'York.

avait aussi sur les grilles et sur les portes de fer de la grande cour. A l'Opéra, où nous ne sommes arrivées qu'à neuf heures, la nouvelle de la paix avait été annoncée immédiatement après le lever du rideau et reçue, nous dit-on, par de grands applaudissements. La salle était comble. Mais après ce premier enthousiasme aucune allusion ne fut faite au grand événement.

« On dit que le peuple de Paris est fatigué depuis si longtemps par les émotions, les changements et les nouvelles importantes, qu'il est devenu parfaitement indifférent, et que tout ce qui s'est passé dans sa propre histoire depuis trois ans a été reçu de même.

« On donnait *Œdipe à Colone*. Musique très jolie, et le ballet de Pâris admirable. Mais malheureusement, au milieu de ce spectacle, Jackson nous annonça brusquement la mort d'O'Hara [1], dont il venait de recevoir la nouvelle d'Angleterre. Il me fut impossible ensuite de faire attention au ballet ! »

Samedi, 27 mars. — « Je passai une mauvaise nuit, et je me réveillai en proie à une violente migraine nerveuse qui me retint au lit toute la journée. »

Dimanche, 28 mars. — « Nous avons traversé le bois de Boulogne pour aller à Bagatelle, qui est maintenant ouvert à tout le monde moyennant sept sous par tête, ou quinze sous par voiture. Le premier corps de bâtiment, que nous avons traversé pour aller jusqu'au petit Pavillon, est habité par un traiteur, qui est, je suppose, un des principaux propriétaires de l'ensemble, et, j'en suis sûre, doit bien faire ses affaires. Le temps était beau

[1] Voir l'Introduction.

ce dimanche-là. Il y avait plus d'une douzaine de cabriolets et autres voitures dans la cour et beaucoup de monde se promenant dans les jardins, qui sont assez bien entretenus, quoique très différents de ce que je les vis, lorsque nous avions déjeuné à Bagatelle avec le duc de Dorset [1], en 1785 [2]. Le pavillon aussi est ouvert. Les ornements des murs, les plafonds, les cheminées n'ont pas changé, mais sont bien moins propres. Quelques-uns des visiteurs du dimanche jouaient dans la salle de billard. Les jardins sont jolis, mais les arbres mal venants. Je crois que les arbustes n'ont pas grandi d'un pied depuis quinze ans.

« Les eaux sont pitoyables, conduites dans de petits canaux tournants avec une demi-douzaine de ponts de toutes les formes et de toutes les dimensions, et sur les bords, plusieurs rochers et grottes.

« Dans le bois de Boulogne, un grand nombre de gens se promenaient ou étaient assis par groupes sous les arbres. A notre retour, entre trois et quatre heures, toutes les voitures de Paris, bonnes, mauvaises ou passables, étaient à la file dans la grande avenue des Champs-Élysées, en face du jardin de la maison [3] qui appartenait autrefois à Mme la duchesse de Bourbon. Le parc est devenu aujourd'hui un jardin public appelé le « Hameau de Chantilly ». Un ballon allait justement s'en élever. Nous l'avons vu gonfler, puis s'élever au-dessus du mur des jardins. Peu après notre rentrée à la maison, il passa au-dessus de nos têtes à une grande hauteur.

[1] Jean-Frédéric, troisième duc de Dorset, fut envoyé en France comme ambassadeur en décembre 1783. Il épousa, en 1790, Arabelle Diana Cope, fille de sir Charles Cope baronet. Il mourut en juillet 1799.
[2] Voir la note de la page 19.
[3] L'Élysée, aujourd'hui le palais de la présidence de la République.

« Cette journée m'a montré combien le dimanche est maintenant fêté par les Parisiens. Presque toutes les boutiques étaient fermées ; tout le monde dans les rues ou dans les promenades publiques, vêtu de ses plus beaux habits. C'était enfin un vrai dimanche de l'ancien régime. La gaieté de Paris et de ses environs, dans cette belle journée, dut frapper agréablement tous les esprits, même le mien, en ce moment si peu disposé à la gaieté.

« Le soir, nous sommes allées à la réception de Cambacérès. Il est fort intéressant pour nous d'y voir les figures de tant de personnages dont nous lisons les noms dans les journaux depuis dix ans. Parmi ceux que nous avons rencontrés ce soir, se trouve un garçon imprimeur, devenu le directeur d'un journal qu'il composait, imprimait et distribuait lui-même. C'est le général Brune[1]. Il commandait en Hollande. C'est un des hommes les plus grands que j'aie vus. Le général Brune est âgé de trente ou quarante ans, assez bizarre, dit-on ; sa physionomie est intelligente, mais peu agréable.

« Masséna[2] était là sans uniforme. Sa tête est couverte de cheveux noirs et drus. Il a l'air commun, mais intelligent. Sa taille est courte et épaisse.

---

[1] Guillaume-Marie-Anne, maréchal Brune, né en 1763. Il fut envoyé à Paris pour étudier le droit, écrivit des pamphlets sur l'état des affaires publiques, et, en 1790-91, fut rédacteur en chef du *Journal de la Cour et de la Ville*. Il aida Danton à former le club des Cordeliers. Il commanda en Belgique, en 1799, quand l'armée anglo-prussienne capitula. En 1800 il commanda en Vendée, et en 1803 fut envoyé comme ambassadeur à Constantinople.
En 1814 il se rallia à Louis XVIII, rejoignit l'étendard de Napoléon à son retour de l'île d'Elbe, et renouvela sa soumission à Louis XVIII après les Cent-Jours ; mais il fut assassiné à Avignon en revenant à Paris.

[2] André Masséna, né en 1758. En 1793, il commanda l'aile droite de l'armée d'Italie. Ses constants succès lui valurent, de la part de Napoléon,

« Nous n'avons pu savoir les noms de plusieurs autres, qui portaient le grand uniforme, excessivement riche, bleu, brodé d'or, avec des poignets écarlates, un collet de même, monstrueusement haut, le tout couvert de broderies ; des pantalons blancs également garnis de broderies devant et sur les coutures, des bottes à la hussarde, bordées d'or et ornées de glands d'or ; une large ceinture rouge, couverte d'ornements d'or, avec une large plaque par-devant ; enfin, un grand sabre très riche.

« Cambacérès nous reçut dans le grand appartement du premier étage, qui se compose de je ne sais combien de pièces. Comme à Londres, le premier salon seulement était plein. Cette maison (l'hôtel d'Elbeuf) est un spécimen des beaux vieux hôtels remis à neuf, et on y a placé des meubles modernes, des bibliothèques et de magnifiques tapis sur lesquels l'attention était sans cesse attirée d'une façon désagréable, car les hommes ne se gênaient pas pour cracher dessus.

« Il y avait à cette réunion beaucoup plus de femmes que je n'en ai encore vu ailleurs. Toutes appartenaient à la société nouvelle ou étaient étrangères.

« Plusieurs d'entre elles avaient de singulières tournures. Couvertes de bijoux, elles paraissaient avoir de grandes prétentions à l'élégance. »

Samedi, 29 mars. — « Je n'ai jamais, même en Angleterre, éprouvé un changement de température si violent et si soudain que celui qui s'est produit ici entre hier et aujourd'hui.

le titre d'Enfant chéri de la Victoire. En 1810, il remplaça Soult en Espagne et fut repoussé par le duc de Wellington. En 1814, il donna son adhésion à Louis XVIII. Après Waterloo, il devint commandant en chef de la garde nationale et mourut en 1817.

« Hier, la chaleur était étouffante au soleil, sans un souffle d'air ; aujourd'hui, le vent ayant passé au nord, il faisait si froid, qu'il neigea dans la matinée.

« Nous avons été chez Mme de Boufflers [1], femme du chevalier, et chez Mme de Castellane, que nous avons trouvées chez elles. La conversation de cette dernière, sur la difficulté qu'éprouvent les deux sociétés actuelles à s'amalgamer, est très curieuse et très vraie, d'après ce que nous en avons vu.

« Le soir, nous avons été à l'Opéra ; on jouait *Astyanax* et le ballet de *Psyché*.

« Tous les opéras français se ressemblent tellement, qu'on ne peut parler que des décors. La dernière scène dans laquelle Pyrrhus monte à bord d'un vaisseau avec Astyanax et Andromaque et met à la voile avec toute sa flotte est belle. Au reste, ce sont toujours les mêmes cris, la même façon violente de parler ; le jeu est exagéré ; il y a toujours une scène que nous appelons la scène déchirante. Sous l'influence du chagrin, de la joie, de l'effroi ou des remords, les acteurs principaux se précipitent l'un sur l'autre, et, après s'être à moitié mis en pièces, se séparent brusquement ou s'en vont bras dessus bras dessous. La fatigue physique de ces grands rôles d'opéra est si grande, que les acteurs doivent avoir des constitutions exceptionnellement robustes pour pouvoir la supporter.

« Mlle Maillard, grande et belle femme, remplit le rôle d'Andromaque avec dignité, mais sans talent. Il n'y a pas maintenant de bonne actrice à l'Opéra.

« Le ballet de *Psyché*, tel qu'il est représenté, est une longue pantomime où l'on danse peu, mais qui est

---

[1] Françoise-Éléonore Déjean, née à Paris le 3 mars 1749, d'abord comtesse de Sabran, remariée au chevalier de Boufflers en 1797.

admirable dans son genre. Mme Gardel[1] jouait Psyché : sa grâce et sa légèreté sont incomparables.

« Saint-Amand figurait l'Amour. Les scènes représentant Psyché montant sur le rocher, son enlèvement dans les nuages par Cupidon et ses tourments dans le Tartare sont charmantes.

« Dans tous les ballets français, même lorsqu'il y a peu d'entrées composées des principaux danseurs, l'ensemble des danses exécutées par les figurants n'est jamais ennuyeuse, parce que les pas se font avec une grâce et une sûreté d'exécution qui n'existent qu'à Paris. »

Mardi, 30 mars. — « Dans la matinée, nous sommes allées à l'Institution de l'abbé Sicard[2], pour les sourds-muets. Chaque décade, je crois, il donne une leçon publique, ou plutôt présente aux assistants quelques-uns de ses élèves. Lord Henry Petty, qui nous avait conseillé d'y aller, nous procura des billets. La maison était autrefois un séminaire, appelé séminaire de Saint-Magloire. Nous sommes entrés dans une grande pièce, remplie de bancs circulaires en nous dirigeant vers

---

[1] Marie-Anne-Élisabeth Gardel, femme du danseur favori de ce nom. Elle débuta en 1786, et depuis l'année 1792 elle fut tenue en haute estime par le public. Mme Gardel se retira en 1816 et ne reparut, en 1819, que pour la représentation au bénéfice de son mari.

[2] Roch-Ambroise Cucunon Sicard (l'abbé), né en 1742. L'Assemblée constituante adopta, en 1791, son établissement pour l'instruction des sourds-muets comme institution nationale. Il fut arrêté, en 1792, pendant qu'il instruisait ses élèves, et jeté en prison. L'abbé Sicard s'adressa alors à un ami protestant, M. Laffon de Ladébat, de la chambre d'arrêt de l'abbaye Saint-Germain-des-Prés, disant qu'il était le seul prêtre que le peuple n'eût pas encore sacrifié. Son appel fut entendu, et il fut tiré de la situation la plus périlleuse.

L'abbé Sicard subit ensuite deux années d'exil, mais fut rendu à ses travaux et à son institution par la révolution du 18 brumaire. Il mourut à quatre-vingts ans, en 1822.

une espèce d'estrade, où se tenait l'abbé avec une vingtaine d'élèves, assis autour de lui, vêtus d'uniformes poivre et sel, garnis de bleu.

« La partie la plus intéressante de la séance était celle où il donna une première leçon à un joli petit garçon de huit ans, et où il permit à ses élèves les plus avancés de prouver comme ils comprenaient bien la langue et la grammaire et à quel point leurs idées étaient justes et claires. Cet exercice fut fait par un sourd-muet lisant par signes une brochure qui venait de paraître à un autre sourd-muet, qui écrivait le texte mot à mot sur une ardoise, aussi vite qu'on pouvait dicter. Il fit ensuite, sur une autre ardoise, toujours à la vue des spectateurs, l'analyse grammaticale de sa dictée.

« Cette épreuve était à la fois curieuse et attrayante. Mais quand le professeur parla lui-même, il nous prouva que s'il avait le pouvoir de donner à ses élèves des idées claires et nettes, il ne s'en était pas réservé pour son propre compte ! Il s'embrouilla dans une exposition de systèmes de grammaire et devint si ennuyeux, qu'après être restés là de onze heures à une heure, ne voyant pas arriver la fin du discours, nous nous décidâmes à partir excédés de ce verbiage.

« De l'Institution des Sourds-Muets nous allâmes aux Tuileries visiter les appartements occupés par Bonaparte. Sandoz, un tailleur suisse, établi à Paris, qui travaille beaucoup pour Mme Bonaparte, nous avait procuré cette permission que l'on n'obtient que par faveur et très difficilement. C'est avec raison, la simplicité républicaine aurait lieu de s'offusquer de la magnificence de la demeure du premier Consul.

« J'avais visité autrefois Versailles, le petit Trianon

et bien des habitations royales dans d'autres pays que la France; mais nulle part je ne vis rien qui approchât de la splendeur de celle-là.

« Bonaparte et Joséphine occupent actuellement le rez-de-chaussée du château des Tuileries, dont les fenêtres ont vue sur le jardin depuis le pavillon de Flore jusqu'au centre. L'appartement du premier Consul et de Joséphine se compose d'une grande antichambre, d'un salon, dont les murs sont tendus et les meubles recouverts de taffetas lustré d'un bleu violacé brodé de chèvrefeuilles marron du meilleur goût. Les rideaux de même, avec des broderies de drap. Dans cette pièce, est placé le magnifique tableau du Dominiquin, représentant sainte Cécile coiffée d'un turban et jouant de la harpe. Cette peinture vient, je crois, du palais Borghèse.

« Le second salon est orné de tentures en satin jaune et feuille morte avec des franges rouges. Rien de plus magnifique que cette pièce. Les glaces sont drapées et non encadrées, ce qui est d'un bien meilleur effet. Sous ces glaces sont placées de belles consoles en porphyre et en marbres rares. Ces consoles supportent de superbes vases en porcelaine de Sèvres, de granit rose, montés en bronze, et de très beaux candélabres. Au milieu du salon, est suspendu un lustre de cristal de roche monté en bronze; les chaises sont recouvertes de charmantes tapisseries.

« Ensuite vient la chambre à coucher commune à Bonaparte et à sa femme. Les meubles sont recouverts de soie bleue et blanche avec des franges d'or. Le lit, placé dans un enfoncement, est en acajou massif avec des ornements de bronze dorés, riches mais un peu lourds. Il y a dans la chambre de jolis tableaux anciens. Puis on entre dans la salle de bain, qui n'a rien de remarquable. C'est là que Bonaparte se rase et fait une toilette rapide. De cette pièce part un escalier dérobé, qui conduit au-dessus, dans son cabinet de travail.

« Après la salle de bain, sur laquelle un couloir est pris, se trouve un cabinet de lecture, c'est-à-dire une petite pièce entourée jusqu'à hauteur de la cheminée environ, de bibliothèques fermées, en bois de palissandre incrusté à la grecque de bois de citronnier. Les murs au-dessus sont tendus en vert. Dans cette pièce est placée la Madonna Della Sedia ; mais nous avons été convaincues, Mrs Damer et moi, que c'était une copie ou le tableau original restauré de manière à être dénaturé. J'espère et je crois que c'est une copie.

« A la suite du cabinet de lecture, se trouve le cabinet de toilette de M*me* Bonaparte, décoré avec la plus grande élégance. C'est une chambre basse de plafond. Les rideaux sont de mousseline brodée doublée de taffetas lustré avec des franges blanc et or. On voit sur une table un grand coffret de palissandre ou plutôt un grand nécessaire renfermant tous les menus outils de travaux de dames en acier taillé. Le coffret lui-même est incrusté d'une profusion d'ornements de même métal. Il a été rapporté d'Angleterre pour M*me* Bonaparte par le général Lauriston[1]. Ensuite, vient une petite chambre à coucher qui fût occupée par M*lle* Hortense de Beauharnais jusqu'à son mariage[2]. On y voit un très grand meuble apporté depuis peu de Versailles, et qui est destiné à être placé dans un des salons. Il avait été

---

[1] Le général Law de Lauriston, né à Pondichéry en 1764, avait été envoyé par le premier Consul en Angleterre pour ratifier les préliminaires de la paix d'Amiens.

[2] Hortense de Beauharnais, née en 1783, mariée à Louis Bonaparte le 5 janvier 1802.

fait autrefois pour renfermer les bijoux de la reine Marie-Antoinette ; c'est un des plus riches que j'aie jamais vus en ce genre ; mais il ne me semble ni gracieux ni de bon goût. Il est incrusté de bronze, de nacre, de porcelaine de Sèvres et de camées peints.

« De là, nous sommes montées voir les grands appartements. Ils étaient fermés.

« Le lendemain nous avons fait une nouvelle tentative, sous les auspices de M. Sandoz, qui paraît jouir d'une grande faveur aux Tuileries. J'ai cru remarquer qu'il était presque impossible de pénétrer dans les grands appartements parce que auprès se trouve le cabinet de travail de Bonaparte, où personne n'est admis. C'était naturellement ce que nous désirions voir par-dessus tout. Il a fallu y renoncer.

« Dans la soirée, nous sommes allées chez Berthier.

« C'était novidi (neuvième jour de la décade républicaine) son jour de réception, et il donnait un bal. Il y avait des banquettes autour de la première pièce ; personne n'était encore arrivé lorsque nous sommes entrées, mais peu à peu les salons se remplirent, et derrière les banquettes on avait ménagé un passage pour laisser circuler les hommes. Nous nous sommes assises, et nous avons admiré les danses.

« Les toilettes des femmes étaient beaucoup moins décolletées et moins extravagantes qu'au bal des étrangers. Mme Hamelin[1], une des plus élégantes, dansait à merveille ; mais elle n'est pas jolie, et sa tournure manque de distinction. M. de Châtillon était le meilleur danseur, quoique les autres hommes dansassent admirablement. Je n'ai jamais vu aussi bien danser, si ce

---

[1] Mme Hamelin est morte en 1841. Elle avait la jouissance du joli pavillon de la Madeleine, près de Valvins et de Fontainebleau.

n'est à l'Opéra. M. de Châtillon a du reste la tournure qu'il faut pour exécuter avec succès les pas les plus difficiles. Les hommes avaient les cheveux courts et fort mal peignés.

« Le souper était servi pour plus de cent personnes. Parmi les invités se trouvaient Moreau[1] et sa femme[2]. Moreau est un homme de taille moyenne, à l'air doux et calme. Il m'a rappelé sir G. Beaumont, en moins grand et en plus brun. Je n'étais pas assez près de lui pour étudier sa physionomie.

« Mme Moreau est jeune, jolie, bien mise et d'apparence modeste. Elle danse parfaitement. Le jeune Beauharnais était parmi les danseurs. Il est bien, mais sans distinction.

« Il y avait aussi au souper Monge[3], ancien ministre de la marine et directeur de l'Institut égyptien, et Laplace[4], mathématicien célèbre, homme d'un extérieur modeste, à la figure douce et maladive.

---

[1] Jean-Victor Moreau, général de la République française, né en 1763, prit les armes à Rennes, où il étudiait en 1787. Il aida Pichegru à conquérir la Hollande et ouvrit la campagne de 1796 en battant les Autrichiens. Disgracié à la suite de la découverte de la correspondance secrète de Pichegru avec les Bourbons, trouvée dans ses fourgons, il dut subir une disgrâce et donner sa démission. Il rentra, en 1800, dans l'armée, et gagna la bataille de Hohenlinden. Plus tard, Moreau quitta la France et s'engagea au service étranger. Il mourut des suites de la blessure qu'il reçut à la bataille de Dresde, le 1er septembre 1813.

[2] Mme Moreau était Mlle Hulot. Louis XVIII lui donna, à la Restauration, le titre de maréchale.

[3] Gaspard Monge, né en 1746, un des fondateurs de l'École polytechnique. Il avait suivi l'armée, en 1796, en Italie, et pendant l'expédition d'Égypte. Auteur de plusieurs ouvrages scientifiques très estimés. Il mourut en 1818.

[4] Pierre-Simon La Place, célèbre mathématicien et astronome, né en 1749. Fils d'un fermier normand, il fut protégé par d'Alembert, qui lui procura une chaire à l'École militaire de Paris. Il fut nommé par Bonaparte ministre de l'intérieur, en 1799. La Place, créé comte par Napoléon et marquis par Louis XVIII, mourut en 1827.

« Nous avons été présentées à Laplace par sir L. Blagden[1], et à Monge par Mᵐᵉ de Staël. Dix années de divisions entre la France et l'Angleterre paraissent leur avoir fait oublier totalement notre pays. Ils n'avaient pas même d'amis parmi les émigrés en si grand nombre à Londres. »

Mercredi, 31 mars. — « Fait des visites. Trouvé Mᵐᵉ de Coigny[2]. Elle occupe rue d'Aguesseau, faubourg Saint-Honoré, un appartement confortable dans la maison qui était celle de sa mère, la marquise de Conflans. Le soir, nous avons été à l'Opéra dans la loge du ministre de Suède pour voir les *Mystères d'Isis*. La musique de Mozart est délicieuse. Mais ici toutes les musiques se ressemblent, à cause de la manière dont elles sont exécutées, excepté les deux ou trois airs chantés par Laïs. Les décors, les effets de théâtre sont, en revanche, toujours nouveaux et toujours réussis. Dans cet opéra, une vue du Tartare, d'un côté de la scène, et une vue des Champs-Élysées, de l'autre, montrés successivement au héros, forment de merveilleux tableaux. Cependant, la dernière scène où le héros du poème reçoit une récompense des mains de sa maîtresse, n'est pas suffisamment éclairée. Ceci, je crois, arrive régulièrement ici après les trois ou quatre premières représentations d'une nouvelle pièce. On économise sur les frais d'éclairage aux dépens d'une grande partie de l'effet voulu.

« Après l'Opéra, nous avons été chez M. de Crillon, avec lequel nous avions dîné chez Mᵐᵉ de Castellane. Mᵐᵉ de Crillon donnait un petit bal, ou, comme on

---

[1] Sir L. Blagden, auteur de plusieurs ouvrages sur la philosophie et la médecine.
[2] La marquise de Coigny, mère de Mᵐᵉ Sébastiani, morte en 1832.

dit, un « souper dansant », auquel Mme de Coigny avait été chargée de nous inviter. J'envoyai mon nom de l'antichambre à Mme de Coigny, qui me présenta à Mme de Crillon, femme très aimable d'environ cinquante ans, et qui a, paraît-il, une fortune considérable « aux îles ».

« La réunion était très choisie. Le ton, celui de l'ancien régime; il n'y avait pas plus de soixante ou quatre-vingts personnes. J'avais beaucoup entendu parler de la manière de danser de Mlle de Coigny[1]; elle danse en effet aussi bien que Mme Hamelin. Les toilettes étaient aussi simples que celles de l'autre société étaient recherchées : les robes de mousseline unie, courtes pour les danseuses. Les coiffures consistaient en une légère touffe de fleurs posée sur les cheveux. Les corsages pas plus décolletés qu'en Angleterre.

« Un excellent souper fut servi à une heure du matin, dans une très belle salle à manger. Il y avait assez de place pour asseoir tous les convives.

« M. de Crillon est le plus jeune fils du duc de Crillon qui commandait à la bataille de Gibraltar. Ayant eu de la prudence et étant resté en France pendant la Révolution, il a été le moins maltraité des hommes de son rang. Il habite le même hôtel[2] qu'autrefois, un des plus beaux de la place Louis XV; il est servi par ses anciens domestiques. Enfin, sauf la perte des droits seigneuriaux et l'effet du changement des impôts, il est resté ce qu'il était. J'avais remarqué M. de Crillon au dîner de Mme de Castellane. C'est un gentilhomme de grande allure, aux manières très nobles. »

---

[1] Mariée plus tard au général Sébastiani. Sa fille fut la malheureuse duchesse de Praslin.
[2] Cet hôtel appartient encore à son arrière-petite-fille, Mme la duchesse de Polignac (1900).

Jeudi, 1ᵉʳ avril. — « Le matin, nous avons été avec Mrs Cosway chez Mᵐᵉ Bonaparte mère, afin de lui être présentées.

« En arrivant à la maison qu'elle occupe dans la chaussée d'Antin, je reconnus immédiatement cet hôtel comme ayant appartenu à une famille que nous avons vue beaucoup lors de notre premier séjour à Paris. C'était celle de Montfermeil. Je ne pus rien apprendre sur elle, sinon que ses membres avaient émigré, et que l'on croyait (sans rien affirmer de certain) que M. de Montfermeil était mort en Allemagne. L'hôtel, dévasté par les révolutionnaires, a servi de *maison d'arrêt* pendant la Terreur et a été vendu trois ou quatre fois depuis cette époque. Une grande partie du beau jardin a été transformée en potager. Le reste est mal disposé à la mode anglaise.

« Cette maison a été repeinte et magnifiquement meublée pour Mᵐᵉ Bonaparte. La superbe salle à manger en coupole est ornée de peintures imitant le porphyre et les autres marbres, que l'on exécute aujourd'hui à Paris avec la plus grande perfection.

« Les chaises et fauteuils du salon sont garnis de velours pourpre frangé d'or et de soie pourpre; les rideaux de même nuance ont également des franges d'or. Dans une autre pièce de réception ornée de peintures italiennes, les chaises étaient recouvertes de satin violet rayé avec d'épaisses franges d'or. Là se tenait Mᵐᵉ Bonaparte. Elle nous fit voir tout l'appartement, qui est entièrement décoré et meublé dans le même style, garni de magnifiques tapis et orné de beaux bronzes.

« Mᵐᵉ Bonaparte est une femme de cinquante ans passés; elle a de grands yeux noirs, une physionomie douce et intelligente, et a dû être fort belle. Ses manières sont calmes et polies. Sa conversation n'indique pas un esprit remarquable. On la dit très dominée par les idées de Swedenborg [1], ou plutôt par ce qu'on appelle ici le quiétisme [2]. Je le croirais assez, à en juger par sa prévenance pour notre introductrice.

« Elle ne paraît pas, du reste, chercher à exercer aucune influence sur le premier Consul, ni prendre grand intérêt aux affaires politiques. Son fils vient la voir lorsqu'il apprend qu'elle est malade; il l'a bien logée, en prend grand soin, et ses attentions se bornent là. La famille Bonaparte se réunit souvent chez Mme Bonaparte, et, comme cette famille se compose de cinq frères et de trois sœurs, la société est assez nombreuse.

« Mme Bonaparte s'efforce, je crois, de protéger les anciens couvents de femmes et leurs aumôniers dans les pays conquis par les Français. Je ne sais jusqu'à quel point elle réussit.

« Le même jour, nous avons dîné chez Mme de Staël avec vingt personnes : le général et Mme Marmont, Mme Récamier, M. et Mme Necker de Saussure, lord Archibald Hamilton, le comte Markoff, ambassadeur de Russie, Benjamin Constant, M. de Chauvelin, lord Henry Petty, le marquis de Lucchesini, le comte Louis de Narbonne [3], le général Dessolles, M. de Girardin

---

[1] Philosophe suédois, mystique et illuminé.

[2] Les croyances religieuses étaient tellement égarées à cette époque, que toute personne conservant quelques habitudes de piété était appelée quiétiste ou janséniste.

[3] Le comte Louis de Narbonne, ministre de la guerre sous le règne de Louis XVI, né en 1755, dans le duché de Parme. Sa mère était dame d'honneur de la duchesse de Parme, fille de Louis XV, et son père premier gentilhomme de la cour. Après la mort de la duchesse, il fut ramené et élevé en France, à la cour; sa mère étant dame d'honneur de Madame Victoire. Quoique attaché par le devoir et la reconnaissance à la maison

(aujourd'hui président du Tribunat, fils du propriétaire d'Ermenonville) et deux autres personnes dont le nom me reste inconnu. Je me trouvai heureusement placée près du comte Louis de Narbonne, dont la conversation est des plus agréables. J'avais, de l'autre côté, le général Dessolles[1], qui fut à la tête de l'état-major de Moreau et qui a écrit le compte rendu de la bataille de Hohenlinden, rapport militaire que l'on considère ici comme des plus remarquables. La physionomie du général Dessolles et ses manières sont douces et calmes. Nous avons eu une petite conversation sur les beaux climats pour lesquels nous avons le même enthousiasme; nous avons aussi parlé de la Suisse, et le général Dessolles déplore ce qui s'y est passé[2] et craint que cela ne fasse tort à la France.

« Nous avons quitté Mme de Staël de bonne heure, si fatiguées de notre veillée de la nuit précédente, que nous sommes restées avec plaisir à la maison. »

Vendredi, 2 avril. — « Jour que notre ami le tailleur suisse nous assure avoir été fixé par Mme Bonaparte

---

de Bourbon, il partagea plusieurs des opinions les plus libérales du parti révolutionnaire. Il aida les tantes du roi à quitter la France pour se réfugier à Rome en 1791, émigra en Angleterre en 1792, et s'installa avec Mme de Staël et ses amis à Juniper Hall, Surrey. M. de Narbonne servit ensuite Bonaparte, qui le créa lieutenant général. Il accompagna l'armée française à Moscou, et mourut pendant la retraite, à Torgau, en 1813.

[1] Jean-Joseph-Auguste Dessolles, né en 1767. Il accompagna Bonaparte dans sa campagne d'Italie, obtint des succès et fut nommé, à la paix de Lunéville, commandant en chef provisoire de l'armée du Hanovre. Remplacé par Bernadotte dans ce poste, il fut envoyé en Espagne, suivit le prince Eugène pendant la campagne de Russie, mais dut revenir pour raison de santé. Après 1814, le général Dessolles fut commandant de la garde nationale de Paris. Louis XVIII lui donna le titre de marquis, et il devint pair de France et ministre. Marié à Mlle de Dampierre, il laissa une fille unique, devenue duchesse d'Estissac.

[2] Les révoltes qui avaient provoqué l'occupation française.

pour recevoir sur sa recommandation « deux dames venant d'Angleterre, et qui sont très désireuses de voir le grand Consul et de connaître Mme Bonaparte ».

« Nous devions nous rendre aux Tuileries à midi; mais comme le premier Consul et sa femme n'étaient revenus de la Malmaison qu'à minuit, le tailleur vint nous dire que Mme Bonaparte nous recevrait à trois heures. J'avoue que je doutai de cet honneur jusqu'au dernier moment. Cependant à trois heures nous allâmes aux Tuileries. Après avoir demandé plusieurs fois M. Sandoz, on nous conduisit dans un des salons que nous avions déjà vus. Là, nous avons attendu dix minutes en examinant le tableau de la bataille de Marengo qui se trouve dans cette pièce. Plusieurs personnes, quatre ou cinq dames, traversèrent le salon. A la fin, notre tailleur parut, s'excusant beaucoup d'avoir à nous faire faire un petit détour. Puis il nous conduisit par un couloir, derrière les appartements, à une petite salle d'attente située entre le cabinet de toilette de Mme Bonaparte et la petite chambre rouge qui fut celle de Mlle de Beauharnais. Là nous avons trouvé plusieurs petits domestiques nègres, et devant la porte se tenait un mamelouk (comme on dit ici, c'est-à-dire un Asiatique noir vêtu à la turque).

« Toujours conduites par notre tailleur, nous entrâmes dans le cabinet de toilette de Mme Bonaparte. Elle vint au-devant de nous, et le tailleur disparut. Traversant la chambre jusqu'aux chaises rangées le long du mur, elle s'assit la première et nous pria de faire de même. Mme Bonaparte est mince, brune, très distinguée, à peu près de la taille de lady Élisabeth Foster [1], à laquelle elle

---

[1] Depuis duchesse de Devonshire.

ressemble ; mais sa physionomie est plus expressive et moins minaudière. Ses manières, sans être celles d'une reine, sont empreintes de protection, de dignité et de politesse. Je crois qu'elle doit se tirer d'affaire très habilement, et ce n'est pas chose facile dans sa situation. Nous nous sommes entretenues de l'arrangement de son appartement de la Malmaison, du jardin, des plantes qu'elle faisait venir d'Angleterre de chez Lee et Kennedy, d'autres qu'elle désirait avoir, etc.

« Mme Bonaparte nous demanda si nous avions des places pour la parade. Quand nous lui donnâmes le numéro de celles que nous possédions déjà, elle dit que ces places n'étaient pas bonnes et qu'elle nous placerait mieux. Se levant alors, elle alla à la porte, appela Sandoz et lui dit : « Vous amènerez ces dames le jour « de la parade. Je les ferai bien placer. » Après quoi, nous la saluâmes et prîmes congé après lui avoir adressé beaucoup de remerciements.

« Pour qui nous a-t-elle prises? Le tailleur Sandoz lui avait-il expliqué qui était Mrs Damer? Dieu le sait! mais il est certain qu'elle ignorait que Mrs Damer eût un talent remarquable de sculpteur; car elle n'y fit aucune allusion, quoique je lui en eusse fourni l'occasion en demandant si le petit buste de Bonaparte placé dans le coin de la pièce était ressemblant. Elle nous répondit qu'il l'était peu, mais sans s'adresser à notre amie et sans appuyer sur ce sujet. Enfin, comme tous les émigrés[1], elle semble avoir oublié le peu qu'elle a connu de l'Angleterre et des Anglais.

« Les domestiques de Bonaparte (nous en avons vu

---

[1] Ce reproche est injuste. Mme de Beauharnais n'avait pas émigré et était demeurée à Paris ou dans les environs durant la Révolution. Elle n'avait jamais été à Londres.

plusieurs dans l'antichambre et sur l'escalier) portent une livrée habit bleu clair, gilet et culottes pareils avec un galon d'argent.

« Avant de nous rendre chez Mme Bonaparte, nous avions fait une visite à Mme de Beauvau et à sa sœur. Ce sont de très aimables personnes, et je regrette de n'avoir pas pu rester plus de temps à causer avec elles.

« J'ai reçu une longue visite de M. de Frégeville [1], que nous avions connu autrefois à Montpellier. Il est devenu général de division, ce qui est le grade le plus élevé. Il a été député au Corps législatif ; enfin, comme il le dit lui-même, sa carrière est fort belle. M. de Frégeville est remarié et a un enfant. Il possède une terre en Languedoc, et sa fortune est, je crois, très considérable.

« Le soir, nous sommes allées au théâtre Montansier, situé au bout du Palais-Royal. Ce théâtre est presque uniquement fréquenté et soutenu par les « filles » du Palais-Royal et leur société. La salle n'est pas jolie. Il y a des loges ouvertes et grillées ; en louant une de ces dernières, on peut aller à ce théâtre aussi bien qu'à un autre. On n'y entend ni bruit, ni querelles ; la tenue générale y est même décente dans la salle comme sur la scène. Je suis allée deux fois à ce théâtre, et j'ai remarqué que la mauvaise compagnie qui s'y trouve se tient mieux et a une toilette plus convenable que la soi-disant bonne compagnie.

« La représentation se compose ordinairement de quatre et quelquefois cinq petites pièces. Nous y avons vu jouer *la Guérite, la Jolie Parfumeuse* et *Cadet-Roussel*

---

[1] Charles de Frégeville, depuis marquis de Frégeville.

aux Champs-Élysées. La première de ces pièces doit son succès au jeu de Brunet, premier sujet du théâtre, qui excelle dans le genre comique. Dans la pièce appelée *Cadet-Roussel,* le comique résulte de l'accent et de la prononciation des acteurs, imitant le ton des campagnards et du peuple des villes, ce qui nous a peu divertis.

« Du théâtre Montansier, nous sommes rentrées à la maison pour souper et changer de toilette, et, entre onze heures et minuit, nous sommes allées au grand bal donné par M. Demidoff, jeune Russe qui a passé l'hiver ici et s'est fait remarquer par ses énormes dépenses.

« M. Demidoff habite l'hôtel Montholon, sur le boulevard. Cette maison est très décorée ; pour le bal, on l'avait ornée de draperies roses et argent et de fleurs artificielles. Mais les pièces sont petites et peu nombreuses, de sorte qu'on y était fort à l'étroit. La première personne que j'y rencontrai fut mon ancien ami le duc de Richelieu[1]. Il me semble en meilleure santé que lorsque je le vis en Angleterre, et a très grand air. Il parut heureux de me voir.

« En réalité, rien n'est plus frappant que le contraste qui existe entre le ton et les manières de l'ancien régime et celui du monde nouveau. L'ancien monde se montre rempli de prévenances, de politesse et d'attentions ; le second néglige complètement les formes les plus élémentaires, comme de rendre les visites, par exemple. Actuellement, la fusion ne peut s'accomplir entre ces deux sociétés. Elle se fera peut-être dans

---

[1] Petit-fils du maréchal et revenu en France, où il resta peu de temps. Il s'établit en Russie durant l'Empire. Miss Berry l'avait rencontré fort jeune à Montpellier, en 1782.

l'avenir. Avant d'avoir vu les deux de près, je blâmais et critiquais l'ancienne société. Maintenant je la préfère à la nouvelle.

« Toute la jeunesse de Paris du nouveau régime et une partie de celle qui appartient à l'ancien était au bal de M. Demidoff. Il y avait aussi les ambassadeurs, leurs femmes et un grand nombre d'étrangers. Vestris, qui était là, dansa un quadrille composé des meilleurs danseurs de la société; il dansa avec Mme Hamelin; M. Laffitte, qui passe pour le meilleur danseur de Paris, avec Mme Ferval. Les deux autres dames étaient Mlle Carlot et Mme X. La figure de Vestris était curieuse. Il avait une de ces perruques frisées et poudrées comme on en portait il y a vingt ans. Cette perruque s'agitait de côté et d'autre de la façon la plus ridicule. Chaque mouvement en faisait sortir des nuages de poudre.

« M. Laffitte[1] était également frisé et poudré, tandis que les autres hommes avaient les cheveux courts, ce qui gâtait beaucoup l'ensemble du quadrille et lui enlevait de la grâce et de l'effet. Les femmes étaient en général coiffées en cheveux avec des fleurs. Toutes les jeunes personnes portaient des robes blanches garnies de branches de fleurs.

« Dans l'antichambre se tenait une bouquetière qui donnait à toutes les dames un bouquet de fleurs de serre, roses, œillets, etc., lequel, en cette saison, ne pouvait coûter moins de douze à dix-huit livres. Ces bouquets étaient renouvelés à volonté.

---

[1] Jacques Laffitte, le banquier bien connu de Paris; né en 1767, placé en 1788 dans la banque de Perrégaux, il en devint associé en 1804. En 1814, il fut nommé gouverneur de la Banque de France, prit une part active aux questions politiques et économiques de son temps, et mourut en 1844. Il eut une fille unique mariée au prince de La Moskowa, fils aîné du maréchal Ney.

« Les habits de livrée des gens de M. Demidoff sont entièrement galonnés d'or sur un fond vert foncé et des plus riches. Il y avait, en outre, des chasseurs, des coureurs, des jockeys, des nègres et de petits garçons habillés à « la tartare ». Tous étaient en rouge et noir galonné.

« Les domestiques qui servaient ne portaient pas de livrée ; ils étaient vêtus de redingotes de drap marron brodé d'or, qui ressemblaient drôlement aux habits des tribuns. Ces serviteurs, trop dispersés, ne produisaient pas l'effet qu'on eût pu attendre de leur grand nombre.

« Le souper était servi comme on le désirait et dans la pièce où on le demandait. Afin de se réserver les honneurs du bal, M. Demidoff recevait lui-même ses invités, laissant sa femme de côté. On donnait son billet à la porte. Je suis convaincue qu'il ne connaissait pas la moitié des assistants. »

Samedi, 3 avril. — « Dans la matinée, promenade sur les quais et visite chez plusieurs boutiques de brocanteurs. Le soir, réception de Mme Fouché. Il y avait peu de monde à cause de la représentation au bénéfice de Molé. Nous y avons vu Barbé-Marbois[1], un des déportés de Cayenne, qui refusa de s'évader avec les

---

[1] François de Barbé-Marbois, né à Metz en 1745, où son père était directeur de la Monnaie. Débuta par un préceptorat dans la famille de M. de Castries, ministre de la marine, devint ensuite consul général aux États-Unis, puis gouverneur de Saint-Domingue. Revint en France en 1790, et fut nommé, en 1791, ambassadeur pour la diète d'Allemagne, et l'année suivante à Vienne. En 1795, il blâma la conduite du Directoire et fut condamné à la déportation. Ayant résisté au climat de la Guyane, il revint en France après le 18 brumaire, fut conseiller d'État en 1801, directeur du trésor et enfin ministre. Après s'être rallié aux Bourbons et à la monarchie de 1830, le comte Barbé-Marbois mourut en 1837, âgé de quatre-vingt-douze ans. Sa fille unique avait épousé le duc de Plaisance et ne laissa pas d'enfants.

autres et resta à Cayenne jusqu'à son rappel en France par Bonaparte.

« Barbé-Marbois est maintenant ministre du Trésor public. C'est un homme de plus de cinquante ans, grand et mince. Sa figure est remarquable par une expression de rare énergie. Il est le seul ministre d'État qui ait l'air noble et imposant.

« Mme de Staël, que l'on est toujours sûr de rencontrer causant ou essayant de causer avec l'homme le plus en vue d'une réunion, l'amena près de nous et lui fit différentes questions sur la Guyane, la manière d'y vivre, etc. Il lui répondit sans affectation, donna avec simplicité plusieurs détails tristes et intéressants sur l'existence des déportés dans ce pays. M. Barbé-Marbois paraît jouir d'une haute réputation d'honnêteté, et est certainement le membre le plus estimé du gouvernement actuel en France.

« De chez Mme Fouché nous nous sommes rendues chez la duchesse de Luynes. Son hôtel [1] est un de ceux où se réunit exclusivement ce que j'appelle l'ancien monde. De la société nouvelle, je n'ai aperçu que Mme Visconti. Quatre pièces de la maison étaient ouvertes. Dans la première on voyait une table couverte de rafraîchissements. Là se tenaient Mme de Luynes et la plupart des dames. Dans le salon principal on jouait au biribi; dans les deux autres, au creps et au whist. Je crois qu'on joue beaucoup dans cette maison.

« Je répète que l'ancien monde a beaucoup meilleur ton que le nouveau, et que les femmes y sont certainement plus simplement et mieux mises. Il y en avait de

---

[1] Hôtel de Luynes, rue Saint-Dominique; aujourd'hui démoli.

très jolies à l'hôtel de Luynes : Mme de Bouillé, Mme de Chevreuse [1] (belle-fille de la maison), Mme de Montmorency et plusieurs autres. Aucune de ces dames n'était plus décolletée qu'on ne l'est en Angleterre ; elles étaient coiffées en cheveux avec des fleurs. Mme de Beauvau nous présenta. Nous restâmes dans l'antichambre jusqu'à ce qu'elle vînt nous chercher pour nous mener auprès de Mme de Luynes. »

Dimanche, 4 avril. — « Dans beaucoup de boutiques on vend le dimanche. Il y en a cependant moins d'ouvertes qu'à la décade. Nous sommes retournées à la galerie du Louvre. Plus on voit cette collection de merveilles, plus on l'admire.

« Nous avons dîné chez M. Jackson avec Mme de Brignole, Mme Recteren, Espagnole vive et animée, femme du comte Recteren, autrefois ministre de Hollande en Espagne, et Mme Récamier, femme du riche banquier de ce nom.

« Mme Récamier [2] possède la plus belle maison moderne de Paris et se trouve, dans le monde nouveau,

---

[1] Emesinde de Narbonne-Fritzlar, célèbre par sa grâce, son esprit et l'exil que lui infligea Napoléon. Morte en 1810.

[2] Nous croyons pouvoir insérer ici les souvenirs suivants, bien qu'ils se rapportent à une date ultérieure (aux environs de 1819).

« Voici encore une anecdote des premiers temps de l'Abbaye-au-Bois. J'ai dit quelle était la simplicité, et je devrais dire plus exactement la modestie de la reine de Suède, femme de Bernadotte, que sa santé obligeait à habiter la France, et qui abandonnait sans regrets les pompes du trône pour mener en France la vie privée la plus monotone et la plus solitaire.

« Miss Berry était à Paris ; c'était une Anglaise qui avait passé la seconde jeunesse, mais belle encore. Très spirituelle, parfaitement amusante, bonne et naturelle, et d'un entrain à tout animer.

« Miss Berry a dû la célébrité dont elle a joui en Angleterre au sentiment qu'elle inspira, presque au sortir de l'enfance, à Horace Walpole, qui avait atteint un âge avancé. Il était dans la destinée de cet homme

la beauté à la mode. On ne peut dire qu'elle soit belle; elle est certainement fort agréable[1]; elle a un joli teint, un air de grande jeunesse, une belle taille; sa façon de

éminent, et qui craignait tant le ridicule, d'exciter, quand il était jeune, une affection passionnée chez une très vieille femme, Mme du Deffand, et à son tour, d'éprouver un penchant vif et romanesque pour une très jeune fille, alors qu'il était lui-même un vieillard. Horace Walpole légua à miss Berry tous ses papiers et une partie de sa fortune; elle ne se maria point, et jusqu'à plus de quatre-vingt-dix ans conserva une existence entourée de considération et de respect.

« Miss Berry venait souvent chez Mme Récamier; elle y arrive un soir, et, la trouvant seule avec sa nièce, se met à lui conter une aventure arrivée le matin même et dont elle riait encore.

« Entre quatre et cinq heures du soir, à la chute du jour (on était au mois de janvier), miss Berry faisait une visite à lady Charles Stuart, femme de l'ambassadeur d'Angleterre à Paris; elles causaient au coin du feu, sans lumières; l'ambassadrice attendait une gouvernante dont elle avait besoin et qu'on lui avait recommandée. La porte s'ouvre; un nom quelconque est prononcé par un domestique anglais, et une femme de taille moyenne, un peu ronde et simplement vêtue, se glisse dans le salon.

« Lady Stuart se persuade que cette dame est la personne qu'elle attend; elle indique de la main un fauteuil à la nouvelle arrivée, et avec toute la politesse d'une femme comme il faut, qui sait rendre à chacun ce qui lui est dû, adresse quelques questions à la gouvernante supposée.

« La dame interrogée, qui n'était autre que la reine de Suède, s'aperçoit d'une erreur, et pour y mettre un terme, dit tout à coup : « Il fait « un froid très rigoureux; le roi mon mari me mande... » Et l'ambassadrice de se confondre, et miss Berry de rire.

« A l'instant où elle faisait ce récit, la porte s'ouvre (on n'annonçait pas chez Mme Récamier), et une dame petite, ronde, se glisse auprès d'elle.

« La rieuse et spirituelle Anglaise continuait à s'amuser de son histoire et répétait : « C'était la reine de Suède, comprenez-vous ? »

« Mme Récamier avait beau lui dire : « De grâce, taisez-vous, c'est « encore elle, » miss Berry en riait plus fort : « Charmant, charmant ! « s'écriait-elle, vous voulez compléter l'aventure en me faisant croire que « c'est la reine. »

« Il fut extrêmement difficile de lui rendre son sérieux et de lui faire comprendre qu'elle se trouvait de nouveau et réellement en présence de la reine Désirée de Suède. Heureusement cette majesté avait autant de bonté que de modestie, elle ne se choqua point. »

(*Souvenirs et Correspondance de Mme Récamier*, vol. I, p. 330.)

[1] Mme Récamier, née à Lyon en 1777, était la fille d'un notaire nommé Bernard. Elle fut mariée, à l'âge de quinze ans, à M. Récamier, qui en avait quarante-trois. Sa beauté célèbre exerça une grande influence so-

s'habiller est singulière, affectée; elle exagère la mode. Ses manières sont douces et nonchalantes. Elle paraît ne penser qu'à elle et ne jamais s'occuper des autres. Outre ses prétentions à la beauté, elle semble en avoir aussi au bel esprit. Elles sont peut-être tout aussi bien fondées sans être suffisantes pour qu'on puisse la brûler comme sorcière.

« Les hommes invités au dîner de M. Jackson n'avaient rien de remarquable. Le général Dessolles était à côté de moi. Ses manières sont douces et polies. Je le crois plutôt un bon militaire qu'un homme d'esprit. Nous avons quitté le salon de M. Jackson, avant neuf heures.

« Après être rentrées à la maison pour changer de toilette, nous sommes allées avec Barrois au hameau de Chantilly, l'un des nombreux jardins publics où l'on danse presque chaque soir.

« Le hameau de Chantilly était autrefois, comme je l'ai déjà dit, la propriété de la duchesse de Bourbon. On y entre par la grande cour de l'hôtel, dans le faubourg Saint-Honoré. Le jardin s'étend jusqu'aux Champs-Élysées. Il est bien dessiné, avec beaucoup de petits détours et une grande allée circulaire. Devant l'hôtel se trouvent une large terrasse et une vaste pelouse en pente.

« Le jardin est bien éclairé par des lampes placées dans de grandes lanternes de verre suspendues en travers des allées et dans les bosquets. Rien n'est plus

ciale. A l'âge de soixante ans, on assure qu'elle fut demandée en mariage par M. de Chateaubriand, qui était âgé de près de quatre-vingts ans. Mme Récamier mourut du choléra au mois de mai 1849. M. Récamier avait été chapelier à Lyon. Ayant fait, pendant la Révolution, des affaires fructueuses, il avait acquis, on me l'a assuré, très honorablement une grande fortune. (Note de miss Berry.)

joli que ce lieu dans son ensemble et dans ses détails. Sous les arbres était un excellent orchestre dirigé par un musicien créole (le même qui menait celui du bal de M. Demidoff). Plusieurs groupes exécutaient des danses villageoises. Nous en avons vu deux très bien dansées.

« Les danseuses étaient des ouvrières, couturières, repasseuses, etc., surtout des « filles » et des garçons de magasin. Dans les intervalles des danses ils se promenaient dans le jardin, où se trouvent une foule de petites tables peintes en vert avec des chaises autour, et de petites cabanes ressemblant à nos cottages.

« Le rez-de-chaussée de l'hôtel était aussi ouvert au public. Toutes les dorures et peintures des murailles intérieures, les glaces, sont restées comme du temps de Mme de Bourbon. On voit encore dans un des salons de beaux fauteuils en tapisserie. Nous avons admiré le merveilleux travail des serrures, ferrures des portes, espagnolettes des fenêtres, et observé que les armes de France en avaient été enlevées. Ces salons sont bien éclairés et remplis de petites tables et de chaises. On peut demander des rafraîchissements, dont les prix sont indiqués sur un long papier appelé la carte. L'entrée du jardin coûte vingt-quatre sous par personne. Quinze de ces sous peuvent être dépensés en consommations ou en un jeu quelconque. Trois danses villageoises coûtent cinq sous pièce, ou trois tours d'un jeu de bagues, ou trois tours sur le petit lac. Une douzaine de petits bateaux y sont à la disposition des rameurs, et ils sont rarement vides.

« Un grand salon, construit pour la danse, était tendu d'un papier représentant des colonnes treillagées, des fleurs et des arbres peints de façon à figurer la perspective d'un jardin et d'une avenue. Des caisses vertes remplies d'arbustes entouraient cette pièce. Dans un coin était peint un décor simulant un fond de forêt. Mais ce qui n'était pas le point le moins remarquable de cette soirée, c'est que nous nous promenions à dix heures du soir dans un grand jardin, le 4 avril, et qu'il nous fut même possible de nous y asseoir sans ressentir le moindre froid. Les arbres bourgeonnaient au-dessus de nos têtes, et les amandiers étaient en pleine floraison. Le temps, enfin, était plutôt celui du commencement de juin que du commencement d'avril.

« Avant de quitter ce jardin, je dois parler de la bonne tenue qui y régnait, comme du reste dans toutes les réunions du même ordre que j'ai vues à Paris. On se promenait dans ce parc par groupes ou par couples. Chacun paraissait disposé à s'amuser; mais on n'entendait aucun propos inconvenant, rien qui indiquât le moindre dérèglement.

« Pendant que je regardais danser, un homme s'approcha et m'invita poliment à en faire autant. Je le remerciai en lui disant que je ne dansais pas. Il me fit un salut et se retira aussi convenablement qu'il était venu. »

Lundi, 5 avril. — « J'ai assisté enfin à cette fameuse revue dont les Parisiens parlent depuis plus d'un mois. Je n'ai pas été désappointée, parce que mon but était de voir Bonaparte et que je savais d'avance combien on l'apercevait peu dans une pareille occasion. Cependant, quand nous nous plaignions de ne l'avoir pas vu, on nous renvoyait à cette revue, comme si nous devions obtenir entière satisfaction.

« Le temps n'était pas favorable. La pluie tombait à verse. Notre ami, le tailleur, nous conduisit à une fenêtre de l'entresol des Tuileries donnant sur la cour et dans la meilleure situation possible, au-dessus des lignes de l'infanterie et dépassant à peine la hauteur d'un homme à cheval. Plusieurs personnes étaient à la même fenêtre. Mme Bonaparte elle-même et sa suite en occupaient d'autres au même étage.

« Une grande partie des troupes entra par la porte centrale de la grille qui sépare maintenant la cour des Tuileries de la place du Carrousel, et cette cour, quoique grande, est insuffisante pour une revue.

« A une heure, Bonaparte parut à la grande porte centrale du palais, accompagné des généraux de différentes divisions d'infanterie, de cavalerie et d'artillerie. Il monta un cheval de couleur fauve clair, à la crinière et à la queue blanches. Cet état-major, commandé par Bonaparte, passa sur le front des lignes et par conséquent devant notre fenêtre, une fois assez près pour nous permettre de le voir aussi bien qu'on peut voir un homme à cheval passant au petit trot, la tête très enfoncée sous son chapeau.

« Je l'ai vu assez pour me convaincre qu'il ne ressemble pas à ses bustes. C'est un petit homme, très bien à cheval; son teint est jaune, son nez long, ses cheveux ras, sa physionomie sérieuse. Il portait l'uniforme d'un régiment d'infanterie, habit bleu, larges revers blancs et un chapeau simple orné d'une très petite cocarde tricolore. Après avoir caracolé devant les quatre lignes de troupes, Bonaparte et ses généraux se placèrent au delà de la seconde ligne, exactement en face de notre fenêtre, pendant que les troupes, d'abord l'infanterie, puis la cavalerie, puis l'artillerie défilaient, drapeaux déployés et musique exécutant des airs guerriers. Aucun officier ne faisait le salut militaire, excepté le colonel de chaque régiment. Après avoir défilé devant Bonaparte, les troupes partirent, et lui retourna à la porte des Tuileries par laquelle il était venu, descendit de cheval et disparut. Voilà ce que les spectateurs les mieux placés de cette revue ont pu voir du maître du gouvernement.

« Je suis ignorante des questions militaires ; je ne puis donc prétendre à émettre une opinion sur ces troupes. Ce que j'ai pu observer, c'est qu'elles ne marchaient pas en ligne droite et que leurs mousquets étaient portés dans tous les sens. Nos colonels de la milice seraient confus de voir leurs hommes marcher ainsi devant le roi d'Angleterre. L'uniforme de ces troupes, surtout celui de la garde consulaire dont on m'avait tant parlé, me parut bien moins élégant que celui de n'importe lequel de nos régiments de dragons ou de chevau-légers. C'est un habit bleu foncé à collet rouge avec des épaulettes de laine jaune venant se rattacher sur la poitrine aux boutonnières de l'habit. Les chapeaux sont relevés de laine de la même couleur et ont un grand plumet vert et rouge, ou bleu et rouge, ou rouge et blanc, comme ceux qu'on a donnés dernièrement à nos troupes. Les cheveux se portent en queue.

« La garde consulaire, cavalerie et infanterie, est considérée comme l'élite de l'armée au point de vue de la taille et de la tenue. Les autres régiments paraissent composés de très petits hommes. Le régiment de hussards, commandé par le jeune Beauharnais, était le plus remarquable. L'uniforme des officiers est très joli, et le harnachement des chevaux tout en peau de tigre, le mufle du tigre appliqué sur la housse qui couvre le dos du cheval, est d'un bel effet. Mais quelques officiers ainsi accoutrés n'arrivent pas à relever l'ensemble.

« Quoique le temps fût très mauvais, il y avait beaucoup de monde sur la place du Carrousel, regardant à travers les grilles; on apercevait des curieux à toutes les fenêtres des maisons voisines. Lorsque Bonaparte passa devant les lignes près de la foule, il n'y eut ni applaudissements ni clameurs. C'était cependant la première fois qu'il paraissait en public depuis la paix.

« Il pleuvait très fort pendant que nous attendions notre voiture, et les arcades des Tuileries étaient combles de monde. Une haie de grenadiers gardait le passage des escaliers et empêchait d'entrer. Ils me semblèrent exécuter leur consigne avec plus de douceur qu'autrefois la garde suisse et française, en pareille circonstance.

« Le soir, nous avons été chez Mme de Staël, qui donnait un concert. Au moment de notre arrivée quelqu'un jouait du piano, et un domestique vint nous prier d'attendre dans l'antichambre que le morceau fût fini. Nous y consentîmes, et la même demande fut adressée au prince d'Orange, venu bientôt après. Nous protestâmes en riant de ce que l'on retenait le prince d'Orange dans l'antichambre; mais le domestique ne voulut pas enfreindre ses ordres, et le prince resta très tranquillement avec nous et d'autres personnes qui survinrent aussi avant la fin du morceau. Enfin nous entrâmes ensemble.

« Garat[1], qui passe pour posséder la plus belle voix de Paris, chanta d'abord un air italien d'une manière

---

[1] Jean-Pierre Garat, né à Bordeaux le 27 avril 1762, auteur d'un grand nombre de romances, entre autres de *Pauvre Jacques*, et chanteur célèbre, mort en 1823. Il avait eu, de Mme de Bellegarde, un fils nommé M. de Chénoise et une fille appelée Mme Soubirand de Bellegarde.

abominable avec l'expression la plus forcée. Sa voix est pourtant belle, en effet, et flexible. Il semble bon musicien, mais sa méthode est essentiellement française.

« Le chevalier de La Cainea[1] était là, et chanta mieux que jamais. Je commençais vraiment à plaindre ce pauvre Garat, bien qu'il parût rempli de fatuité. Mais un Français n'est jamais à plaindre quand l'orgueil le soutient; il est alors invulnérable. A la fin, Garat et La Cainea chantèrent un duo dans lequel Garat ne gâta pas l'effet de la délicieuse voix de La Cainea.

« La société était composée plutôt « du vieux monde » que du « nouveau ». On nous servit des glaces, des gâteaux, du punch, pas de souper. »

Mardi, 6 avril. — « Promenade sur les quais, visites aux boutiques. Le soir, après avoir dîné à la maison, nous avons été au théâtre de Louvois. Les pièces étaient *le Père supposé, le Vaporeux, le Voyage interrompu.* La seconde, des plus ennuyeuses, sentimentale et absurde. Mais une pièce « à sentiment » est toujours applaudie ici, surtout lorsqu'un enfant paraît sur la scène. Aussi est-ce un moyen d'intéresser qu'on emploie souvent maintenant. Les enfants, par parenthèse, jouent admirablement.

« *Le Voyage interrompu* est une pièce de Picard. Il joue lui-même, et dans la perfection, un rôle de notaire bavard. Cette pièce est extrêmement drôle et amusante. »

Mercredi, 7 avril. — « Nous avons été le matin re-

---

[1] Le chevalier de La Cainea, noble Napolitain.

trouver Mrs Cosway à la galerie du Louvre pour voir ensemble le tableau de David *l'Enlèvement des Sabines*. Mais c'était la décade, et, ce jour-là, la galerie est fermée pour être nettoyée, précaution nécessaire dans un endroit public. Cependant nous avons pu voir avec Barrois le tableau de David qui est exposé au profit de cet artiste, moyennant le prix d'entrée de trente-sept sous par personne. Barrois nous apprit que plusieurs autres peintres de Paris avaient essayé d'exposer ainsi leurs œuvres, mais que celles de David seules avaient du succès.

« Je crois, malgré cette assurance, que bien peu de personnes vont voir ce tableau. Il est placé seul dans une pièce, et un miroir le réfléchit. Il vaut la peine d'être vu. C'est un des meilleurs de David, ce qui pour un pareil talent n'est pas peu dire. Le tableau est bien dessiné, la composition générale en est bonne. Les détails sont bien exécutés. Le coloris des deux principales figures d'hommes est trop vif, ou du moins peu en harmonie avec le reste. L'ensemble n'est pas assez « fondu » et donne plutôt l'idée d'un bas-relief bien peint que d'un tableau. L'ancienne École française ne fait que gagner à la comparaison de la nouvelle.

« Nous sommes allées ensuite à la Grande Bibliothèque du Roi, rue Richelieu; c'est maintenant la Bibliothèque Nationale, rue de la Loi; elle est enrichie des dépouilles de l'Italie. Nous avions une lettre pour le bibliothécaire; mais comme je trouve que c'est vraiment perdre du temps de donner à une bibliothèque plus qu'un coup d'œil général, nous nous sommes bornées à parcourir les salles.

« La Bibliothèque est ouverte tous les jours et occupe

un immense appartement autour d'une grande cour. Les livres sont dans des cases de bois à portes grillées, montant jusqu'au plafond. Cet arrangement ancien n'a pas été changé, mais de nouveaux rayons ont été placés entre les fenêtres et sont encore vides. Le menuisier, dit-on, n'a pas été payé de son travail et ne veut pas laisser placer les livres avant que ses comptes ne soient définitivement réglés.

« Une immense salle est remplie de tables autour desquelles peuvent s'asseoir huit ou dix personnes. Presque toutes les places étaient occupées par des gens lisant ou copiant.

« Dîner chez Perrégaux avec vingt-six personnes, dont plus de la moitié étaient de nos compatriotes. Parmi les Français, le seul personnage notable, et que je n'avais pas encore vu, était le ministre de la marine Decrès. C'est lui qui défendit si vaillamment le *Guillaume-Tell*[1], lorsqu'il fut pris par les Anglais au sortir de Malte. M. Decrès est bien l'homme le plus gros, le plus vulgaire, le plus noir et le plus laid, que j'aie jamais vu. Je ne lui parlai pas, et ne pus le juger que d'après son apparence.

« Mme Marmont, pour conserver sans doute sa réputation d'élégance consommée, arriva une des dernières. L'heure indiquée était cinq heures, et nous n'avons dîné qu'à six heures. Perrégaux habite, comme avant la Révolution, le fameux pavillon bâti par le prince de

---

[1] Le 30 mars 1800, le *Guillaume-Tell*, commandé par le capitaine Saulnier et battant pavillon de l'amiral Denis Decrès, fut poursuivi au sortir de La Valette et attaqué par les Anglais. Il se défendit vaillamment contre le *Lion*, le *Foudroyant* et *Pénélope*, mais fut obligé de se rendre devant des forces si supérieures. Il n'y a pas d'exemple, dans les annales de la marine, d'une défense aussi héroïque que celle du *Guillaume-Tell*. Ce vaisseau devint, sous le nom de *Malte*, le plus grand vaisseau à deux ponts de la marine anglaise, à l'exception du *Tonnant*.

Soubise pour Mlle Guimard[1]. L'ameublement en a été renouvelé, mais les boiseries n'ont pas été changées.

« Le soir, nous avons été au théâtre de la rue Feydeau. C'est le seul de Paris qui soit resté semblable à ceux dont j'ai conservé le souvenir. Il est vraiment joli. La pièce que l'on y donnait était *Une folie*, opéra-comique français. La musique en est charmante et très bien chantée. »

Jeudi, 8 avril. — « A trois heures, nous nous sommes rendues aux Tuileries pour être présentées à Mme Bonaparte.

« Depuis plusieurs jours, M. de Luçay, préfet du Palais, avait fait savoir aux ambassadeurs que Mme Bonaparte recevrait à cette date les ambassadrices et les « étrangères de marque qui désireraient lui être pré- « sentées ». Nous sommes entrées par la porte du coin de la cour des Tuileries, qui conduit aux appartements de Mme Bonaparte; puis nous avons été introduites dans le salon jaune que j'ai déjà décrit. Il y avait dans l'antichambre quelques domestiques portant la livrée de Bonaparte. Un homme sans livrée ouvrait la porte à deux battants pour chaque personne. Là, nous avons trouvé cinq ou six femmes et autant d'hommes, tous ambassadeurs et ambassadrices ou étrangers. Comme on continua d'arriver, on se trouva être environ quatre-vingts personnes. Tout autour de la pièce étaient rangées des chaises sur lesquelles Mme de Luçay invita

---

[1] Marie-Madeleine Guimard, célèbre danseuse. Elle était laide, brune, maigre et grêlée, mais fut admirée pour sa grâce extraordinaire comme danseuse. Elle devint maîtresse en titre du maréchal de Soubise. Une maison fut bâtie pour elle rue de la Chaussée-d'Antin, et appelée le Temple de Terpsichore. Elle mourut en 1816.

les dames à s'asseoir. Lorsqu'elles furent placées, les hommes demeurèrent en groupes au bout de la pièce devant la fenêtre. Bonaparte et Mme Bonaparte entrèrent en même temps par la porte de la chambre à coucher. Je manquai leur entrée, ayant à ce moment tourné la tête d'un autre côté. Quand je les aperçus, Mme Bonaparte causait déjà avec la première dame qui se trouvait à sa gauche, et le premier Consul, en petite tenue, entre les deux préfets du Palais, en grand uniforme, parlait à la princesse Santa-Croce. Il fit le tour de la pièce, adressant la parole à chaque dame pendant deux ou trois minutes.

« M. de Luçay tenait à la main une feuille de papier sur laquelle étaient inscrits le nom et la nationalité de chaque dame, qu'il présentait à Bonaparte au moment où il s'approchait d'elle.

« Comme nous étions debout assez loin de lui, nous avons eu le temps d'observer ses manières et son abord ; il est très simple et n'a aucune affectation. Il demanda à une des dames si elle montait à cheval, à une autre si elle était depuis longtemps en France. Il parla aux Italiens dans leur langue, répétant des « riens royaux » du même genre. Mon tour arriva avant celui de Mrs Damer. Bonaparte me demanda s'il y avait longtemps que 'étais à Paris. Je répondis : « Plus de trois semaines.

« — Comment trouvez-vous l'opéra ? En avez-vous été satisfaite ?

« — Oh ! très beau ! Mais nous avons tant vu d'opéras ! »

« Cette réponse parut lui faire sentir qu'il aurait pu nous parler d'autre chose. Mais, ne nous connaissant nullement, il ne sut pas changer de sujet et le continua lorsqu'il s'adressa à Mrs Damer.

« — Avez-vous d'aussi bons danseurs en Angleterre?

« — Oh! non. Nous en faisons venir d'ici.

« — Cependant vous avez en Angleterre une bien bonne chanteuse. C'est Mme Billington[1]. Je l'ai entendue en Italie.

« — Oui, assurément, elle a une très belle voix. C'est une Anglaise.

« — Je le sais; mais elle a épousé un Français et étudié son art en Italie. On peut dire qu'elle appartient aux trois nations. »

« Puis il passa à notre voisine, qui se trouvait être une Russe, et lui posa le même genre de questions : « si « elle montait à cheval, etc. » Cela me donnait envie de rire et me rappelait un certain : « Sortez-vous beaucoup? » qui se répétait au palais de Saint-James.

« Il me parut regrettable que le premier Consul ignorât totalement le talent connu de Mrs Damer et l'objet de son voyage à Paris[2]; car, ne fût-ce que pour changer de sujet, il aurait autrement causé avec nous et eût réservé les questions sur l'opéra pour les femmes plus jeunes.

« A mesure que Bonaparte faisait le tour du salon, Mme Bonaparte le suivait, laissant deux ou trois personnes entre eux. Elle parlait aussi à chacune; mais on ne l'accompagnait pas pour lui nommer celle à qui elle s'adressait, de sorte que les présentations étaient en

---

[1] Mrs Billington, fille d'un Allemand nommé Welchsal, épousa James Billington de Drury Lane, son maître de chant, et débuta à Dublin. Elle chanta ensuite à Londres et à Paris, où elle reçut des leçons de Sacchini. Sa voix fut très admirée en Italie. Veuve en 1799, elle se remaria à un Français, M. Felessart, reparut à Covent-Garden, et mourut en 1818.

[2] Mrs Damer, sculpteur distingué, comptait offrir au premier Consul un buste de Charles Fox. Ce projet ne se réalisa que plusieurs mois après.

réalité faites au premier Consul, mais dans l'appartement de Mme Bonaparte.

« Lorsqu'il eut parlé à toutes les femmes, il adressa quelques mots *par-ci par-là*[1] aux hommes groupés devant la fenêtre, puis s'échappa par la porte par laquelle il était entré. Pendant ce temps Mme Bonaparte avait fini son tour, et s'arrêta près du fauteuil qui était au coin de la cheminée. Quand Bonaparte fut sorti, elle s'assit et nous invita à en faire autant. Elle adressa alors la parole à travers la pièce à deux ou trois dames, entre autres à lady Cahir[2], pour lui exprimer la surprise que lui causait son prochain départ et ses regrets de ce qu'elle ne restât pas jusqu'à l'automne. Cette conversation semblait indiquer que Mme Bonaparte n'était pas intimement liée avec lady Cahir, comme on l'avait dit à Plombières l'été précédent. Elle parla ensuite à deux ou trois des hommes qui se trouvaient le plus près d'elle. Parmi ceux-ci était le prince héréditaire d'Orange; mais, malgré cette qualité, Mme Bonaparte demeura assise et le traita comme les autres étrangers.

« Au bout de dix minutes, elle se leva, fit à tous un salut à la française et se retira par la porte donnant dans sa chambre à coucher. Après avoir causé quelques instants, nous sortîmes le plus vite possible.

« Mme Bonaparte nous frappa de nouveau en représentation plus encore que dans l'intimité par sa ressemblance avec lady Élisabeth Foster. Mais elle ne gagne pas autant que je l'aurais supposé à être vue plus en toilette. Elle portait, comme demi-parure élégante, une

---

[1] En français dans le texte.
[2] Lady Cahir était fille de James Saint-John Jeffeys; elle épousa lord Cahir (ensuite comte de Glengal) en 1793. Elle devint veuve en 1819.

robe de soie légère, couleur de rose avec des pois de velours de même nuance, un petit chapeau blanc en soie orné de trois petites plumes blanches, attaché sous le menton, et tenait un mouchoir à la main et pas d'éventail. Nous étions en aussi grande toilette que le comportent les modes actuelles, sans cependant être en robes de cour.

« Le premier Consul portait la petite tenue de consul, mais avec des bas de soie blanche et des boucles. Ses cheveux sont très noirs et plus courts que ses bustes n'en donnent l'idée. Ils ne sont ni bien plantés, ni bien peignés. Il ne m'a pas semblé d'aussi petite taille qu'on le dit, et qu'il paraît à cheval. Ses épaules sont larges, ce qui lui donne une certaine carrure. Son teint, quoique jaunâtre, n'indique pas la mauvaise santé. Ses dents sont belles, et sa bouche lorsqu'il est, comme je le vis, de bonne humeur, a une expression de douceur remarquable et peu commune. En réalité, pour moi, sa physionomie annonce plutôt la bonté, l'esprit, le calme, que la pénétration et l'énergie. « L'homme de la revue » et « l'homme du salon » m'ont laissé des impressions absolument différentes. J'ai de la peine à me persuader que ces deux figures appartiennent à la même personne.

« Les yeux du premier Consul sont gris clair et regardent les gens bien en face en leur parlant. C'est toujours pour moi un bon signe. Cependant, malgré ce que je viens de dire de la douceur de son expression, je suis prête à croire qu'il peut être, comme on l'assure, terrible dans sa colère ou lorsqu'il est agité par de violentes émotions.

« Le soir de ce même jour, nous sommes allées au théâtre de la République. On y donnait *Tancrède* et la *Réconciliation malgré soi*. Talma[1] remplissait le rôle de Tancrède. Il joue avec feu et avec une expression très juste ; mais sa voix est dure, enrouée et très désagréable. De plus, il louche. Mieux doué par la nature, il eût été, je crois, très grand acteur ; mais tel qu'il est, il passe ici pour un des meilleurs.

« Une débutante, Mlle Le Court, joua très mal le rôle d'Aménaïde. Ses gestes bizarres excitèrent les rires du parterre. Cet accueil est cruel à Paris, où le ridicule ne se pardonne pas. Mlle Le Court eut beau tenter de désarmer l'hilarité, et ses amis applaudir à outrance : elle échoua comme elle le méritait. »

Vendredi, 9 avril. — « Ce matin, nous avons été prendre congé de Mmes de Castellane, de Coigny, de Staël et de Beauvau. Presque toutes étaient chez elles et très curieuses de connaître les détails de notre présentation aux Tuileries. Nous avons dû la raconter trois fois dans la même journée. Le soir, nous avons fait encore deux visites : l'une à Mme d'Haussonville (fille de M. de Guerchy, autrefois ambassadeur de France en Angleterre), et l'autre à Mme de Brignole. »

Samedi, 10 avril. — « Dans la matinée, nous avons été acheter du « rouge » chez Mlle Martin. Ayant toute ma vie entendu parler du « rouge » de Mlle Martin, je croyais que sa célèbre recette avait dû passer à ses arrière-petits-enfants. Mais ce fut Mlle Martin elle-même,

---

[1] François-Joseph Talma, né à Paris en 1766, élevé en Angleterre, où son père était dentiste. Il vint à Paris et débuta, en 1797, au Théâtre-Français, dans le rôle de Séide (*Mahomet*, de Voltaire). Il fut le premier tragédien de son temps. Il opéra un changement dans le costume de théâtre. Talma jouit de la faveur de Napoléon, épousa Mlle Vanhove, actrice distinguée, et mourut en 1826.

maintenant très vieille, grande et grosse femme à la physionomie intelligente, qui nous servit. Elle portait un grand chapeau, les cheveux longs et poudrés, enfin le costume d'il y a vingt ans.

« Nous avons été ensuite chez Mme de Fleury et chez Mme Le Couteulx. Cette dernière habite une de ces charmantes maisons du faubourg Saint-Honoré dont les jardins vont jusqu'aux Champs-Élysées, et dont le rez-de-chaussée a des portes-fenêtres donnant sur ces jardins.

« De là, nous nous sommes rendues chez Mme Récamier ; nous étions bien décidées à ne pas quitter Paris sans en avoir vu la maison la plus élégante. C'est celle qui était autrefois habitée par Necker dans la chaussée d'Antin, tout près de celle de Perrégaux[1]. Les pièces ne sont ni grandes ni nombreuses, mais meublées de la manière la plus recherchée et la plus coûteuse, dans ce qu'on appelle aujourd'hui le goût grec ou antique. Les candélabres, pendules, feux, etc., quoique d'un travail exquis, appartiennent à ce style que je trouve réellement moins noble que celui du commencement de Louis XVI.

« Les chaises sont toutes en acajou enrichies de cuivres et recouvertes de drap ou de soie. Celles du salon sont garnies de dentelles d'or posées à plat et de bon goût. Le lit de Mme Récamier passe pour le plus beau de Paris. Il est en acajou orné de cuivres et monté sur deux marches du même bois. Sur ce lit est jeté un grand couvre-pied ou voile de belle mousseline blanche avec des garnitures de dentelles d'or à chaque extrémité et une bordure brodée. Les rideaux étaient en

---

[1] Cet hôtel a été démoli en 1890 et remplacé par une maison de rapport qui porte le n° 66.

mousseline brodée et garnis comme le couvre-lit. Ils partaient d'une sorte de couronne de roses en bois doré et sculpté, et se rattachaient en draperies sur la muraille.

« Au pied du lit, il y avait, sur un piédestal, une belle lampe grecque en cuivre doré avec une statuette du même métal. A la tête se trouvait un autre piédestal sur lequel était placé un grand rosier artificiel, dont les branches devaient frôler le nez de Mme Récamier lorsqu'elle était couchée.

« Cette chambre ouvrait sur une charmante petite salle de bain, dont les murs étaient revêtus de bois d'acajou et de citronnier avec de légères arabesques noires sur le bois de citronnier.

« La baignoire occupait un enfoncement représentant un sofa recouvert d'un coussin de drap écarlate brodé garni de dentelle noire. Après cette salle de bain, venait un très petit boudoir entièrement capitonné de soie lustrée en satin vert pomme, drapé en rosace au milieu du plafond. »

Dimanche 11 avril. — « Nous avons quitté Paris à trois heures. En arrivant sur le quai, en face du collège des Quatre-Nations, un des chevaux du brancard trébucha et s'abattit, ayant glissé sur le pavé en jetant par terre le postillon. A la façon dont cet homme resta sur le pavé, il était facile de voir qu'il était ivre et plus étourdi par le vin que par sa chute. La foule s'assembla bientôt autour de lui, le disant plus mal qu'il ne l'était; l'un prétendait qu'il avait les jambes cassées, l'autre la tête. Chacun émettait un avis différent. Malgré tout, il s'assit bientôt sur le rebord du trottoir, et voulut même remonter à cheval, ce que nous ne permîmes pas.

Le retard occasionné par cet accident et la lenteur avec laquelle nous avons fait le reste de notre trajet à travers Paris sur le pavé glissant fit que nous mîmes deux heures à gagner Saint-Denis. Nous ne sommes arrivées à Chantilly qu'à la nuit. Lord et lady Cahir et plusieurs autres personnes avaient pris possession de l'auberge, et nous avons dû aller jusqu'à Clermont. Le temps avait changé pendant la nuit; un vent violent soufflait du nord avec des alternatives de grêle et de soleil. »

Lundi, 12 *avril*. — « Un ressort de voiture s'étant cassé à Clermont, nous n'avons pu partir avant dix heures; nous ne sommes arrivées à Amiens qu'à cinq heures. J'étais si fatiguée, que nous y avons passé la nuit. »

Mardi, 13 *avril*. — « Départ d'Amiens. A un mille au delà de Picquigny, on s'aperçut que le ressort de la voiture était imparfaitement réparé. Cela nous obligea à nous arrêter à un petit village nommé La Chaussée-de-Picquigny. Nous entrâmes dans la maison du forgeron qui réparait la voiture. Ce n'était qu'une chaumière d'un hameau des plus petits. Je n'ai cependant vu nulle part d'intérieur de paysans aussi confortable. Tout était parfaitement propre, quoique la ménagère fût en pleine lessive. On voyait beaucoup d'assiettes et de plats rangés sur un dressoir, de bons morceaux de lard pendus dans une chambre à coucher, beaucoup de volailles dans la cour. La bonne femme nous dit qu'ils ne vendaient que rarement les œufs, qui contribuaient à la nourriture de la famille. Il y avait aussi un petit jardin rempli de légumes. Je doute que nous eussions pu passer trois heures dans une chaumière dix ans auparavant au milieu d'une famille aussi à l'aise que celle de ce forgeron de La Chaussée-de-Picquigny.

« D'autres retards ne nous permirent d'arriver à Montreuil qu'à onze heures passées ; nous trouvâmes les meilleures chambres de l'auberge occupées par la duchesse de Cumberland [1] et sa suite, et par un général de division français. Cependant on nous logea tant bien que mal. »

Mercredi, 14 avril. — « Départ de Montreuil et arrivée à Calais en dix heures. Nous avons trouvé à l'auberge Mme de Vaudreuil, qui attendait des lettres de Paris avant de continuer sa route. »

Jeudi, 15 avril. — « Le vent était si contraire que le capitaine Blake, qui nous attendait, ne voulut pas mettre à la voile. Nous avons été chez M. Mengaud, commissaire général de police, pour lui donner les lettres que nous avions de MM. Jackson et Mury, et le prier de nous laisser rentrer en Angleterre sur un vaisseau anglais, faveur qui ne fut accordée qu'à nous seules. »

Vendredi, 16 avril. — « Nous nous embarquâmes sur le *Swift*, et nous avons quitté la jetée de Calais à onze heures un quart. Le temps était très beau et le vent presque entièrement tombé. A sept heures du soir, nous nous trouvions à cinq milles de Douvres et dans un calme plat. Nous descendîmes dans un bateau de Douvres qui nous mena à la rame jusqu'au port, et

---

[1] Anne, fille aînée de Simon comte de Carhampton et veuve de Christophe Horton, épousa, en 1771, Henry-Frédéric, duc de Cumberland, frère de Georges III. Il était mort en 1790.

à huit heures, nous étions à l'hôtel d'York, ayant mis juste neuf heures pour la traversée. Nous avions avec nous lord et lady Cahir, auxquels Mengaud avait refusé un autre vaisseau anglais. »

Samedi, 17 avril. — « Couché à Rochester. »

Dimanche, 18 avril. — « Arrivées à North Audley Street, à trois heures. »

QUATRIÈME VOYAGE

OCTOBRE 1802

Mardi, 26 octobre 1802. — « Nous avons quitté North Audley Street, par une très belle matinée. »

Mercredi, 27 octobre. — « Arrivée à Douvres, où le capitaine Blake nous attendait; mais il était trop tard pour la marée. »

Jeudi, 28 octobre. — « Le vent nous était si contraire, qu'il nous fut impossible de partir. Nous nous sommes promenées dans la ville de Douvres sur la terrasse et sur la plage pour voir, à un quart de mille de la ville, une baleine qui n'avait pas moins de quatre-vingt-sept pieds de longueur et qui avait été amenée sur le rivage par deux bateaux pêcheurs. Elle avait été aperçue sur les sables de Goodwin par les pêcheurs de Deal, qui l'avaient d'abord prise pour un vaisseau. La marée l'avait portée de ce côté, morte et très endommagée. Lorsque je la vis, l'énorme arête du dos couverte encore de chair et de peau gisait sur la plage et avait l'aspect d'un rocher découpé. Les mâchoires étaient décharnées. La queue, mieux conservée, se trouvait séparée du dos à la dernière vertèbre. Je mesurai la mâchoire inférieure de cet énorme animal, elle n'avait pas moins de six à sept mètres; la mâchoire supérieure devait être beaucoup plus grande, mais il me fut impossible de la mesurer. Je regrette beaucoup de n'avoir pas vu cette baleine entière; on ne peut se faire une idée de l'ensemble d'après les restes. Les fermiers du voisinage s'occupent activement d'emporter la chair pour fumer leurs terres. Un capitaine groenlandais, qui se trouvait ici par hasard, déclara n'avoir jamais rencontré de baleine plus longue, bien que ce fût, d'après lui, une jeune baleine.

Vendredi, 29 octobre. — « Le vent étant toujours au sud, nous n'avons pu encore partir. Comme il faisait très beau, nous avons été jusqu'au château de Douvres. La vue est très belle de tous côtés. On a dépensé beaucoup d'argent pour construire une route par laquelle la plus lourde artillerie peut être amenée jusqu'au château. Celui-ci paraît en très bon état et est occupé actuellement par deux régiments de cinq cents hommes chacun. »

Samedi, 30 octobre. — « Le vent a enfin changé. Un petit bateau nous a conduits de la plage à notre vaisseau. Le calme était si complet que nous restions immobiles sur la mer. On tourna longtemps pour prendre le vent; enfin une petite brise se leva et nous porta au port de Calais, où nous abordâmes après une traversée de sept heures et demie. Nous étions restées tout le temps sur le pont.

« Le quai de Calais était moins encombré que lors de

notre dernier voyage avec Mrs Damer. Je suppose que les habitants, ayant vu un grand nombre d'Anglais pendant l'été, sont à présent moins curieux. Nous avons repris à l'hôtel le même appartement qu'au mois d'avril. »

Dimanche, 31 octobre. — « La douane était fermée à cinq heures. On pouvait aussi avoir de l'argent chez un banquier; il eut la délicatesse de ne nous prendre que sept pour cent! Arrivée de nuit à Cormont. »

Lundi, 1er novembre. — « Arrivée à Amiens. »

Mardi, 2 novembre. — « Arrivée à Chantilly. Nous avons trouvé à la poste de Clermont le général Andréossy, ambassadeur de France [1] en Angleterre, où il se rendait. Il voyageait dans une jolie voiture toute neuve, et une chaise de poste le suivait. »

Mercredi, 3 novembre. — « Arrivée à l'hôtel d'Orléans. L'appartement du premier étage était préparé pour nous recevoir. En trouvant toutes choses comme je les avais laissées six mois auparavant, j'avais peine à croire que j'eusse été absente. Nous avons envoyé prévenir Barrois et M. Merry de notre arrivée. Ils sont venus nous voir dans la soirée, ainsi que M. Jerningham, qui logeait dans notre hôtel avec M. William Throckmorton [2] et M. Robert Clifford. »

---

[1] Antoine-François, comte Andréossy, né en 1761, officier français distingué et auteur d'ouvrages scientifiques. Après avoir fait toutes les campagnes de la Révolution et accompagné Napoléon en Égypte, il fut envoyé comme ambassadeur en Angleterre après la paix d'Amiens. Il le fut ensuite à Constantinople jusqu'en 1814. Mort en 1828. Il avait épousé Mlle de La Tour Maubourg et ne laissa pas d'enfants.

[2] William Throckmorton, père du dernier sir Robert Throckmorton; né en 1762, mort en 1819.

Jeudi, 4 novembre. — « Le matin, nous avons été au musée, dans des boutiques, et ensuite faire une visite à Mme de Vaudreuil, qui demeure chez son père, à l'hôtel de Caraman.

« Le soir, nous nous sommes rendues au théâtre Louvois, avec M. Moore[1] et M. Throckmorton. Les pièces représentées étaient le *Mari ambitieux* et les *Conjectures*, de Picard, dans lesquelles il joue lui-même très bien. La première est une satire sur les intrigants et les ambitieux de l'époque, dont les personnages sont trop ignobles pour être intéressants.

« Revenons à notre visite du matin au musée : la grande salle carrée qui conduit à la galerie, et dans laquelle j'avais vu, au printemps, les plus belles toiles italiennes, est maintenant remplie d'œuvres des artistes modernes. Je regrette de dire que ces œuvres, reproduisant pour la plupart des scènes d'histoire, sont fort supérieures à celles de notre exposition de Londres.

« Le public s'accordait pour admirer comme un chef-d'œuvre un tableau représentant Phèdre et Hippolyte, peint par Gérard[2], jeune artiste dont l'excellent portrait, œuvre d'un de ses confrères, est placé juste au-dessous de cette grande toile. Gérard appartient à l'école de David, mais il semble avoir évité les défauts de ce peintre, c'est-à-dire la dureté et le trop de fini qui, dans ses grands tableaux, met tout au premier plan.

---

[1] François Moore, né en 1787. Attaché aux Affaires étrangères à Londres depuis juillet 1784 jusqu'en janvier 1802. Mort en 1854.

[2] François Gérard, né à Rome en 1770, dans la maison du cardinal de Bernis. Son père était Français et sa mère Italienne. Ses premiers tableaux furent exposés en 1796. Il était considéré comme rival de David et très estimé comme peintre d'histoire et de portraits. Gérard mourut en 1837.

« Les Français travaillent en ce moment d'après l'école de Rome, tandis que nous, Anglais, suivons l'école de Venise. Celle-ci, malgré le talent et les succès d'un sir Joshua Reynolds, a causé la décadence de nos artistes. »

Vendredi, 5 novembre. — « Le soir, nous sommes allées à l'Opéra avec M. Moore, M. Throckmorton et M. Vignon, voir jouer *Tamerlan,* dont le livret est tiré de l'*Orphelin de la Chine,* de Voltaire. La représentation se termina plus tôt que de coutume. La société réunie à l'Opéra me parut mieux composée qu'elle ne l'était au printemps, mais j'attribue ce changement au grand nombre d'étrangers arrivés à Paris. »

Samedi, 6 novembre. — « Le matin, visite à Mlle de Mortemart et à lady Mount-Edgcumbe. Le soir, chez lady Elisabeth Foster. »

Dimanche, 7 novembre. — « Visité le Panthéon, avec Barrois. Les bas-reliefs de la façade, qui représentaient sainte Geneviève, sont remplacés par des emblèmes de la Liberté. Entre les six grandes colonnes qui soutiennent le monument, s'élèvent quatre statues colossales en plâtre ; ce sont des modèles destinés à être exécutés en marbre. Elles représentent la Force, le Génie, la République ; je n'ai pu m'expliquer le sujet de la quatrième.

« L'intérieur du Panthéon, lorsque le monument était une église, n'a jamais été achevé. C'est une croix grecque dont les proportions sont admirables. Chaque division de la croix aurait suffi pour faire une belle église moderne. Un des grands piliers qui supportent la coupole s'était effondré, je crois, avant la Révolution. L'arche entière est encombrée par une grande charpente qui sert à l'étayer.

« Dans l'église souterraine (ce qu'on appelle la crypte dans les églises gothiques), soutenue par des colonnes toscanes sans bases, se trouvent les tombeaux ou plutôt les cénotaphes de Voltaire, d'un côté, et de Rousseau, de l'autre. Au milieu se voyait pendant la période révolutionnaire celui de Marat, dont aucune trace ne subsiste. Les tombeaux de Voltaire et de Rousseau sont d'énormes sarcophages avec des colonnes de plâtre ou de bois, imitant le granit rouge avec lequel on doit les exécuter plus tard. Celui de Voltaire est couvert d'inscriptions célébrant ce qu'il a fait pour « l'esprit humain ». Sur le tombeau de Rousseau se lisent ces seuls mots : « A l'homme de la Nature. »

« Du Panthéon, nous avons traversé le jardin du Luxembourg, dont une grande partie est nouvellement plantée. C'est un des plus beaux jardins publics qu'il soit possible de voir au milieu d'une grande ville.

« Le palais du Luxembourg a été blanchi et remis à neuf depuis qu'il a cessé d'être le palais du Directoire. Le sénat conservateur y siège maintenant, et quelques-uns de ses membres ont dans ce palais des appartements qui doivent être charmants à habiter.

« Le soir, nous sommes allées au théâtre Feydeau, où nous avons vu jouer Elleviou[1], dans le *Concert Interrompu* et le *Calife de Bagdad*. La voix d'Elleviou

---

[1] Elleviou, né en 1770, devint un chanteur si populaire qu'il donna son nom à un certain nombre de rôles. On disait d'autres chanteurs : « Il débute dans les Elleviou, » ou « Il étudie les Elleviou ». Il avait inspiré une vive passion à la jeune Mlle de Sainte-Amaranthe, devenue Mme de Sartines, qui périt en 1794, insultée par la danseuse Clotilde, très éprise d'Elleviou, et qui épousa plus tard Boïeldieu.

est belle, et c'est l'acteur le plus distingué de manières que j'aie vu sur la scène française depuis quelques années.

« Mᵐᵉ Dugazon remplissait le rôle de mère du calife de Bagdad, et, quoi qu'en disent ses admirateurs, c'est une ruine que le temps n'a pas respectée. Cependant elle joua si parfaitement, qu'elle rendit intéressant un rôle qui n'eût été rien sans son talent. La salle était comble. Les théâtres le sont ordinairement le dimanche, et le parterre très bruyant. Il se divertissait particulièrement à la vue d'un châle et d'une pèlerine de fourrure, posés sur le revers d'une loge occupée par des Anglais, du même côté que nous. Le châle et la pèlerine furent retirés, puis remis, excitant de nouveau l'hilarité du parterre, qui parlait, riait aux éclats et interpellait à haute voix les personnes de la loge. Cette scène se répéta à trois ou quatre reprises pendant une demi-heure. Les personnes de la galerie au-dessous de notre loge étaient indignées de la tenue du parterre.

Mardi, 9. — « Nous avons été le matin au musée et le soir au Théâtre-Français, pour voir débuter, dans *Phèdre*, Mˡˡᵉ Duchesnois[1]. Elle a obtenu le plus grand succès cet automne dans plusieurs tragédies. C'est une

---

[1] Catherine-Joséphine Duchesnois, dont le véritable nom était Ruflin, était née à Valenciennes en 1786. A l'âge de huit ans, elle fut si frappée d'avoir vu jouer Mˡˡᵉ Raucourt, qu'elle se destina dès lors au théâtre. Elle n'avait pas treize ans lorsqu'elle parut à Valenciennes pour jouer Palmyre (dans *Mahomet*, de Voltaire). Cette représentation était au profit d'une œuvre charitable, et Mˡˡᵉ Duchesnois surprit déjà ses auditeurs par son talent dramatique. Elle avait débuté le 21 juillet 1802, au Théâtre-Français, dans le rôle de Phèdre, et conserva depuis la faveur du public. Elle mourut en 1831. L'archevêque de Paris vint l'assister dans ses derniers moments, ce qui est sans exemple dans les annales de la scène française.

grande jeune femme très laide et qui n'a encore acquis ni grâce ni mouvement. Elle manque d'expression. Cependant, Mlle Duchesnois est certainement une bonne actrice, mais inégale. Elle entre complètement dans l'esprit de son rôle, paraît le comprendre et a souvent d'admirables élans de naturel, que les Français commencent à admirer, même dans la moins naturelle de toutes les compositions, une tragédie française. Ils sont enchantés de Mlle Duchesnois. Dès que le rideau tomba, une couronne de lauriers fut jetée d'une loge élevée sur la scène. Le public du parterre insista alors pour voir l'actrice. Elle parut un instant encore en costume sur le bord de la scène et salua. Mais on ne se contenta pas de ce premier hommage. La seconde pièce ayant commencé, le public se leva, força les acteurs à se retirer et rappela Mlle Duchesnois. Après beaucoup de bruit et de confusion, un régisseur du théâtre vint dire : « Messieurs, si c'est la lecture des vers reçus par « Mlle Duchesnois que vous demandez, permettez-moi « de vous faire observer qu'il nous est interdit de lire « sur le théâtre des vers quelconques. » Cette déclaration, qui faisait allusion à une pièce de vers attachée à la couronne de lauriers envoyée à Mlle Duchesnois, fut bien accueillie ; mais, le tumulte se prolongeant, l'actrice dut paraître de nouveau au fond de la scène toujours dans son costume de Phèdre, conduite par le directeur. Elle salua encore une fois et se retira. Malgré cela, il fut impossible de commencer la seconde pièce. Le public voulait voir l'actrice couronnée par ses camarades. Enfin, le bruit et le désordre augmentèrent à tel point, que pour la troisième fois Mlle Duchesnois reparut avec le même personnage. Il posa la couronne de lauriers sur sa tête. Elle la retira de suite très modestement et disparut cette fois pour de bon. Le silence se rétablit, et la seconde pièce put continuer.

« On ne voit plus maintenant, comme autrefois, dans les théâtres de Paris, de soldats dans la salle pour maintenir l'ordre. »

Mercredi, 10 novembre[1]. — « Départ de Paris. La forêt de Fontainebleau est incomparablement belle, avec ses grands arbres, les uns dorés par l'automne, les autres encore verts et ombrageant les pittoresques chaînes de rochers. »

Jeudi, 11 novembre. — « Nous avons vu à Sens une belle cathédrale (où reposent les restes du père et de la mère de Louis XVI). Cet édifice est assez bien conservé. A Joigny est érigé, sur le pont de pierre de la rivière, un arc de triomphe en bois avec un buste en plâtre de Bonaparte et cette inscription : « Au restau-« rateur de la paix, le peuple reconnaissant. » Toutes les petites villes que nous avons traversées sont fermées par ces pittoresques petites barrières si souvent représentées dans les gravures de Sylvestres. Arrivés à Auxerre. »

Vendredi, 12 novembre. — « Entre Vermanton et Luçay-le-Bois, passé devant une grande abbaye dont la chapelle est presque entièrement démolie. A cinq heures, par une nuit de novembre brumeuse et pluvieuse, nous nous sommes décidées à coucher à Rouvray, pauvre village dont l'auberge est une de ces vastes et froides masures plus semblables à une grange qu'à une maison. Il y avait au moins six lits dans chaque

[1] Nous suivons miss Berry jusqu'à Lyon, à cause des détails intéressants qui se trouvent plus loin.

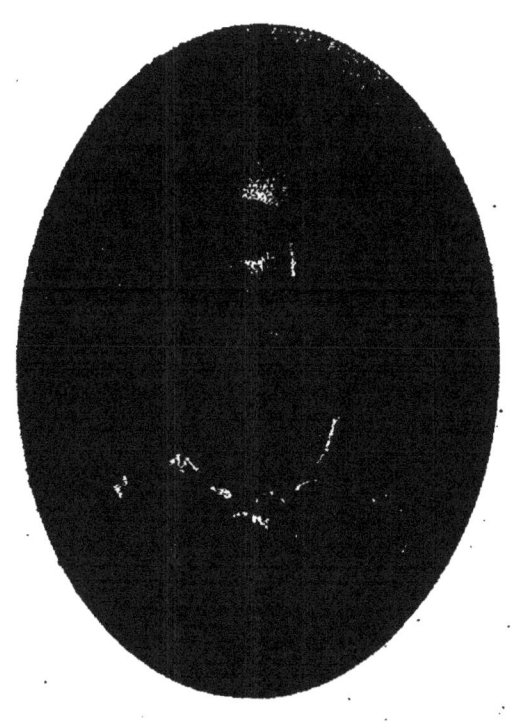

MISS BERRY

(Gravé par H. Adlard, d'après une miniature peinte par miss Foldson (Mrs Mee)
pour le comte d'Orford,
maintenant en la possession de la comtesse de Waldegrave.)

chambre. Les grandes cheminées ouvertes fumaient et ne donnaient que du vent froid. »

Samedi, 13 novembre. — « Départ de Rouvray. Aujourd'hui nous avons traversé plusieurs champs incultes, les premiers que nous ayons vus en France. La population paraît fort misérable ; quelques hameaux, et dans les vallées des blés, des vignes et des bois. Arrivés à Autun à trois heures, nous y restons pour la nuit, car les auberges des environs ne sont, dit-on, pas habitables. »

Dimanche, 14 novembre. — La route, à partir d'Autun, est assez rude jusqu'à l'entrée de la grande plaine fertile et bien cultivée où se trouve Châlons. Nous couchons à Tournus. »

Lundi, 15 novembre. — « Nous croyions pouvoir arriver à Lyon entre quatre et cinq heures, mais nous fûmes retenus à Saint-Georges-de-Renaud, n'ayant trouvé là que des postillons et pas de chevaux, et à Ause, autre relai, n'ayant trouvé ni les uns ni les autres. A trois différents relais, les maîtres de poste étaient absents ; et, à deux autres, ils ne demeuraient même pas dans la maison de poste. On juge des difficultés qui en résultaient pour les voyageurs. A Ause, nous obtînmes quatre misérables rosses montées par des paysans ; il fallait descendre aux côtes pour alléger un peu la voiture. A Limonest, nouveaux retards. Nous ne sommes arrivés à Lyon que tard. Descendus à l'hôtel de l'Europe, autrefois demeure d'une famille fort riche. »

Mardi, 16 novembre. — « Nous étions curieux de visiter Lyon et de voir quels ravages la Révolution avait causés dans cette magnifique ville ; une pluie battante nous empêche de sortir. Mon père a rencontré M. Fels, négociant suisse, établi et marié depuis longtemps à Lyon, et avec lequel il a été autrefois en relations. C'est un petit homme calme, intelligent et poli, qui est venu nous voir dans l'après-midi. »

Mercredi, 17 novembre. — « La pluie continuait avec la même violence. Nous voulions cependant revoir Lyon ; nous avons pris un fiacre et nous avons été avec M. Fels dans quelques magasins, puis place Bellecour et quai du Rhône. Deux des côtés de la place Bellecour ne sont plus que des amas de ruines ; au lieu des belles façades des hôtels on voit les rues qui passaient derrière. Mais la destruction des maisons de cette infortunée cité n'est rien en comparaison de la ruine des habitants, du commerce et de l'industrie. Il faudra de longues années pour réparer tant de malheurs et de désastres. L'aspect du peuple est misérable, les magasins abandonnés. La ville entière semble terrassée sous les coups qu'elle a reçus. Ce n'est qu'ici, à Lyon, que la Révolution paraît avoir laissé une profonde impression d'horreur dans l'esprit du peuple ; puisse-t-elle durer ! Car, ailleurs, la légèreté du caractère français ne cherche qu'à oublier cette effroyable époque.

« Fels, témoin de la révolution à Lyon, nous a donné des détails affreux et que nous n'aurions pu supposer. Bien qu'étranger, il dut, après avoir couru de graves dangers, se réfugier dans un petit village des environs, où il travailla comme ouvrier charpentier. Tous les jeunes gens du parti opposé aux terroristes étaient fusillés sans autre forme de procès que la lecture de leurs noms ; les hommes plus âgés étaient guillotinés par douzaines chaque jour. Deux cent neuf jeunes gens furent enchaînés ensemble sur la place Bellecour, on tira sur eux à mitraille jusqu'à ce qu'on n'entendît plus que les cris de ces malheureux implorant le coup de grâce pour mettre un terme à leurs souffrances. »

Jeudi, 18 novembre. — « La pluie a cessé, mais ce qui nous a été dit du mauvais état des routes nous décide à descendre le Rhône et à partir dès demain. Nous avons fait une longue promenade dans les rues et sur les quais, malgré la boue. Lyon est assurément une ville admirablement située. La vue qui s'étend des ponts sur les rives pittoresques de la Saône est d'une beauté incomparable. Les rues sont sans doute étroites et malpropres, mais les deux grandes rivières qui traversent la ville l'aèrent et l'assainissent, et les quais sont beaux. »

Vendredi, 19 novembre. — « Embarqués à sept heures du matin par un temps magnifique. Le soleil dissipait le brouillard et dorait de tout son éclat les clochers, les monuments de la ville. Nous avons mis une heure à gagner le pont de bois de Perrache, au confluent de la Saône et du Rhône. Vers onze heures, un vent assez violent s'est élevé et a retardé la marche de notre embarcation très chargée.

« Sans compter notre voiture de voyage, il y a sur le bateau ce qu'on appelle « une chambre ». Cette chambre est une grande cabine en planches, couverte d'une sorte de toile à voile qui met un peu à l'abri du vent; une sorte de banc règne autour de cette cabine, le plancher est jonché d'une épaisse couche de paille. Tel est le luxe de ces barques grossières et qui seraient considérées comme aussi dangereuses qu'incommodes, si les accidents n'étaient très rares.

« Néanmoins, elles n'entreprennent de lutter contre aucune difficulté, et dès que le vent se lève les bateliers poussent au rivage. A trois heures, étant arrêtés à Givors devant une mauvaise auberge de mariniers, et craignant d'y rester longtemps, nous résolûmes d'envoyer notre courrier à Vienne pour louer une voiture quelconque, qui pût nous y mener. Mon père, lassé du bateau, accompagna le courrier, qui revint à huit heures en cabriolet; la nuit était pluvieuse et le chemin mauvais et dangereux. Nous résolûmes de continuer la route en bateau, et nous nous installâmes dans la voiture pour la nuit, après avoir envoyé notre domestique à mon père, installé à Vienne. Nous avions des lampes allumées, des provisions suffisantes pour un souper froid, et la soirée et la nuit, dans ces conditions, se passèrent assez bien. Le courrier et les bateliers dormaient sur la paille, dans la cabine. Il plut à verse pendant la plus grande partie de la nuit. Mais le lendemain, à quatre heures du matin, le temps étant redevenu parfaitement calme, je pus décider nos hommes à se remettre en route, et nous arrivâmes à Vienne avant le jour. »

LONDRES

1813-1814

Nous ne croyons pas sortir des bornes de notre travail en traduisant ici quelques parties du journal de miss Berry en 1813 et 1814, à Londres. Ces passages de son journal et des lettres qu'elle reçoit de ses amis offrent des détails intéressants sur les événements qui s'accomplissaient en France, où nous la suivrons plus tard, en 1816.

Londres, mardi, 29 juin 1813. — « Dans la soirée nous eûmes quelques visites, et parmi elles Mme de Staël. Elle entra, parla, questionna, et disparut comme la lueur d'un éclair, ou plutôt comme un torrent. »

Mercredi, 21 juillet. — « Nous avons été ce matin chez Mme de Staël. Elle nous a beaucoup amusées par ses idées sur la société anglaise. Elle en sera bientôt dégoûtée, je l'ai toujours prédit. »

Lettre de miss Berry à sir William Gell.

« Twickenham, 24 juillet 1818.

« ... Quand vous verrons-nous ici? Dieu le sait, car vous serez un des grands lions de Londres, et vous êtes arrivé juste à temps pour sauver la vie de Mme de Staël qui aurait certainement rugi jusqu'à en mourir, s'il lui avait fallu rester une semaine de plus dans l'état où elle était. »

Jeudi, 19 août. — « Lady Glenbervie et lady Charlotte Lindsay sont venues cet après-midi. Nous étions sous les hêtres avec elles, lorsque la duchesse de Devonshire arriva dans une barouche avec Mme de Staël, sa fille et M. Foster. Nous sommes restés ensemble sous les arbres et, après le départ de lady Glenbervie et de Charlotte, Mme de Staël nous a parlé pendant près d'une heure des ouvrages qu'elle compte écrire ; trois seront publiés avant sa mort et un après. Elle raconte tout cela en détail, et avec un flot de paroles vraiment amusant. »

Lettre de miss Berry à Lady Hardwicke.

« Le 11 septembre 1813.

« ... Laissez-moi vous dire que Mme de Staël persiste dans son intention de venir vous voir au milieu de novembre, que je persiste dans mon intention de la rencontrer, et que sir J. Mackintosh, qui va au mois d'octobre, non pas à la chasse au renard, mais à une chasse au papier (rallye paper) chez le duc de Leeds, dans le Yorkshire, compte nous retrouver toutes les deux à Wimpole en revenant, si vous et lord Hardwicke ne désapprouvez pas ces plans. Je suis sûre que longtemps avant cette époque vous aurez bu votre saoul de Malvern.

« Par parenthèse : boire, me rappelle quatre vers ridicules, récit des voyages du savant Parson, que sir J. Mackintosh m'a récités l'autre jour et que j'ai envoyés à lord Hardwicke :

« J'ai été à Strasbourg, et je m'y suis grisé — avec
« le savant grec Brunck ; — j'ai été à Leipzig et m'y
« suis grisé davantage — avec ce plus grand savant
« grec Ruhnken. »

« Là-dessus Mme de Staël s'écria : « Ah que c'est
« joli ! » ce qui m'amusa presque autant que les vers.

« Ladite Staël est encore à Richmond et y restera jusqu'à la fin du mois ; alors son torrent de mots et d'idées ne suivra plus le cours de la Tamise, mais prendra sa course du côté de Londres, ensuite vers lord Lansdowne, ensuite en Staffordshire, puis « à la Nouvelle-Zemble, et Dieu sait où ». Mais elle tient toujours à être à Wimpole au milieu du mois de novembre.

« Je compte et j'espère avoir longtemps avant cette époque de meilleures nouvelles de votre voix ; mais, si vous en êtes encore privée, on ne peut trouver un visiteur plus agréable pour une muette que Mme de Staël. »

La lettre suivante, de Mme de Staël à miss Berry, paraît avoir été écrite de quelque maison de campagne.

« Jeudi, 28 septembre.

« Je vous dirai bien sincèrement que votre lettre m'a fait un grand bien. J'ai besoin de vous donner toute la confiance de mon cœur ; et cette amitié, qui n'a point de secrets ni de soupçons, est tout à fait nécessaire à mon bonheur. Je préfère votre esprit, votre caractère, tout vous, enfin, aux autres, et je vous prie de me permettre de compter sur vous comme vous devez compter sur moi. Cette déclaration, plus franche que celle des Alliés, étant faite, je reviens à mes intérêts du jour : Vous dînez chez moi dimanche, et je reviens demain. Je ne sais pas si ma fille communiera ou non samedi, c'est le ministre de la paroisse qui doit en décider. Il y a ici lady Cowper, lady Caroline, les maris de ces dames, M. Nugent, M. Ward. Lady Blessborough est partie ce matin, et lord Melbourne nous a quittés, quoiqu'il fût assez bien apprivoisé avec moi. Y a-t-il des nouvelles de la paix ou de la guerre? Vous concevez de quel intérêt cela est pour moi. Entre les Cosaques et le Corse, je vois bien peu d'espoir de liberté pour la France, et je ne sais que souhaiter, mais je sais très bien que craindre. Aimez-moi, je vous prie, avec indulgence à de certains égards, parce que vous avez su faire plus de sacrifices que moi; mais ce qui ajoute à votre mérite, c'est que nos caractères ont plus d'analogie que nos actions. Adieu, tâchez donc de guérir ces maux de tête. Voyez Farquhar. Il me traite. Adieu. »

Le samedi, 18 septembre 1813, miss Berry signa l'acte de location de sa jolie petite maison « Little-Strawberry ». Elle la céda pour sept ans au prix de cent cinquante guinées par an; le locataire, Alderman Wood, prit à sa charge les réparations et les impôts. Miss Berry possédait cette habitation depuis vingt-deux ans et la quitta avec regret, la charge en était trop lourde et augmentait chaque année.

« Je sentais la nécessité de ce sacrifice, écrit miss

Berry le 22 septembre, en arrivant à Londres, mais je n'en souffris pas moins, et j'aurais été fâchée de ne pas souffrir. »

Londres, samedi, 2 octobre. — « Nous allâmes dans la soirée, Agnès et moi, chez sir J. Mackintosh; Mme de Staël y avait dîné. Nous trouvâmes aussi là les Davys, Ward, lord Byron, Malthus, Curran [1], le célèbre avocat irlandais, et quelques autres hommes. Mme de Staël, comme de coutume, s'empara de Curran, malgré les efforts de sir James pour rendre la conversation générale. Il y réussit cependant. Curran est éloquent, mais manque de goût. »

Mardi, 5 octobre. — « Vu lord Webb Seymour. Dans la soirée nous avons été chez Mme de Staël, où était réunie une société très agréable, composée d'environ six femmes et d'une vingtaine d'hommes. On n'aurait jamais pu croire, au milieu de cette réunion, qu'on était à Londres au mois d'octobre. Londres serait vraiment charmant s'il n'était jamais plus plein que maintenant. »

Samedi, 9. — « Nous avons eu à dîner sir H. et lady Davy, Mrs Damer, lord W. Seymour et Frederick Douglas. Dans la soirée, Mme de Staël et sa fille, les deux Rawdons, M. et Mrs Gordon, M. Mercer, M. Ward, Dr Kinnaid, M. Roswell, la comtesse de Palmella. Très bonne petite réunion, dans laquelle Mme de Staël et Ward parlèrent beaucoup et très bien. »

---

[1] John Philpot Curran, né en 1750. Il était considéré comme un des chefs des patriotes irlandais, et il se rendit célèbre par son talent d'orateur dans les débats orageux de la Chambre des communes irlandaise, ainsi que par son opposition énergique à l'union de l'Irlande et de l'Angleterre. Curran mourut en 1817.

Lundi, 11. — « J'ai été chez Mme de Staël [1], sachant que sa fille avait la rougeole. J'ai causé tranquillement et agréablement avec elle une demi-heure. »

Samedi, 6 novembre. — « J'ai vu les plus belles illuminations pour le grand succès des Alliés en Allemagne. »

Mercredi, 24. — « On a tiré le canon pour le rétablissement du gouvernement anglais à Hanovre, et dans la soirée nous apprîmes la nouvelle de la prise de Saint-Fé, en France, par lord Wellington. »

Jeudi, 25. — « Le canon s'est fait entendre de nouveau ce matin à neuf heures, saluant les nouvelles de la soirée précédente, puis ensuite entre trois et quatre heures, à l'arrivée de la nouvelle de la prise de Dresde par les Alliés. Personne ne se souvient d'avoir entendu tirer le canon trois fois en trente-six heures, comme cela vient de se produire. »

Miss Berry à lady Georgina Morpeth.

« 25 novembre 1813.

« ... La Staël a quitté Richmond presque au même moment où nous revenions de Twickenham, et où elle est il doit y avoir du monde, même si on doit le chercher à plus de dix lieues à « la ronde » [2]. Excepté pendant sa visite à Bowood et maintenant qu'elle est à Middleton [3] pour une semaine, Mme de Staël a été

---

[1] Mme de Staël avait écrit à miss Berry : « S'il fait mauvais, ne sortez pas, et donnez-moi seulement la consolation de votre société dès que vous le pourrez. Ma fille est aussi bien qu'une rougeole puisse le permettre. »
[2] En français dans le texte.
[3] Château du comte de Jersey (Oxfordshire).

constamment en ville, donnant des dîners et des soirées agréables à deux ou trois femmes et une demi-douzaine d'hommes dont « elle se charge toute seule »[1].

« Elle est toujours amusante, et moi, qui la connais tant et si bien, j'ajoute qu'elle est toujours de bonne humeur et jamais « méchante »[2]. Ward et elle vous divertiront. Elle le trouve beau et « d'une jolie tournure »[3]. Je lui déclare qu'elle a entrepris deux miracles en cherchant à le rendre « poli avec les femmes et pieux envers Dieu »[4]; et si cela continue, on ne peut dire quel pourra être son succès. « En attendant »[5], ils sont d'une société très agréable pour les autres.

« Parmi les plus aimables, nous avons eu à Londres lady Harrowby pour quelques semaines. »

Journal. — *Mercredi, 1ᵉʳ décembre 1813.* — Miss Berry et sa sœur dînent chez la princesse de Galles, qui les recevait souvent, à Connaught Place. La princesse était particulièrement mélancolique; elle pleura en parlant de sa situation à miss Berry, se déclarant écrasée par l'avenir qu'elle entrevoyait.

Mardi, 7. — « Nous avons dîné chez lord Stafford avec Mᵐᵉ de Staël, sa fille, son fils[6], sir James et lady Mackintosh, etc. Dans la soirée, quelques invités qui rendirent la réunion très agréable. Pendant le dîner la conversation était un peu molle, Mᵐᵉ de Staël n'était

---

[1] En français dans le texte.
[2] *Idem.*
[3] *Idem.*
[4] *Idem.*
[5] *Idem.*
[6] Le baron Auguste de Staël, né le 31 août 1790. Marié en 1827 à Adèle Vernet, mort à Coppet le 17 novembre 1827. Son fils, né quelques jours après la mort de son père, mourut à peine âgé de deux ans.

pas assez excitée à causer. Il me sembla qu'il ne lui manquait que cela pour être aussi brillante que de coutume, bien qu'elle eût reçu aujourd'hui la nouvelle de la mort du comte Louis de Narbonne. Il faut reconnaître qu'on ne peut perdre plus gaiement un ancien amoureux, comme on disait de Charles VII et de son royaume. »

Samedi, 11. — « J'ai été le soir, à neuf heures, chez Mme de Staël. Le duc de Sussex, lord et lady Liverpool, lord Harrowby et plusieurs diplomates y avaient dîné. Dans la soirée arrivèrent d'autres femmes : lady Stafford et sa fille, Mme G. Lamb, etc. »

Dimanche, 26. — « Dîner chez Mme de Staël avec sir James et lady Mackintosh, M. Ward, le comte Palmella, M. Sharp, et sa propre famille. Très agréable dîner. Deux ou trois artistes dans la soirée. »

Mercredi, 29 décembre 1813. — « Dîner chez la princesse. Il n'y avait que M. Craven, William Austen et un de ses jeunes compagnons de jeu, et lady Orme. Ces dîners deviennent insupportables ; je suis presque malade d'ennui dans ces longues soirées, dont la monotonie n'est interrompue que lorsque la princesse se met à chanter avec M. Craven, et Dieu sait si alors ils vous écorchent les oreilles ! Il faut l'avoir entendu pour s'en rendre compte. »

Londres, North Andley Street, 6 janvier 1814. — « Dîné à cinq heures et demie avec Mme de Staël, Palmella[1], et un aide de camp du prince royal de Suède récemment débarqué. On venait de recevoir la nouvelle

---

[1] Le ministre de Portugal.

de l'entrée des Alliés en Suisse et en France. L'agitation était vive. J'ai essayé de retenir Mme de Staël au coin du feu; mais elle avait la loge du duc de Devonshire au théâtre et a voulu y conduire l'aide de camp du prince royal de Suède. »

Extrait d'une lettre à lady Hardwicke. — *Lundi, 17 janvier* 1814. — « Mon dîner genevois chez Mme de Staël a été moins animé que je n'y comptais. Ses amis n'ont de nouvelles de leur petite république que par les journaux anglais. Elle est désespérée des nouvelles de France. Elle ne peut supporter ce qu'elle appelle l'humiliation de la marche des Alliés sur Paris. Elle désire la chute de Bonaparte et ne souhaite pas le retour des Bourbons. De fait, je la crois dans le « vague de l'infini » pour ce qu'elle voudrait en France; elle ne cesse de répéter qu'il faudrait à cette nation la liberté, la vraie liberté constitutionnelle, et je lui réponds que la France n'est pas plus faite pour un gouvernement de ce genre que la Turquie; mais elle ne veut rien entendre. »

Jeudi, 20 janvier. — « Les rues sont remplies de neige, et le temps si mauvais, que je n'ai pas voulu sortir. A quatre heures, Mme de Staël est arrivée, disant que c'était un temps superbe pour faire des visites. Elle s'est chauffé les pieds et a causé pendant une heure. Sa conversation, toujours intéressante et animée, me charme. »

Samedi 22. — « Ce soir chez Mme de Staël, avec M. et Mme de Lieven et d'autres étrangers. »

26. — « Le dégel a commencé après un mois de froid et de neige comme je n'en ai pas vu depuis les mémorables hivers de 1788 et de 1795. »

Dans une lettre adressée à lady Hardwicke, Mary Berry nous apprend que l'on ne croyait pas à la destruction de l'Empire en Angleterre, et que la signature de la paix entre Napoléon et les Alliés semblait encore probable.

Dimanche, 30 janvier. — « Dîner chez Mme de Staël. Dans la soirée, Albertine[1], accompagnée par deux musiciens, a joué du piano. »

Vendredi, 4 février. — « Chez Mme de Staël. Le duc de Gloucester y avait dîné; agréable réunion de trente à quarante personnes. »

Dimanche, 13. — « Encore chez elle; il y avait Kemble, Mrs Siddons, lord Dillon, sir James et lady Mackintosh et un Américain, M. Bazeley. »

Mardi, 22. — « Dîner chez M. Knight avec lord et lady Stafford, lord et lady Lansdowne, Mme de Staël et ses enfants. Elle est arrivée tard, s'étant trompée d'adresse. »

Samedi, 26. — « Dîné chez Mme de Staël. Il y avait Mme de Vaudreuil, le comte Édouard Dillon, M. Greffulhe, William Spencer et le jeune Chinnery. Le dîner était mal composé; mais, comme Mme de Staël veut inviter tout le monde, cela doit arriver quelquefois. »

Dimanche, 6 mars. — « Nous étions toutes les deux commandées chez la princesse, avant trois heures. J'ai dîné chez M. Locke avec Mme de Staël, sa fille, M. Luttrell, Rogers, William Spencer, le poète Campbell, etc. Mme de Staël s'est exercée à briller devant M. Luttrell et a réussi. »

---

[1] Mlle de Staël.

Mercredi, 9. — « J'ai dîné avec Mme de Staël ; il n'y avait personne que le poète Campbell, Rocca [1] et sa propre fille. La conversation de Mme de Staël, à son propre foyer, est toujours amusante et toujours brillante. Après le dîner, Campbell nous fit la lecture d'un discours sur la poésie anglaise et sur quelques-uns de nos grands poètes. Il y a, dans tout ce qu'il écrit, de la poésie et du génie critique, mais son style est trop chargé d'ornements. »

Dimanche, 13. — « Dans la soirée, nous avons été chez lady Stafford ; la réunion était nombreuse, mais les mauvaises nouvelles de Hollande, la perte de tant d'officiers anglais attachés à la petite armée qui avait fait la malheureuse attaque sur Berg-op-Zoom [2], annoncée par le bulletin du Gouvernement, attristaient tout le monde. »

Samedi, 26. — « Dans la matinée, nous fûmes chez Mme de Staël. Lord Lansdowne était seul avec elle, et nous avons eu ensemble une conversation très intéressante et très raisonnable sur les affaires de France et sur les Alliés. »

Dimanche, 27. — « Nous sommes retournées chez Mme de Staël. Catalani avait dîné avec elle et chantait encore lorsque nous sommes entrées, c'est-à-dire qu'on lui faisait chanter des romances françaises, qu'elle ne savait ni chanter ni prononcer. »

---

[1] Albert-Jean-Michel de Rocca, second mari de Mme de Staël. De ce mariage, qui fut tenu secret, naquit un fils, Alphonse de Rocca. Il épousa Mlle de Rambuteau et ne laissa pas de postérité. M. de Rocca mourut quelques mois après Mme de Staël, à Hyères, le 29 janvier 1818.

[2] La solide forteresse de Berg-op-Zoom fut attaquée par sir Thomas Graham avec quatre mille hommes divisés en quatre colonnes. Trois cents furent tués et dix-huit cents faits prisonniers.

Lundi, 28. — « ... Lady Connyngham me laissa chez Mrs Wellesley Pole ; il y avait là beaucoup de monde. On y voyait les « soi-disant »[1] députés de Bordeaux ; ces deux hommes n'avaient pas la plus légère idée de la bonne société. La maîtresse de la maison, sa famille et tous ses hôtes arboraient la cocarde blanche. »

Vendredi, 1er *avril.* — « Dîner chez Mme de Staël avec lord et lady Hardwicke, M. York, le duc de Grafton, lord Darnley, sir J. Mackintosh, le comte Palmella, et Rocca. Il vint beaucoup de monde après dîner. »

Mardi, 5. — « Dans la matinée, nous apprîmes la nouvelle de la défaite de l'armée de Bonaparte, près de Paris. Lady Hardwicke, qui était chez moi au moment où Mrs Robinson apporta le bulletin, partit immédiatement avec moi pour prévenir Mme de Staël. Augustus Foster sortait de sa chambre lorsque nous arrivâmes ; il venait d'entendre une « grandissime »[2] discussion sur la capitulation de Paris avec les Alliés, le 30 mars, dont la nouvelle était arrivée depuis le bulletin que nous avions lu. « Mme de Staël fut complètement vaincue ; elle n'eut ni arguments, ni réponse, ni esprit ; elle montra un sentiment vrai pour ce qu'elle appelle toujours sa patrie. Albertine était aussi fortement affectée, pour cela ou pour une autre cause ; il y avait, je crois, un mélange. Mme de Staël fut très touchée de notre intérêt et de notre sympathie. Il y avait une agréable réception à Lansdowne House. Tous les hommes, réunis par groupes, causaient des grandes nouvelles de la journée. Tous les ministres étrangers arrivèrent *in flocchi*, venant

---

[1] En français dans le texte.
[2] Idem.

d'un dîner donné par lord Liverpool à la grande duchesse d'Oldenbourg [1]. »

Samedi, 9. — « Nous avons donné un dîner. Dans la soirée, vers onze heures, nous avons emmené nos invités chez Mme de Staël, où nous apprîmes l'étonnante nouvelle de l'abdication de Bonaparte, qui venait de paraître en dix lignes dans une « gazette ». On pouvait à peine y croire; on se persuadait difficilement que la paix régnait dans le monde entier, que la bataille était terminée, non pas « faute de combattants, mais faute de quelque ennemi à combattre » [2]. Personne ne pouvait penser ou parler d'autre chose que de ces surprenantes nouvelles. »

Dimanche, 10 avril. — « Nous sommes allées en voiture, à quatre heures, au parc, et nous nous y sommes promenées à pied. Il y avait une masse énorme de monde, le soleil brillait et la gaieté était universelle; cependant la foule n'avait pas encore pu se rendre compte de l'idée que nous avions déjà la paix. »

Mardi, 12. — « Nous sommes sorties, pour voir les illuminations, jusqu'à Whitehall. Il n'y avait de bien réussi que Carlton-House, les Horse Guards et l'Amirauté; mais ces trois monuments étaient très beaux. La foule qui remplissait les rues montrait la meilleure humeur, et nous n'avons vu nulle part d'accident, de difficulté ou de trouble. »

Samedi, 16. — « J'ai été chez Mme de Staël et je suis restée quelque temps avec elle et Rocca. Elle parle

---

[1] La grande duchesse d'Oldenbourg, sœur de l'empereur Alexandre de Russie, débarqua en Angleterre le 31 mars 1814.
[2] En français dans le texte.

de la France avec beaucoup de chaleur et de sentiment, mais en ce moment ce qu'elle éprouve obscurcit son jugement. Parce que la France ne s'est pas délivrée elle-même de son tyran, elle ne veut rien espérer de bon pour ce pays, et ne veut croire qu'au rétablissement complet des anciens privilèges, ce qui n'est pas possible. »

Mercredi, 20. — « J'ai été voir ce soir lady H. Leveson pour lui demander d'aller chez sa sœur, dont la maison est vide, assister à l'entrée du roi de France. Avant midi, le parc et les rues étaient remplis de monde et de voitures; ces dernières ne pouvaient entrer dans le parc.

« A cinq heures, nous avons vu passer sept voitures du prince régent, traînées par six chevaux en grande tenue, précédées par plusieurs centaines de gentilshommes à cheval, accompagnées et suivies par un détachement de chevau-légers et de bleus. Mais c'est tout ce que nous en pûmes apercevoir, la distance de Park Street étant trop grande pour bien regarder dans les voitures; et si nous avions pu voir si loin, les piétons, la foule sur les allées et les murs du parc, nous en auraient empêché. Les gens enlevaient leurs chapeaux et saluaient les voitures avec bienveillance, mais sans le moindre enthousiasme. »

Jeudi, 21. — « Tous ceux qui désiraient voir le roi de France allèrent chez Grillon, Albermarle Street, où il logeait. Je n'y suis pas allée. Pendant toute la journée on pouvait à peine traverser les rues, tant il y avait de voitures et de piétons. Le roi alla faire une visite au prince, et il y eut beaucoup de monde le soir à

Carlton House. Ceux qui ne s'y rendirent pas allèrent chez lady Jersey, où la réunion était agréable et plus restreinte. »

Mardi, 3 mai 1814. — « Nous dînâmes chez lady Stafford, avec Mme de Staël, sa fille, M. Schlegel, Rocca, lord J. Russell, Dr Holland, etc. Dans la soirée nous avons été avec Mme de Staël et ses invités à l'exposition de peinture illuminée, à Pall Mall. Tout le monde était là, et, entre autres, la princesse de Galles. »

Vendredi, 6. — « Mme de Staël est venue à six heures, et nous avons eu un agréable « tête-à-tête »[1]. Elle me fit, comme de coutume, d'extraordinaires confidences et me parla avec une parfaite ouverture. Elle m'amuse et m'intéresse toujours, et je la quitte avec un grand regret. »

Samedi, 7. — « Le soir, chez lady Romilly, on vit arriver de Paris le docteur Marcet. Il était parti mercredi matin à cinq heures. Au moment où il entra, Mme de Staël s'empara de lui. Un cercle se forma immédiatement, pendant qu'elle le questionnait et le requestionnait. Il supporta très bien cet examen, répondant à tout avec beaucoup d'intelligence.

« Il avait vu entrer le roi, étant sur les marches des Tuileries au moment où le roi en monta le perron. Louis XVIII fut reçu avec beaucoup de joie, de bonne volonté, mais pas d'enthousiasme. Il se conduisit merveilleusement dans les circonstances si difficiles où il se trouvait placé.

---

[1] En français.

« Je quittai lady Romilly en même temps que Mme de Staël, afin de me trouver seule avec elle quelques minutes. Je la laissai à sa porte, non sans émotion ; mais l'émotion n'est pas ce qu'elle provoque ni ce qu'elle éprouve (ou du moins ce n'est que momentanément). Elle ne s'arrête assez longtemps sur rien ; existence, caractères, sentiments même, tout passe devant ses yeux comme une lanterne magique. Mme de Staël se dépense sur le papier, et court à travers le monde pour tout voir, tout entendre, en un mot, pour se distraire et rendre ensuite au monde et à la société tout ce qu'elle en a tiré [1]. »

Un peu plus de quinze jours après avoir quitté Londres, Mme de Staël écrivit à miss Berry la lettre suivante.

« Paris, ce 25 mai 1814, rue de Grenelle-Saint-Germain, n° 105.

« Je suis presque fâchée de ne vous avoir pas écrit la première. J'y pensais si souvent que j'aurais dû me donner le mérite et le plaisir de vous le dire. A présent j'ai dix choses à vous demander, et j'ai l'air tout intéressée. Enfin, commençons. Faites dire à Wilberforce (si Mackintosh n'a pas reçu ma lettre) que l'empereur de Russie m'a dit que l'abolition de la traite des nègres aurait lieu dans le congrès. Quel homme que cet em-

---

[1] Lord Byron paraît avoir la même impression sur la disposition de Mme de Staël à trouver des consolations dans la sympathie qu'elle excitait. Son second fils fut tué en duel, et lord Byron y fait allusion en disant : « Mme de Staël a perdu un de ses jeunes barons... Naturellement Corinne est ce que toute mère doit être ; mais elle fera, je le prédis, ce que peu pourraient, un récit de ce drame. Elle ne peut vivre sans une douleur, et a besoin de témoins pour voir ou comprendre comme la douleur lui sied bien. »

pereur de Russie ! sans lui nous n'aurions rien qui ressemblât à une constitution. Il est à merveille pour moi ; il vient chez moi, et il faut que vous soyez assez bonne pour dire cela négligemment aux Russes, afin qu'ils me respectent. N'en voilà-t-il pas assez ? Mais j'ose vous dire qu'en vous donnant tous ces embarras, je vous prouve que vous n'êtes pas pour moi une correspondante, mais une amie ; car il faut que j'aime beaucoup pour demander le moindre service.

« Combien je regrette Playfair ; on ne trouve pas dans toute la France un pareil homme. Je sais des nouvelles de votre amie Mme de Coigny[1] ; elle vit assez heureuse, elle aime, elle est aimée d'un homme de sa société, Bruno de Boisgelin ; elle a été vivement pour les Bourbons, et sa position est améliorée en tout. J'ai vu l'autre Mme de Coigny. Toujours la même, excepté par le visage. Il semble que la France entière est comme cela. J'ai un appartement que je voudrais céder en partant pour la Suisse le 1er juillet ; il est tout beau et pas cher, voulez-vous l'offrir de ma part à lady Jersey ? Encore pardon. Vous devriez me donner quelques commissions pour Paris, afin que je fusse un peu capable de vous témoigner toute ma reconnaissance. Vous n'aurez les souverains, selon mon avis, que vers les premiers jours de juin. L'empereur de Russie veut voir la Constitution proclamée. Que dites-vous de l'indigne conduite de Ferdinand VII ? Est-il vrai que les Anglais y aient eu quelque part ? J'espère que non. Dites-moi ce qu'on en dit à Londres ; l'empereur de Russie s'en

---

[1] Aimée de Coigny, duchesse de Fleury (la jeune captive d'André Chénier), que Lauzun avait compromise, remariée au comte de Montrond, divorcée une seconde fois et ayant repris le nom de son premier mari. Elle courut plus tard d'autres aventures et porta alors le nom de Coigny.

indigne à Paris. Voyez cet empereur, qui est une production aussi extraordinaire en Russie qu'un aloès. Adieu, chère amie ; écrivez-moi et pensez à moi.

« Quand viendrez-vous? Je le demanderai à votre jeune Anglais, M. Ward, demain. »

Madame de Staël à Miss Berry.

« Ce 14 juin, Paris, hôtel de Tamerzum, rue de Grenelle-Saint-Germain, n° 105.

« Pourquoi, ma chère amie, n'ai-je pas de vos nouvelles? Je vous ai répondu il y a quinze jours, et vous m'oubliez déjà comme si vous étiez une de nos frivoles Françaises. C'est vous cependant qui pourriez me dire des nouvelles, car nous sommes ici dans un calme plat, heureux de n'être plus persécutés et transportant toutes nos flatteries à de plus honnêtes gens que Bonaparte, mais sans conserver pour cela plus de dignité en nous-mêmes. Cependant à la fin nous serons libres, parce que rien en ce genre ne rétrograde définitivement; mais l'exemple de l'Espagne et du Piémont ne nous est pas salutaire. Quant à la société, elle est encore nulle; il s'en rassemble quelques débris chez moi, mais il n'y a point d'ensemble, et je serais déjà partie pour la Suisse, si je ne cherchais pas à me faire payer ici le dépôt de mon père, chose pour laquelle j'obtiens plus de paroles que de faits.

« Le sacre va ramener, je crois, beaucoup d'Anglais à Paris, car c'est à Paris même qu'on croit qu'il aura lieu. La duchesse de Devonshire m'écrit qu'on me prête beaucoup de projets depuis mon départ de Londres. Cela m'inquiète. Daignez me dire ce qui en est ; je serais si triste de perdre la bienveillance de l'Angleterre. J'y veux retourner le printemps prochain. Que ferez-vous? Comment se portent votre père et votre sœur?

« Albertine demande une place dans votre cœur. Dites un mot pour moi à ceux de mes amis qui ne m'ont pas oubliée. On ne peut se rappeler qu'à ceux qui se souviennent de vous. Je vous embrasse de toute mon âme. »

CINQUIÈME VOYAGE

1816

Le 6 février 1816, lady Élisabeth Yorke, troisième fille du comte et de la comtesse de Hardwicke, épousait sir Charles Stuart, ambassadeur d'Angleterre en France. Lord et lady Hardwicke, ayant loué une maison à Paris, invitèrent Mary Berry à venir les voir. Elle accepta et voyagea avec une dame et son fils qu'elle connaissait à peine.

Le journal de Mary Berry pendant son séjour à Paris, quoique écrit comme de coutume avec régularité, renferme moins de détails que les lettres qu'elle adresse à sa sœur Agnès, demeurée à Londres.

Mardi, 27 février 1816. — « Départ de North Andley Street pour Sittingbourne. »

Mercredi, 28. — « Orage pendant la nuit. Le temps aujourd'hui est froid, clair, et le vent au nord-est. J'étais arrivée à Douvres à une heure et demie. Le vent est favorable, et si la mer ne devient pas mauvaise, nous nous embarquerons demain matin à dix heures avec la marée. »

Jeudi, 29. — « Le froid continue et le vent est bon. Nous avons quitté la jetée à dix heures et demie. On visita à peine mes malles à la douane. Je suis restée sur le pont, enveloppée de tout ce que j'avais de couvertures ; le froid excessif contribuait autant que le roulis à donner le mal de mer. Au quai de Calais, nous avons subi un retard, car mes compagnons avaient oublié leurs passeports ; comme ils étaient connus, on les laissa passer. Mais il nous fallut trois heures pour gagner une auberge, qui n'était pas l'excellent hôtel Quillaque ; cet hôtel, appelé le Lion-d'Argent, tenu par un Anglais, est aussi mauvais que l'autre est bon. Pendant le dîner, nous avons eu la visite du gouverneur, le pauvre vieux comte de Cély[1], qui a vécu si longtemps en Angleterre. Je ne sais si ce bon vieillard considère comme un devoir de souhaiter la bienvenue à tous les Anglais qui débarquent ici. S'il en est ainsi, il doit avoir fort affaire. »

Vendredi, 1er mars. — « Debout de bonne heure pour partir à huit heures. Ne pouvant gagner Abbeville, nous nous sommes arrêtés à Bernay. »

Samedi, 2 mars. — « En moins de douze heures, nous sommes arrivés à Beauvais. »

Dimanche, 3 mars. — « Paris. Nous sommes descendus rue d'Anjou, chez lady Hardwicke, avant quatre heures. »

Jeudi, 7 mars. — « Le procès de sir Robert Wilson[2] aura lieu, dit-on, cette semaine. S'il est vrai que les

---

[1] Le comte de Cély était aide de camp du maréchal de Broglie en 1758, et fut chargé de présenter au roi les drapeaux pris sur l'ennemi à la bataille de Sondershausen. Sa fille épousa le comte d'Astorg. Le comte de Cély avait quatre-vingt-deux ans lorsqu'il rencontra miss Berry.

[2] Sir Robert Wilson avait fait évader M. de La Valette.

femmes soient admises à assister aux débats de la cour d'assises, je ne manquerai pas de me rendre aux audiences. Sir Robert Wilson est accusé de haute trahison, et son cas paraît plus grave qu'on ne l'avait d'abord supposé. Il est certain, bien qu'on le nie en Angleterre, qu'ayant demandé deux passeports à sir Charles, l'un pour son beau-frère, l'autre pour un major Locock, il se servit du premier et donna le second à Lavalette. Bruce, qui n'est considéré que comme complice, a dit à son avocat après une consultation : « Ne « trouvez-vous pas qu'il y a quelque chose de très roma-« nesque dans ma situation ? »

« L'amiral Linois[1] et le général Boyer[2] furent interrogés hier, selon leur désir. J'ignore le résultat ; on ne semble pas s'en soucier le moins du monde. On croyait cependant qu'ils seraient condamnés. »

Samedi, 16. — « J'ai vu Mlle Georges et Talma dans *Britannicus*. Mlle Georges est une bonne actrice ; elle a admirablement profité de son éducation théâtrale, et sa tournure est celle d'une belle tragédienne. Talma est excellent ; les costumes et les décors sont superbes.

---

[1] Charles-Alexandre Linois, né en 1761. Amiral distingué, fut fait prisonnier par les Anglais en 1793. Il fut mis en liberté moins d'un an après, à condition d'être échangé contre sir Sydney Smith. Robespierre refusa, et Linois se constitua de nouveau prisonnier de guerre. Il revint ensuite en France et servit activement jusqu'en 1806, fut de nouveau fait prisonnier et demeura en Angleterre jusqu'en 1812. Louis XVIII le nomma gouverneur de la Guadeloupe. La colonie fut attaquée en 1815 par les Anglais. L'amiral Linois et le général Boyer furent mis en prison et accusés d'avoir travaillé au retour de Napoléon. L'amiral Linois fut acquitté à l'unanimité par le conseil de guerre.

[2] Eugène-Édouard, baron de Boyer Peyreleau, entra dans l'armée en 1793, où il servit avec distinction. Il commandait à la Guadeloupe au moment de la bataille de Waterloo. Condamné à mort par le conseil de guerre, sa peine fut commuée en trois années d'emprisonnement.

« Mrs ***[1] est ici. On la trouve fort aimable. Elle reçoit l'élite de la société, donne des bals et des dîners. Elle a même eu « l'honneur » d'être accusée d'un peu trop de liberté dans ses principes, ayant donné, en carême, un bal auquel le roi avait défendu au duc de Berry de paraître.

« J'ai reçu Élisabeth[2] chez moi quelques minutes. Elle revenait de la cour dans ses plus beaux atours, et avait très bon air. Son succès ici est grand. J'ose dire qu'aucune ambassadrice, depuis lady Stormont, ou toute autre du « bon vieux temps », n'a été mieux accueillie.

« J'ai fait demander Barrois et l'ai vu hier. Ses opinions politiques sont insensées, et très amusantes, par conséquent. Il a promis de venir souvent le matin, et de m'apporter tous les pamphlets politiques prohibés. »

---

[1] Il s'agit sans doute d'une Anglaise, Amy Brown, dont la liaison avec le duc de Berry est bien connue. Il est question de ce bal dans ses correspondances de l'époque.
Amy Brown, née à Maidstone Kent (Angleterre), le 8 avril 1783. Son père, Joseph Brown, était pasteur de l'église anglicane de Maidstone. Il y mourut le 8 avril 1824. Joseph Brown avait épousé Mary-Anne Deacon, morte à Maidstone le 10 mars 1806. En 1799, Amy Brown épousa M. Freeman Granville Brown. Le mariage fut célébré à Maidstone par le pasteur Brown. Amy quitta alors Maidstone pour venir se fixer à Londres, où, quatre ans après, la mort la laissait veuve et mère de trois garçons, John, Robert et Georges.
La Révolution française avait amené en Angleterre les princes de la maison de France, et c'est à Londres, en 1804, que Charles-Ferdinand de France, duc de Berry, connut la jeune veuve et s'éprit pour elle d'une réelle passion. Il avait alors vingt-six ans, Amy en avait vingt et un.
Amy Brown mourut le 7 mai 1876, à l'âge de quatre-vingt-treize ans, au château de la Contrie (Loire-Inférieure, France).
Amy Brown avait eu de nombreux frères et sœurs. Tous moururent en bas âge, excepté Charles Brown. Celui-ci se maria et eut un fils, dont la descendance existe encore à Maidstone, et une fille, qui devint la comtesse de Poisvert. (Voir les Mémoires de la duchesse de Gontaut et la brochure du comte de Boro'h-Yantel publiée en 1903.)

[2] Lady Élisabeth Stuart, ambassadrice d'Angleterre, fille de lord Hardwicke.

Mardi, 19. — « Le soir, été au Théâtre-Français pour voir Mlle Duchesnois, Mlle Georges et Talma dans *Agamemnon* et l'*Avocat Patelin.* »

Extrait d'une lettre.

Jeudi, 14. — « J'ai été l'autre soir aux Variétés, et j'y ai vu mes anciennes connaissances, Brunet et Potier, maintenant devenus célèbres. Ce dernier est un excellent acteur ; son jeu est d'un naturel parfait. Ses calembours, ses impromptus sont accueillis avec enthousiasme par un nombreux public. Les pièces sont médiocres, on en est vite fatigué et dégoûté. *Jocrisse, chef des brigands,* que j'avais entendu vanter, n'est autre chose que *Robinet le bandit,* souvent représenté à Londres, et Liston en tire un meilleur parti que Brunet. Je compte aller plus souvent au Théâtre-Français ; là, on est sûr d'être intéressé et amusé. Je n'ai pas encore vu Mlle Mars[1]. »

« Nous sommes rentrés du théâtre à la maison, à près de onze heures, pour changer de toilette et aller chez les Greffulhe[2], qui reçoivent tous les mercredis soirs. Nous n'y sommes pas arrivés trop tard. Leur maison est magnifique. C'était celle de Savary, duc de Rovigo. On sait que Napoléon lui donna, un beau matin, un million de francs pour acheter et meubler cet hôtel. »

---

[1] Née en 1778, Mlle Mars débuta, en 1793, dans des rôles d'enfant, et arriva par degrés au premier rang. Très protégée par Mlle Contat, elle remplaça cette dernière dans ses rôles en 1812. Elle possédait un charme extraordinaire dans la voix, dans la physionomie, et son jeu était inimitable.

[2] Rue d'Artois, depuis rue Laffitte. M. Louis Greffulhe avait épousé Mlle de Vintimille du Luc. Il avait un frère, M. Jean Greffulhe, et une demi-sœur nouvellement mariée au comte de Castellane, depuis général et maréchal du second Empire.

Miss Berry ajoute cette réflexion ironique :

« Voilà ce qui s'appelle un gouvernement libre et équitable ! Un souverain se permet de donner ainsi à n'importe quel personnage un million puisé dans les fonds publics, sans avoir à en rendre compte à personne. »

Même jour. — « Le jugement de nos compatriotes est encore remis *sine die*, mais quand il aura lieu je suis sûre d'avoir une place. Le général Boyer a été condamné il y a deux jours à être fusillé. On disait hier que sa peine serait commuée en déportation. »

Extrait d'une lettre à sa sœur.

Vendredi, 15 mars. — « Notre dîner d'hier, chez Pozzo di Borgo [1], offert à l'ambassadeur d'Angleterre, était très solennel. Il y avait vingt-six personnes. Le duc de Richelieu [2], fut tout à fait amical pour moi et parut vraiment heureux de revenir avec moi aux souvenirs de sa jeunesse. Il me conduisit à table, s'assit à côté de moi, me ramena au salon, et me donna une demi-douzaine de poignées de main ; enfin, on remarqua que de longtemps il n'avait paru aussi gai dans le monde.

---

[1] Ambassadeur de Russie en France. Il était Corse.
[2] Les relations de miss Berry avec le duc de Richelieu dataient de 1784, lord d'un séjour à Montpellier. Armand-Emmanuel-Sophie du Plessis, duc de Richelieu, était né en 1766. Il avait émigré et fait partie de l'armée de Souwaroff pendant la Révolution. Il s'était distingué à la prise d'Ismaïl sur les Turcs, et fut ensuite nommé gouverneur d'Odessa. Il resta au service de la Russie de 1803 à 1814, puis retourna en France, où il remplit plusieurs charges importantes et fut un des ministres les plus célèbres et les plus estimés de la Restauration. Le duc de Richelieu se retira des affaires en 1818 et mourut en 1821, sans laisser d'enfants. Son nom et son titre passèrent au fils de sa demi-sœur, la marquise de Jumilhac, née du second mariage du duc de Fronsac, fils du maréchal de Richelieu, avec Mlle de Galliffet.

« Le duc de Richelieu ressemble beaucoup à ce qu'il était plus jeune. Il est resté très beau, très mince ; il a toujours très bonne façon. Ses cheveux sont très grisonnants et tout frisés. Il tient à venir me voir. Le temps lui manquera peut-être, mais non l'intention. Le duc de Richelieu s'exprima librement et d'une manière peu rassurante sur les affaires. Il craint que la France ne soit pas au terme de ses misères, et que l'Europe n'ait pas à compter sur une longue paix. On ne peut, comme vous devez le supposer, développer beaucoup des idées exprimées durant un dîner. Je voudrais le rencontrer encore ; ce ne sera pas certainement demain chez sir Charles. Ce dîner, chez Pozzo, était un mélange des deux partis, comme vous le verrez par la liste. Il y avait Talleyrand et les maréchaux, le duc de Richelieu, des ministres et des personnages de la cour. Sir Charles invite chaque coterie à part. Demain, nous aurons Talleyrand et sa suite. O Agnès ! que ne pouvez-vous voir Talleyrand ! Il apparaît à mes yeux comme un tel amas de corruption morale et physique, qu'il m'inspire plus de répulsion que de curiosité. Je n'aime même pas à arrêter ma pensée sur lui. Il parle très peu dans le monde, et sir Charles dit qu'hier soir il était très boudeur. Demain peut-être il sera de meilleure humeur.

« Le temps s'améliore. Je suis sortie hier à pied, ce qui me plaît infiniment. Nous nous sommes promenés dans le jardin de l'ambassade[1], qui est charmant et donne sur les Champs-Elysées. Dans cette promenade, on voit un grand nombre d'arbres dépouillés de leur

---

[1] Hôtel de Charost avant la Révolution, rue du Faubourg-Saint-Honoré. Habitation de la princesse Borghèse, sœur de Napoléon, sous l'Empire, et acquis, pour être l'ambassade d'Angleterre, en 1816.

écorce par les chevaux des armées qui ont campé l'année dernière à leur ombre. On les replante tous. Ce dégât est la seule trace qui subsiste du séjour des troupes étrangères dans l'intérieur de Paris, mais on assure que le bois de Boulogne a été absolument saccagé. »

Samedi, 16 mars. — « Eh bien, Mlle Mars n'est pas Mlle Contat ! Peut-être partagerai-je plus tard l'enthousiasme général pour elle, mais à première vue elle m'a déçue. Sa figure est intelligente, mais vulgaire. Je ne lui trouve aucune beauté. Les rôles qu'elle remplissait ne m'ont pas paru favorables à son talent. C'était celui de Victorine dans le *Philosophe sans le savoir*[1], et celui d'une dame dont le nom m'échappe dans la *Comédienne*, nouvelle et assez mauvaise pièce qui cependant a été bien accueillie. Mais quelle perfection que la Comédie-Française par elle-même ! C'est la représentation exacte de la vie, des mœurs en France, rendue avec tant de naturel que toute idée de théâtre s'évanouit en assistant aux pièces. Comme les Français admettent beaucoup plus de conversation, et moins d'action et d'agitation sur la scène que nous autres Anglais, il y a des moments où l'on se sent véritablement reçu dans l'intérieur d'une maison particulière et prenant part à des scènes de famille. Enfin, je suis impatiente de revoir Mlle Mars et de la trouver parfaite. »

A sa sœur.

Même jour. — « Le duc de Richelieu m'a dit que le procès de nos compatriotes aurait certainement lieu au

---

[1] Miss Berry se trompe, car Mlle Mars était surtout admirée dans le *Philosophe sans le savoir*.

1er avril, et qu'ils seraient quittes pour deux ans de prison. Inutile de répéter à Londres que je tiens cette assurance du premier ministre de France.

« Tout le peuple ici attend « quelque chose »[1] (il ne sait pas quoi) pour la fin de ce mois. Après l'aventure de l'année dernière, je ne m'étonne pas que l'on croie à une surprise. Pour ce qu'on voudrait, Barrois lui-même ne peut le dire. Beaucoup de personnes sont persuadées que le petit Napoléon est actuellement à Fontainebleau. Très peu admettent que le père soit réellement à Sainte-Hélène. Quelle singulière situation ! Pour moi, je pense que l'état actuel se maintiendra, mais non sans que l'Europe ne s'arme plusieurs fois contre ce peuple désorienté et tombé dans une si profonde dégradation morale. »

Dimanche, 17 mars. — « Mes dîners, ces jours-ci, ont été fort intéressants. Hier soir, le comte Alexis de Noailles[2] m'a donné le bras et j'étais assise entre lui et le duc de Wellington, avec lequel j'ai eu une longue et très intéressante conversation. On ne peut être plus simple et plus franc ; c'est un grand homme dans toute l'acception du mot, et sa façon de traiter d'égal à égal les souverains alliés est noble et digne. Je le divertis beaucoup en lui répétant ce mot de Benjamin Constant : « Le duc de Wellington ne pourra jamais « retourner à l'état de simple citoyen. »

« Le duc de Wellington me parla longuement de Bonaparte et de Marmont, dont la dernière défaite avait été si fatale à la cause impériale. Il me dit que Bonaparte

---

[1] En français dans le texte.
[2] Petit-fils du duc de Noailles, bien connu par sa charité et ses fondations hospitalières.

avait toujours attendu les comptes rendus des affaires dans lesquelles lui, Wellington, avait été engagé avec les Français pour apprécier la conduite de ses propres généraux. Wellington m'a paru justement fier d'une telle marque de confiance dans sa sincérité et son honneur. Il me parla du reproche qu'on avait fait aux Alliés, au moment de l'armistice, d'avoir voulu la paix trop rapidement et fait trop de concessions. Mais il me dit que les Alliés étaient trop peu maîtres de leurs troupes, trop peu sûrs de leur obéissance pour pouvoir hésiter, et craignaient toujours qu'un événement imprévu ne vînt à découvrir ce dangereux secret.

« Alexis de Noailles se montra aimable et causeur. Il est membre de la Chambre des députés et l'un des plus ardents *modérés*.

« Le dîner comprenait vingt-six convives, presque tous étaient du parti de Talleyrand et dominés par cette vieille incarnation du vice et de la corruption.

« Lady Hardwicke causa comme moi avec le duc de Wellington et apprit de lui divers détails sur la bataille de Waterloo. Quelques dames lui posèrent des questions sur ses impressions personnelles, et il les accueillit avec sa simplicité accoutumée :

« — Combien, disait une de ces dames, vous avez dû ressentir de joie quand la bataille fut gagnée, et de regrets pour les amis que vous y aviez perdus !

« — Je vous avoue, répliqua-t-il, n'avoir eu le temps de penser ni à la joie ni à la douleur, ayant vu la bataille perdue quatre fois ce jour-là ! »

« Je reviens d'un bal chez le duc de Wellington. Je voulais visiter l'Élysée-Bourbon, dernier palais habité à Paris par Bonaparte, et occupé maintenant par un commandant en chef anglais, gardé par des soldats français !

« J'y ai rencontré une ancienne connaissance, Florian de Kergorlay. Il est mieux à cinquante ans qu'il n'était à vingt. Il parut réellement content de me revoir et s'informa beaucoup de votre santé. Nous avons causé plus d'une heure en particulier. Il est ultra-royaliste [1]. J'ai donc maintenant, dans les différents partis de ce pays, des amis avec qui je puis causer et que je puis faire causer. Je dois dîner demain chez Florian, en famille, pour être présentée à sa femme [2]. »

Paris, 20 *mars* 1816. — « Mon dîner chez Florian a été intéressant. Avant son retour de la Chambre, son frère aîné entra. Ce fut un grand soulagement, car avec lui la conversation devint facile. Il était notre seule société avec les trois enfants qui dînaient avec nous. Les Kergorlay sont ultra-royalistes.

« Tous les partis qui divisent ce pays agité se déclarent cependant sincèrement désireux de voir la paix et la prospérité régner en France. Mais pourquoi les honnêtes gens, les mieux intentionnés, n'ont-ils ni idées, ni vues, ni plans communs, tandis que les fripons agissent en parfaite union, et profitent de la corruption générale de la nation ?

« J'ai quitté les Kergorlay entre sept et huit heures, sans aucun désir de retourner chez une femme qui, j'en suis sûre, m'a prise pour une *républicaine anglaise* et ne se soucie nullement de revoir ma figure. La sienne

---

[1] Le comte Florian de Kergorlay prit une part active à la tentative de la duchesse de Berry en 1832.

[2] Mme de Kergorlay était Mlle de La Luzerne, nièce d'un ambassadeur de France à Londres.

m'avait divertie, ainsi que la manière dont les personnes de cette opinion considèrent la politique française en ce moment. De là, je suis allée aux Français, où j'ai vu *Figaro*, et cela m'a amusée de constater qu'on avait supprimé certains passages.

« J'ai tant affaire, et surtout tant à entendre et à voir, que mes yeux et mes oreilles ne me suffisent pas, et je sens combien je regretterai plus tard de ne pas avoir écrit un certain nombre de choses qui se passent devant moi. Mais, hélas! ma mémoire et mes facultés d'observer baissent d'une façon sensible.

« Demain, je vais pour la première fois à la Chambre des députés avec lord Hardwicke, dans la loge diplomatique. »

27 mars. — « M. de Vaublanc [1], ministre de l'intérieur, m'a dit hier, à dîner, chez l'ambassadeur, que pendant la Révolution il avait été cinq fois dénoncé, deux fois condamné à mort, mais jamais arrêté. Ses moyens pour échapper avaient toujours été les mêmes. Il mettait une chemise dans sa poche, prenait un bâton, et parcourait la France à pied dans toutes les directions. Dans ces expéditions, il n'avait été reconnu qu'une fois, et sauvé par une femme. Il était déterminé à ne jamais quitter son pays, croyant que l'émigration avait été une des causes certaines de la longue durée des malheurs de sa patrie. M. de Vaublanc ajouta : « Je n'aurais jamais pu « me résigner à être compté parmi ceux que je ne veux « pas nommer. » Sa conversation et son extérieur sont ceux d'un homme simple, intelligent et sensé. J'avais

---

[1] En 1797, M. de Vaublanc se réfugia pendant quelque temps en Suisse et en Italie. Il réorganisa l'Institut en 1816, et était lui-même un écrivain.

entendu parler M. de Vaublanc, le matin, à la Chambre des députés, sur un article du budget, du ton que doit prendre un ministre s'adressant à une assemblée représentative.

« La question était celle de nouveaux impôts, et il est digne de remarque que les ultra-royalistes, c'est-à-dire ceux qui veulent donner tous les pouvoirs au roi et sont en fait opposés à tout gouvernement représentatif, étaient ceux qui insistaient pour laisser les ressources les moins considérables à la disposition des ministres du roi. Ils eurent le dessus, jouant ainsi, quoique par des motifs tout à fait différents, le rôle de l'opposition populaire en Angleterre. M. de Vaublanc semblait trouver la question moins importante qu'elle ne me paraissait à moi, comme se rapportant directement à l'administration intérieure des amis du pays. »

Paris, vendredi, 29 mars. — « J'ai passé hier une agréable soirée avec Ward, Nugent Luttrell et notre hôte le comte Rœderer [1], qui dîna avec nous; ensuite nous nous rendîmes à un concert chez Mme Moreau : les femmes occupaient trois rangées de chaises autour d'une salle ovale, sans qu'un seul homme pût arriver près d'elles, ce qui rendait cette réunion peu agréable. A minuit, nous étions chez Talleyrand, c'est-à-dire chez la comtesse Edmond de Périgord [2], sa nièce, fille de la

---

[1] Comte Rœderer, pair de France et membre de l'Académie, né en février 1754. Il était membre de l'Assemblée constituante au commencement de la Révolution et fut ministre de Napoléon sous l'Empire. Il mourut subitement en décembre 1835.

[2] Dorothée, princesse de Courlande et duchesse de Sagan, née le 21 août 1795, de Pierre, dernier duc de Courlande, et de Dorothée, comtesse de Méden. Mariée, en 1810, à Edmond de Périgord, neveu du

duchesse de Courlande, et qu'il a séparée de son neveu auquel elle était mariée. Elle n'a pas vingt-cinq ans. Je n'ai jamais vu personne ressembler davantage à un joli serpent. Là, nous avons encore entendu de la musique, mais il n'y avait que Blangini[1], un pianiste, Mlle Renaud et un autre professeur qui chantait.

« La réunion ne comprenait pas plus de vingt-cinq personnes. Toute son ancienne société de joueuses. La duchesse de *** dit à *** qu'il entendrait peut-être jaser sur le compte de sa fille, la duchesse de ***, et de M***, mais qu'elle était heureuse de dire que leur liaison était rompue. « Car vous sentez bien tout ce qu'une « mère doit éprouver pour l'honneur d'une fille, et, « pour vous dire la vérité, *je n'ai jamais fort approuvé* « *cette liaison !* »

Samedi, 31. — « Je suis allée, ce matin, à la revue de la Garde royale ; il y avait au Champ-de-Mars entre huit à dix mille hommes. Un brillant soleil, malgré un vent d'est très froid, une foule de peuple et beaucoup de voitures rendaient ce spectacle fort gai. Comme je n'y restai pas trop longtemps, je fus très contente d'y avoir été.

« Madame passa et repassa devant les rangs dans une voiture découverte à six chevaux, après les princes et l'état-major à cheval. Au bout de chaque rang, lorsqu'ils y arrivaient, le peuple envahissait le talus qui entoure le Champ-de-Mars.

---

prince de Talleyrand, qui a rendu hommage à ses qualités brillantes dans ses Mémoires. Elle mourut pieusement à Sagan, en 1862.

[1] Joseph-Marc-Marie-Félix Blangini, musicien et compositeur très connu, né à Turin en 1784. Il est l'auteur de plusieurs opéras qui eurent du succès dans leur temps, et de nocturnes plus renommés maintenant.

« Les princes furent reçus avec force acclamations et cris de : Vive le roi ! Il y en eut fort peu pour Madame ; peu de chapeaux en l'air ou de mouchoirs blancs agités. Bref, on assure qu'elle est détestée du peuple, qui croit qu'elle ne rêve que vengeance et fanatisme. Ses manières, à ce que j'entends dire, ne sont ni aimables ni conciliantes avec les personnes d'un rang plus élevé. »

« Mᵐᵉ de Gontaut et Mᵐᵉ de La Ferronnays sont les deux dames désignées pour aller au-devant de la nouvelle duchesse de Berry, au pont de Beauvoisin.

« Si elle a le genre de beauté de l'autre princesse napolitaine[1], les nouveaux soutiens de l'empire des lis qui naîtront de ce mariage seront de jolis manches à balais...

« Nous sommes revenus par le pont d'Iéna, belle construction de tous points, mais beaucoup moins magnifique que le pont Sainte-Trinité à Florence. »

1ᵉʳ avril. — « La lettre du duc de Wellington au roi n'est connue ici que par l'intermédiaire des journaux anglais, et je n'ai pas encore vu le journal qui a publié les extraits.

« Si une telle lettre existe, elle doit avoir été dictée par toutes les puissances alliées, dont le duc de Wellington se trouve l'interprète, étant leur commandant en chef comme le nôtre. »

2 avril. — « Le soir, été au Théâtre-Français avec lord et lady Hardwicke ; on donnait l'*Homme du Jour*. Mˡˡᵉ Mars jouait dans la *Jeune personne*. Je ne suis pas enchantée d'elle. »

---

[1] La duchesse d'Orléans.

Miss Berry à Mme de Staël.

« Paris, 2 avril 1816.

« Je me trouve ici au milieu de vieilles connaissances que je suis très contente de revoir, et j'en fais, avec plaisir, de nouvelles ; enfin je m'amuse comme une reine, ou plutôt comme les reines ne s'amusent jamais. Par une heureuse chance, j'ai retrouvé d'anciennes relations dans tous les partis qui agitent et divisent maintenant ce pays, si extraordinaire par ses combinaisons d'esprit et de folie, de lumière et d'ignorance ! J'ai causé avec des ministres, des ultra-royalistes, des modérés enragés et non enragés, et je vous dirai ce que j'en pense lorsque nous nous rencontrerons, soit en Angleterre, soit sur les rives du lac de Genève. »

Extrait de lettre.

« Paris, dimanche 7 avril 1816.

« ... Hier, j'ai dîné chez Mme Moreau avec le duc de Richelieu, la maréchale Macdonald et sept ou huit autres personnes. J'ai eu, après dîner, le plaisir d'une petite conversation avec M. Laîné, président de la Chambre des députés, et avant mon départ il est venu deux ou trois hommes que j'ai été heureuse de voir, entre autres M. Hyde de Neuville [1], le plus violent ultra-royaliste de l'Assemblée... »

---

[1] M. Hyde de Neuville était fils d'un Anglais, fabricant de boutons, établi en France. Il entra dans la vie politique en 1797 et appartenait au parti de Clichy, qui cherchait à renverser le gouvernement d'alors. Il devint un des agents royalistes les plus actifs à Paris. A la fin de 1799, il agissait de concert avec Georges Cadoudal, d'Andigné et Bourmont. Son arrestation fut ordonnée, mais il se sauva en Angleterre, et en 1805 il s'embarqua en Espagne pour l'Amérique. Au retour des Bourbons,

Lundi matin. — « Mlle Georges était magnifique, hier soir, en Athalie; elle a produit beaucoup d'impression dans la plus grande partie de son rôle, mais le petit Joas était une misérable petite fille sans voix ni âme, toujours sur le point de faire une révérence.

« Le grand prêtre avait aussi une voix qui semblait sortir d'une profonde caverne, et plus lente que celle de Kemble dans les moments où elle l'est le plus. Je fus moins enchantée que je ne l'espérais, car je n'avais encore jamais vu représenter *Athalie*. Mais ensuite vint la *Belle Fermière*, seconde pièce, une des plus jolies et des mieux jouées que l'on puisse voir. Enfin il n'y a pas de distraction qui vaille le théâtre en France.

« J'ai été voir la duchesse des Cars, en haut des Tuileries; j'en avais été empêchée l'autre soir. Le duc des Cars[1] est premier maître d'hôtel du roi. Ils habitent un appartement composé de cinq ou six petites chambres basses, et pour y arriver il faut monter je ne sais combien de marches; c'est comme un entresol, juste sous le toit du palais. Il y avait là tous les Français que nous rencontrons dans la société, partout où nous allons, et quelques Anglais, principalement ceux qui vont à la cour. Les jeunes femmes françaises ne sont nullement accueillantes pour les étrangers, et encore moins pour

---

en 1814, il fut employé à différentes missions étrangères, et, après 1815, joua un rôle actif à la Chambre, du côté de l'extrême droite. Hyde de Neuville fut encore envoyé comme ambassadeur aux États-Unis, d'où il revint en 1822.

[1] Le duc des Cars, né en 1747, épousa en premières noces Mlle de Laborde, fille du banquier de la cour, et occupa une charge à la cour. Il émigra en 1791 et fut envoyé en mission par la famille royale à la cour de Suède. Il y resta jusqu'après l'assassinat de Gustave III, fut alors envoyé à Berlin et fit partie de l'armée prussienne. Puis il se remaria avec Mme de Nadaillac, qui fut exilée aux îles Sainte-Marguerite par le gouvernement impérial. On lui permit de se retirer en Touraine. Le comte des Cars fut créé duc en 1816.

ceux de mon âge; elles ressemblent autant que possible aux jeunes Anglaises, mais avec moitié moins de beauté et d'élégance. Ce n'est jamais dans ces sortes de grandes réunions que l'on peut faire quelque connaissance; du reste, on n'y va pas dans ce but, mais pour voir, et c'est très intéressant deux ou trois fois. Enfin, j'ai été contente de voir l'intérieur des Tuileries. »

Mardi, 9 avril. — « Aucun parti n'inspire de confiance, parce que tous ont trop bien prouvé leur manque de sincérité; voilà pour le moment la grande plaie de ce pays. Il n'en faut pas plus pour le conduire à une nouvelle dissolution du gouvernement. Le 29 mars, les ministres présentèrent leur projet de loi sur les élections et les questions financières qui s'y rattachent. Cela indisposa beaucoup le monde des Tuileries, les amis du roi, comme ils s'intitulent, et le parti royaliste ultra dans la Chambre. Ce dernier a eu l'audace, hier, de vouloir introduire par surprise le rapport de son comité à ce sujet, au milieu d'une discussion sur le budget, et sans en avoir prévenu ni avisé le président; il cherchait ainsi à faire passer quelque amendement violent qui aurait placé les élections entièrement entre les mains de la cour. Ce serait le moment de dissoudre l'Assemblée, qui compte une majorité sérieuse contre les ministres du roi, et qui laisse le gouvernement désarmé et le pays dans la méfiance.

« Mais voyez l'impuissance morale où conduit l'absence de sincérité et de bonne foi : les ministres, qui ne possèdent la confiance ni de la cour, ni du pays, ni des Chambres, qui sont accusés de faiblesse par les uns pour toute mesure libérale, et de despotisme par les autres pour tout acte de vigueur, s'opposent à la dissolution, dans la crainte (chimérique à mon avis) d'avoir une Chambre encore plus difficile à mener, pour des raisons tout opposées. Et les députés, qui se vantent d'avoir été élus librement, tremblent à l'idée d'être renvoyés devant leurs électeurs; ils ont pour la plupart, j'en suis persuadée, si peu d'espérance d'être réélus, qu'ils lèveront l'étendard de la révolte dans leurs circonscriptions non pas *contre*, mais *pour* le pouvoir absolu de la couronne, non pas *pour*, mais *contre* les droits du peuple. Ceci, tout en se croyant (et beaucoup le sont) de bons Français désirant la prospérité de leur patrie. »

Mercredi, 10. — « Le matin, je suis allée avec les maréchales Moreau et Macdonald visiter l'intérieur du Luxembourg, maintenant Chambre des pairs ; c'était auparavant le Sénat de Bonaparte. L'arrangement et la décoration de ce palais sont ce que j'ai vu de meilleur goût en France.

« Nous avons traversé une orangerie pour aller au grand escalier, où se trouvent dans des niches plus d'une douzaine de statues en marbre de différents personnages ayant joué un rôle pendant la Révolution, mais pas une des héros de la Terreur. Deux ou trois salles de réunion sont aussi ornées de bustes en marbre des gens les plus remarquables des vingt-cinq dernières années. Quelques-uns de ces bustes sont bons, mais la plupart très mauvais.

« La Chambre des pairs est semblable, pour la grandeur, la forme et la décoration, à la Chambre des députés, mais plus magnifiquement meublée de velours bleu foncé. La salle dans laquelle le roi se retire, lorsqu'il vient à l'Assemblée, contient quatre énormes tableaux représentant des batailles de Bonaparte; ils sont maintenant recouverts de drap vert.

« Le buste en bronze du roi est placé sur une estrade, entre quatre colonnes de porphyre. On y voyait autrefois une statue grandeur naturelle de Bonaparte. De l'autre côté, sur le mur, Bonaparte est représenté sous les traits de Mars auquel une Victoire offre une couronne de lauriers.

« La galerie de Rubens, où l'on voit au plafond Marie de Médicis peinte par Rubens, est d'une conservation parfaite et me surprit par la beauté, la variété, la richesse des couleurs, et par la composition de plusieurs autres peintures.

« Deux autres pièces, contenant des ports de mer par Vernet, dépassèrent ce que j'attendais. Je n'en puis dire autant des tableaux représentant l'histoire de saint Bruno par Le Sueur, dont j'avais tant entendu faire l'éloge lorsqu'ils étaient dans l'intérieur du couvent des capucins, où l'on ne pénétrait que difficilement. A l'exception de deux ou trois, et particulièrement de la mort de saint Bruno, je n'en aime ni la composition ni la couleur, pas même le dessin.

« Du Luxembourg, nous avons été au couvent des Dames-Anglaises, faubourg Saint-Marceau, pour voir la fille de la maréchale Macdonald, qui y est en pension avec d'autres jeunes filles.

« J'ai été un moment dans la tribune de l'église, dans laquelle six vieilles femmes chantaient l'office avec cinquante jeunes filles pour auditoire. Le couvent vient à peine d'être rendu à son ancienne destination.

« Pendant la Révolution, il a servi de prison pour les femmes, et longtemps les religieuses ont eu la permission d'en être les geôlières.

« L'Assemblée s'est réunie hier et a eu gain de cause contre le roi et les ministres pour empêcher la réélection d'un cinquième des députés cette année. Elle a voté par là sa propre existence pour les cinq ans au plus autorisés par la Charte. Je répète que c'est le moment pour le roi d'user de son droit de dissoudre la Chambre et de s'en rapporter à la Nation pour le choix de représentants qui comprennent et servent mieux ses véritables intérêts[1]. »

Paris, samedi, 13 avril. — « Le vendredi saint a été la seule belle journée que nous ayons eue depuis que nous sommes ici. Je suis allée avec Mme Moreau dans un élégant landau à Longchamps, où tous les Anglais ont pu s'assurer que, par le plus vilain dimanche qui ait jamais lui sur Hyde Park, on y voit vingt fois plus de beaux équipages qu'en ce jour unique de gala où se produisent tous les chevaux et les voitures de Paris. Bref, ce genre de luxe n'est pas encore redevenu à la mode, et Longchamps offrait à la vue une file de fiacres sales et de cabriolets, interrompue de temps en temps par une barouche propre et une ou deux voitures étrangères à quatre chevaux. Là cependant, je me suis beaucoup amusée à examiner le peuple et les curieux. Je suis restée jusqu'après six heures. »

Lundi matin, 15 avril. — « Hier, il y a eu un véritable et violent ouragan de neige toute la journée depuis midi, et, je crois, toute la nuit.

« Ce matin, la terre était couverte de neige comme au milieu de l'hiver, et la tendre verdure des arbustes, ainsi que les bourgeons des arbres, se courbaient sous

---

[1] Les Chambres furent dissoutes le 6 septembre de cette année 1816.
(Note de miss Berry.)

son poids. Elle a disparu au milieu de la journée, mais il souffle un vent aussi froid qu'à Noël, et il vient de tomber de la grêle. Jamais on n'a vu ici un temps pareil dans cette saison ; cependant, comme le dit Mme de Staël, c'est la mode de n'y faire attention ; ainsi, au plus fort de la tourmente, à trois heures, hier, nous avons été à l'église de l'Oratoire, aujourd'hui donnée à la religion réformée. Nous avions obtenu du ministre principal de cette église, qu'après son culte, on nous lirait notre service anglican et qu'on nous donnerait la communion. Le service fut célébré par Pepys et un autre jeune pasteur d'ici. Nous avons tous reçu la communion avec plus de cent autres personnes devant une nombreuse assistance de gens du peuple (car naturellement l'église était ouverte), et je ne pus m'empêcher de remarquer l'attention sérieuse et la curiosité avec laquelle ils observèrent ce qui se passait. Nous sommes revenus de l'église au milieu du même ouragan de neige.

« Le soir, j'ai été chez la princesse Jablanowski, surtout pour y voir Mme Walewska[1]. Eh bien, après tout ce que j'en avais entendu dire à Naples, je m'attendais à trouver une personne sinon belle au moins intéressante, élégante, animée, ou tendre et languissante. Rien de tout cela. C'est une grande femme fortement charpentée, et qui n'a rien de séduisant à mon avis. Elle a environ vingt-six ou vingt-sept ans. »

Lundi, 15. — « Le soir nous avons été au Théâtre-Français voir la *Mort de Pompée*. On a été obligé de supprimer six ou huit lignes de la première tirade. Cette

---

[1] Marie Lakainska, comtesse Walewska, célèbre par la passion qu'elle avait inspirée à Napoléon Ier, dont elle eut le comte Alexandre Walewski, né en 1810. Elle épousa, en 1816, le comte Ornano, et mourut en 1817.

pièce contient encore de quoi fournir à de fortes allusions, mais elles arrivent trop tôt ou trop tard. »

Mercredi, 17. — « J'ai été, en suivant les boulevards, au Jardin des Plantes, où nous avons rencontré lady Hardwicke et Élisabeth, et nous avons fait une charmante promenade, car le Jardin des Plantes, tel qu'il est arrangé aujourd'hui, est un endroit des plus jolis et des plus amusants, avec tous les animaux et les oiseaux vivant fort à leur aise dans la partie que l'on appelle la Ménagerie.

« Il paraît que j'ai la réputation, parmi les jeunes femmes élégantes, d'être « une femme de beaucoup « d'esprit »; et je la conserverai certainement, car nos conversations ne sont pas de celles où on pourrait s'apercevoir du contraire. Les femmes plus âgées, soit qu'elles s'en rapportent à leur propre jugement, ou à ce que leur disent leurs filles ou nièces, me traitent et me parlent comme si elles étaient du même avis. »

Jeudi, 18. — « Dans la matinée, j'ai fait une énorme marche. Nous avons été d'abord chez Gérard, le peintre, qui est un homme bien plus agréable et intelligent qu'il n'est bon peintre. Le soir, je suis allée chez Mᵐᵉ de Souza (mère de M. de Flahaut), que je voulais voir, et j'ai trouvé là M. Gallois[1], que lord Lansdowne m'avait recommandé d'écouter si je le rencontrais; mais, chose extraordinaire, il parla peu. »

---

[1] Jean-Antoine Gaudin Gallois, connu comme économiste et membre de l'Institut. En 1791, il fit un rapport à l'Assemblée législative sur l'état de la Vendée. Il défendit, en 1814, la liberté de la presse. Le retour de Napoléon mit fin à ses travaux législatifs, et il n'occupa plus de situation importante. Gallois traduisit l'ouvrage de Filangieri, *la Science de la législation*. (*Dict. des contemporains.*)

Lundi, 22. — « Je suis partie à huit heures et demie avec lord Hardwicke pour le tribunal où devait avoir lieu le procès de nos trois Anglais, Wilson, Hutchinson et Bruce. Je n'en suis revenue que le soir à près de six heures. Le prétoire est plus petit et moins orné que je ne m'y attendais. La manière dont le président interroge les prisonniers est étrange pour nos oreilles anglaises ; la déposition du *pauvre diable* Guichelin avait de quoi faire mourir de rire, par sa façon d'éluder tout ce qu'il avait à dire, ou plutôt de le cacher, sous une avalanche de mots sans aucun rapport avec le sujet.

« Je retourne demain au procès, ce qui est très fatigant, car il faut arriver peu après huit heures pour avoir une place passable. Mais tous les procès m'intéressent, et celui-là tout particulièrement. La procédure française, lorsqu'il ne s'agit pas de vie ou de mort, est si contraire à toutes nos idées de justice, qu'on s'étonne qu'un peuple aussi intelligent soit encore si loin de la vérité malgré tous ses codes et ses constitutions. J'avoue que nos compatriotes ont eu une très mauvaise attitude. On les a tous interrogés aujourd'hui, et selon moi ils savaient trop peu de français pour se risquer à le parler en public. Bruce a péroré d'un air d'affectation et de dédain. »

Paris, jeudi, 25 avril. — « Dieu merci, le procès s'est terminé hier, sans m'avoir infligé une migraine, mais il a rempli ces trois jours ; car après m'être levée vers sept heures et en avoir passé chaque jour huit ou dix au tribunal, où la chaleur était étouffante et la foule très grande, j'étais incapable, en rentrant chez moi, de faire autre chose que manger, boire et dormir. Cela a beaucoup retardé toutes mes affaires, mais cela m'a vivement intéressée. Hier, défense des prisonniers anglais par leur avocat, Mᵉ Dupin, qui remplit admirablement son office; il a parlé avec beaucoup de franchise et d'éloquence, tout en évitant ce qui pouvait être offensant (il a été un des défenseurs du maréchal Ney); sir Robert Wilson et Bruce ont l'un et l'autre fait un discours. Wilson [1] d'abord; il s'en est bien tiré, sauf sa très mauvaise prononciation, que tout le monde semblait excuser. Son discours produisit beaucoup d'effet et à bon droit, je crois, car il a tenu le langage d'un soldat et s'est montré énergique et modéré tout à la fois; heureusement pour lui, personne ne fit allusion au point vraiment faible de sa cause, au fait de s'être procuré des passeports sous de faux prétextes et pour des personnes qui n'existaient pas; ainsi il n'a pas eu à se défendre sur la seule circonstance indéfendable au point de vue anglais [2], mais les Français, avec leur manque de franchise et de probité, n'en auraient pas jugé ainsi. C'était pour eux une chose si insignifiante que les magistrats la passèrent sous silence. Hutchinson a eu le bon sens de se taire. Bruce, dans un style fleuri, a parlé à la fois de Montesquieu, de La Fontaine, de Henri IV, du chevalier Bayard,

---

[1] L'évasion de M. de Lavalette, favorisée par sir Robert Wilson, fut concertée avec la princesse de Vaudémont, qui alla chercher Mᵐᵉ de Lavalette dans son hôtel, rue de la Pépinière, 64, et la couvrit de sa pelisse. La Valette fut ensuite caché par M. Bresson, au ministère des Affaires étrangères. Sir Robert Wilson l'emmena en cabriolet jusqu'en Belgique.

[2] La conduite de sir Robert Wilson ne fut pas envisagée de même par les Horse-Guards en Angleterre. Le 10 mai, dans l'article *Ordres généraux*, parut une censure très nette de la conduite de sir Robert Wilson et du capitaine Hutchinson. On y trouve le passage suivant : « Son Altesse Royale considère les moyens par lesquels cet acte a été accompli comme non moins répréhensibles que la chose elle-même, car Son Altesse Royale ne peut admettre qu'aucune circonstance puisse justifier un officier d'avoir obtenu, sous de faux prétextes et des noms supposés, des passeports du représentant de leur souverain. »

de la révolution d'Angleterre de 1688, des Bédouins du désert, des Druses du mont Liban, de l'Alceste française (c'est ainsi qu'il appelait Mme de Lavalette), enfin, du romanesque de l'aventure dans laquelle il était fier d'avoir joué un rôle. Les jeunes avocats trouvèrent cela très beau, du moins ce qu'ils en comprirent ; c'est ainsi qu'ils auraient traité la question. Les personnes plus âgées admiraient Wilson, mais disaient que Bruce avait le ton d'un mauvais comédien. Cependant il y eut de grands applaudissements lorsqu'il se rassit, et il ne fit, je crois, ni bien ni mal à sa cause, car le fait que Wilson et Bruce reconnaissaient, et dont ils se glorifiaient, était indéniable. Une punition s'imposait donc. Le jury ne resta pas absent plus d'une heure, il avait à juger trois Français aussi compromis que les trois Anglais. Le bon ordre fut maintenu dans l'auditoire ; il était très justement défendu d'applaudir ou de donner des marques de désapprobation.

« Il y avait beaucoup de femmes, mais lady Glengall, lady Conyngham et Mrs Crosbie étaient les seules Anglaises de ma connaissance qui eussent suivi assidûment les débats. Je ne crois pas, quelque chose que l'on puisse dire, que ce procès ait excité un bien vif intérêt ailleurs que parmi les amis personnels de Lavalette. »

Paris, dimanche, 5 mai 1816. — « Je suis restée longtemps ce matin dans la bibliothèque de notre hôte le comte Rœderer, qui est un homme très intéressant et très bien informé par suite du grand rôle qu'il a joué pendant toute la Révolution. Lui et moi, sommes de grands amis, et je vais le voir dans sa bibliothèque quand cela me plaît, ou plutôt quand je le puis, ce qui n'est pas moitié aussi souvent que je le voudrais.

« J'ai été avec lady H... et Élisabeth à Bagatelle, maintenant restitué à Monsieur. »

Mercredi. — « J'ai passé une matinée des plus intéressantes au château de Vincennes, que j'ai visité de la cave aux greniers, ainsi que tous les cachots, etc., etc., les chambres où était Palafox[1], celles occupées par les deux Polignac[2], etc... Il ne s'y trouve pas de prisonniers en ce moment. La plus grande partie des caves du donjon sont maintenant remplies de munitions de guerre, tout le château sert de dépôt militaire et non de prison. L'extérieur de la chapelle, qui est très grande, est d'un style gothique magnifique. L'intérieur est encombré par une grande charpente à plusieurs étages qui sert de magasin à provisions. C'est d'en haut, par une fenêtre, que j'ai pu voir combien cette chapelle est belle et ornée ; sur une partie du plafond en plâtre subsiste encore le chiffre d'un Henri, j'ai oublié lequel. »

Vendredi. — « J'ai été à la Malmaison avec Mme Moreau et Mme la duchesse de Raguse (Mlle Perrégaux, mariée à Marmont, dont elle est séparée). Nous avons visité toute la maison, les jardins, les serres, et vu toutes les belles plantes de Lee et de Kennedy.

[1] Don Joseph de Palafox, né en 1780, d'une ancienne famille d'Aragon. Il fut le brave défenseur de Saragosse en 1808. Cinquante-quatre mille personnes périrent durant ce siège. Palafox fut envoyé prisonnier en France et enfermé à Vincennes jusqu'en décembre 1813.
(*Dict. des contemporains.*)

[2] Armand-Jules de Polignac, dont la malheureuse carrière publique se termina par la chute de Charles X. Il avait été condamné à mort en 1804, pour avoir participé à l'entreprise de Georges Cadoudal. Les prières de sa femme, appuyées par Joséphine, firent commuer sa peine en un emprisonnement. Il fut enfermé quatre années à Ham et quatre à Vincennes. Son frère Jules fut également mis en prison pour la même cause.

« Le parc de la Malmaison et le jardin sont très jolis, quoique plats; l'arrangement de la galerie, quand tous les tableaux, vases, etc., y étaient, devait être superbe. On y voit encore une grande abondance de marbres; mais combien Chiswick, et, en vérité, plusieurs de nos villas secondaires, pourraient rendre des points à la Malmaison! La chambre et le lit dans lequel mourut la pauvre Joséphine[1] sont entièrement dorés, et le couvre-lit brodé d'or sur écarlate est d'une magnificence ridicule pour une telle habitation. La chambre à coucher voisine, en soie lilas et blanche, est celle que Bonaparte occupa la dernière nuit qu'il passa dans les environs de Paris.

« La serre, qui a cent cinquante pieds de longueur, est remplie de fleurs et entretenue par un jardinier très intelligent. Tout ceci appartient à Eugène Beauharnais, qui, dit-on, va le louer; mais l'entretien doit coûter fort cher. Les Prussiens y sont venus à leur dernière entrée dans Paris, pendant quelques heures; ils ont brisé quelques petites choses et emporté des housses de tabourets garnies de franges; cependant il est étonnant que les dégâts n'aient pas été plus considérables.

« Le soir, nous avons eu une très brillante réunion *chez nous*[2]; il y avait plus de cent cinquante Anglais et Français. Les rues et les ministères étaient brillamment illuminés pour l'anniversaire de la première rentrée du roi. »

[1] L'impératrice Joséphine mourut le 24 mai 1814, et fut enterrée dans la petite et ancienne église de Rueil, où un monument est érigé à sa mémoire; il porte le chiffre J. B. et l'inscription :

A JOSÉPHINE

EUGÈNE ET HORTENSE

[2] A l'ambassade d'Angleterre.

Dimanche, 5. — « Le matin, j'ai été à la galerie du Louvre, où il reste tant de belles choses, qu'il n'y a certainement pas lieu de se plaindre. Les statues, qu'on travaille avec grand zèle à replacer, sont également nombreuses et dignes d'admiration. L'emplacement et la décoration sont superbes, et on a ajouté plusieurs colonnes de marbre depuis ma visite, en 1802. »

« Je serais bien fâchée de continuer deux mois de plus la vie que je mène ; j'en ai assez, c'est une existence qui n'a jamais été de mon goût. Je me suis beaucoup divertie, mais j'accueillerai maintenant avec joie le tranquille pain quotidien de la vie de famille avec son petit cercle qui me donnera à la fois le temps et l'occasion de digérer tout ce que j'ai vu et entendu et d'en parler ; je puis dire comme la duchesse de la Ferté : « Il « n'y a que moi qui aie raison sur le compte des Fran-« çais. » Quand vous saurez tout ce que j'ai entendu et vu, vous le penserez aussi. »

Paris, jeudi, 9 mai 1816. — « Lundi soir, j'ai été au Théâtre-Français, et je m'y suis bien amusée. On donnait le *Misanthrope* et la *Suite d'un bal masqué*. Mlle Mars jouait dans les deux pièces ; elle y est si parfaite, qu'elle a enfin complètement fait ma conquête, ainsi que celle du reste du monde... Mardi, nous avons passé une journée très intéressante à Versailles, que je n'avais jamais bien vu et presque entièrement oublié. Nous étions heureusement peu nombreux : lord et lady H., Élisabeth et moi. Nous avons tout vu à fond, nous avons dîné à Versailles, et nous sommes revenus ici prendre le thé. Nous sommes entrés dans le château par le jardin, où les voitures ne peuvent circuler ; on nous en fit descendre avec beaucoup de politesse. Puis nous avons visité tout le palais. Il n'est pas meublé, mais on a nettoyé et réparé les dorures, qui sont presque toutes du temps de Louis XIV et encore très fraîches. Les appartements du roi et de la reine et la galerie qui les sépare sont vraiment magnifiques, sans être ce que l'on appelle de bon goût; les plafonds, tous peints et sculptés dans le style italien. La galerie de Lebrun, admirable. Plusieurs grandes peintures de Paul Véronèse sont encadrées dans les murs de différentes pièces. Le cabinet de toilette et la bibliothèque particulière de la reine donnent sur une petite cour du château qui n'a pas vingt pieds carrés. La fenêtre qui est au milieu des trois qui forment le centre du château, et qui a un balcon, est celle où la famille royale se montra lors de la première invasion de la populace à Versailles. La chapelle est étroite et mal proportionnée. Nous avons vu la place de la tribune de Mme de Maintenon ; c'était dans la galerie du roi, elle y entrait par une porte de côté donnant dans son appartement. A une période plus récente, Mme du Barry était placée dans la première arche entre les colonnes. J'ai été sur le toit avec lord Hardwicke. On s'y promène très confortablement; c'était là que Louis XV et Louis XVI faisaient leurs excursions nocturnes, et quelquefois entendaient, par les tuyaux des cheminées, des secrets de la cour, ainsi que de désagréables vérités. Les jardins sont superbes et tout à fait en rapport avec l'immensité et la magnificence d'un palais tel que Versailles. L'orangerie, digne du lieu, c'est tout dire, contient deux cent vingt-neuf énormes orangers dans des caisses, sans compter des centaines de plus petits. Le plus vieux de ces orangers a été planté par un connétable de Bourbon en 1453, dit-on. Après dîner, nous avons fait une longue promenade dans les jardins. On y voit le Bosquet, les Bains d'Apollon et des rochers bien disposés. Les groupes de sculpture, qui sont très beaux par eux-mêmes, sont mal placés.

« Je n'avais auparavant aucune idée de la splendeur de Versailles ni de la grande influence que ce palais a dû avoir sur les arts de son temps. Mais, si quelque chose était nécessaire pour détourner du désir de porter une couronne, ce serait l'idée de passer sa vie, du matin au soir, et du soir au matin, dans les appartements dorés de Versailles. Mais combien l'intérêt du visiteur est excité par les souvenirs et les scènes que rappelle cet endroit! depuis la tribune de Mme de Maintenon dans la chapelle, jusqu'à la porte par laquelle l'infortunée Marie-Antoinette échappa aux meurtriers, déjà entrés dans sa chambre dorée, pour gagner celle du roi et se mettre sous sa protection ! »

Samedi, 11. — « Le soir, nous avons été chez Mme Récamier. Elle avait la migraine et était étendue sur une chaise longue, entourée de douze ou quinze hommes. Comme femmes, il n'y avait là que Mme Moreau et Mrs Patterson, l'ex-femme de Jérôme Bonaparte. Mrs Patterson est jolie, mais sans grâce. Elle n'est pas du tout timide. »

Extrait de lettre. — *Dimanche, 12.* — « Nous avons été dans la soirée chez Mme des Cars, dans les greniers des Tuileries, où tous les ultra-royalistes et personne d'autre se réunissent le dimanche. »

Journal. — *Jeudi, 16.* — « Dans la matinée, nous sommes allés aux Tuileries pour voir les appartements du roi. On y est admis par l'ordre de M. le comte de Pradel, quand le roi est sorti, entre trois et cinq heures.

Ils sont magnifiques. Le plafond de la galerie de Diane est superbe. La chapelle n'a rien de particulier ; un seul drapeau est placé à côté de l'autel, c'est celui du régiment qui seul resta fidèle à Monsieur le duc d'Angoulême. Je ne l'aurais pas autant remarqué s'il n'avait été unique. Un très beau théâtre a été construit par Bonaparte dans l'ancienne salle de concert. On travaille maintenant à arranger une pièce pour servir de salle de bal, de salle à manger ou de théâtre, à volonté ; mais pardessus tout on s'occupe de retirer les N. placés partout, dans tous les palais et tous les monuments publics. »

Vendredi, 17. — « Visite chez la princesse de Vaudémont, qui nous attendait dans son château. C'est une très jolie villa française sur les bords de la Seine, à deux lieues à peu près de Paris[1]. La maison, le jardin et la cour sont arrangés moitié à la française et moitié à l'anglaise.

« Il y a aussi une basse-cour remplie des plus belles volailles que j'aie jamais vues, et un grand potager, tenu le mieux du monde par un jardinier et six aides. Tout autour de la maison règne une large balustrade, ou plutôt un balcon en bois, couvert par devant, et formant ce qu'on appelle une véranda, sur laquelle donnent les pièces principales. »

Samedi, 18. — « Nous avons été à Saint-Cloud. La situation est délicieuse, gaie et grandiose. Les appartements sont moins beaux que je ne me les représentais, étant donné que c'était le séjour favori de Bonaparte. La galerie est très belle. Ici, les grands appartements donnent sur un jardin privé du palais, qui communique

---

[1] A Suresnes.

par une grille de fer avec le jardin public où sont les fontaines.

« Mme la duchesse d'Angoulême vient souvent ici en voiture, de Paris, et alors se promène à cheval dans le parc et la forêt. Elle y était le même jour que nous, et nous l'avons vue en face des grandes eaux. La terrasse des jardins publics, avec ses grands arbres le long de la rivière, la Seine avec ses nombreux bateaux, et une route très fréquentée entre la rivière et le jardin, sont charmantes. De l'autre côté, il y a de petites baraques, toutes occupées pendant la foire et le séjour de la cour. »

Lundi, 20. — « Nous partons pour Saint-Germain. Les environs en sont très jolis. L'intérieur du château est totalement dévasté, et si changé et si négligé, qu'il est presque impossible de retrouver l'appartement royal. Il ne reste rien qu'un grand salon qui a été autrefois un théâtre, et où l'on voit encore le chiffre et la devise de François Ier, et trois petites pièces dorées qui doivent dater du temps de la minorité de Louis XIV.

« Toute cette moitié du château, comprenant les appartements habités par *notre Jacques* et sa famille, a été divisée en deux dans sa hauteur, et est réduite aujourd'hui à deux entresols, occupés, pendant la Révolution française, par une école militaire de cavalerie qui n'existe plus, de sorte que la plus grande partie du château est abandonnée, et le reste sert de caserne à des officiers du dépôt de cavalerie en garnison permanente ici. La ville a un aspect moins florissant que celles des environs de Paris que j'ai déjà vues. La terrasse est belle, comme longueur et comme vue. Le bois, situé derrière la terrasse, est coupé, comme tous les bois français, en étoile, charmant dans sa première verdure et rempli de rossignols.

« Nous sommes revenus en bateau. Le soir, je suis allée dans deux guinguettes côte à côte aux Champs-Élysées, « le Pavillon de Flore » et le « Salon de Mars ». On ne peut pas voir deux salles de bal plus joliment arrangées et où l'ordre soit mieux observé. »

Jeudi, 23. — « Nous avons quitté Paris à midi, et nous sommes arrivés à sept heures à Beauvais, de sorte que j'ai eu le temps d'y visiter la cathédrale. C'est une belle église gothique, les arcs de la nef sont plus beaux et plus hardis que ceux d'York. Les fenêtres surpassent tout ce que je pouvais imaginer comme vitraux ; ils sont du même genre que ceux de Canterbury et infiniment plus beaux. Comment ont-ils échappé à la Révolution ? C'est ce que je ne puis m'expliquer. »

Dimanche, 26. — « A six heures du soir, nous sommes arrivés à Douvres. L'officier de la douane était malheureusement de mauvaise humeur ; il garda mon sac de nuit et mon nécessaire de toilette, et au lieu de terminer l'examen des malles il les ouvrit et jeta le contenu des unes dans les autres, de façon à détériorer tout ce qui était dedans. Je me plaignis en vain, et je fus obligée d'emprunter des vêtements de nuit à la maîtresse de l'auberge. »

Lundi, 27. — « L'officier de la douane d'hier soir a été encore plus brutal aujourd'hui. Je crois qu'il avait été blâmé pour la manière dont il m'avait traitée, et cela le rendit pire encore. Il garda tous mes souliers, des morceaux de robes, des objets qui avaient été marqués et me fit payer pour des fleurs qui avaient été portées, etc. Je vis bien que l'officier supérieur de la douane désirait qu'il se conduisît mieux et qu'il rendît ce qu'il avait pris, mais il ne put l'obtenir. »

A peine remise des fatigues de ce voyage, Mary Berry repartit pour la France avec son père et sa sœur. Ils se proposaient de passer ensuite l'hiver en Italie.

Lundi, 26 août 1816. — « Partis de North Andley Street. »

Mardi, 27. — « Arrivés à Douvres à trois heures. »

Mercredi, 28. — « Fait voile par le bateau-poste capitaine King; soixante-cinq passagers et quatre voitures. Heureusement, le temps était beau. La traversée dura quatre heures. Tout le monde resta sur le pont, et peu de personnes furent malades. »

Jeudi, 29. — « Arrivés à Montreuil. »

Vendredi, 30. — « Couché à Grandvilliers. »

Samedi, 31. — « Partis de Grandvilliers et arrivés à Paris vers cinq heures. »

Mardi, 10 septembre. — « En revenant de l'Opéra, nous avons appris la nouvelle du bombardement d'Alger par lord Exmouth[1]. Cette nouvelle était arrivée d'Al-

---

[1] Édouard Pellew, premier vicomte Exmouth, né en 1757. Au retour de Napoléon de l'île d'Elbe, lord Exmouth se rendit à son commandement dans la Méditerranée, et, entre autres exploits, conclut le traité avec Alger, Tunis et Tripoli, pour l'abolition de l'esclavage chrétien. Après la restauration de la paix en Europe, ces traités furent indignement enfreints. Exmouth fut envoyé pour châtier le dey d'Alger, et le résultat fut la bataille d'Alger, le 26 août 1816. Exmouth reçut les compliments des deux Chambres et fut créé vicomte. Il fut ensuite nommé au commandement en chef de Plymouth et mourut en 1833.

ger au duc de Richelieu en dix jours. Notre ambassadeur envoya le même soir un courrier à Londres. »

Mercredi, 11. — « Le soir, nous avons été à l'Odéon pour voir le *Chevalier de Canolles* et le *Chemin de Fontainebleau.* Cette seconde pièce, donnée à l'occasion du mariage du duc de Berry. »

Dimanche, 15. — « A Saint-Cloud. Les fontaines jouaient, il y avait une fête, et vraiment une des plus belles que j'aie encore vues. Au moins cinquante mille personnes s'amusant de toutes manières, mangeant, buvant, dansant, jouant à toutes sortes de jeux sans se quereller, sans se griser et sans endommager le moins du monde les magnifiques jardins du palais, ne touchant même pas à une fleur. Pour juger la nation française sous son bon côté, il faut la voir dans ses amusements. »

Mercredi, 18. — « Quitté Paris pour Fontainebleau. »

SIXIÈME VOYAGE

1818

Après la mort de M. Berry en Italie, miss Berry continua ses voyages avec sa sœur et revint en France en 1818.

Lundi, 5 juillet 1818. — « M. de Duras nous a donné des billets pour cette semaine dans la loge du gentilhomme de service. Je suis arrivée à temps pour voir la dernière scène de Talma dans *Manlius*. C'était le soir de sa rentrée au théâtre, après une longue absence. Lorsque le rideau tomba, on le rappela avec un bruit et une agitation rappelant plus Londres que Paris. Trois fois on commença la seconde pièce, dont il fut impossible d'entendre un mot, trois fois les deux actrices qui devaient y jouer se réfugièrent dans les décors de côté. A la fin, pendant que Baptiste Cadet s'avançait pour parler au public, un officier de police avec son écharpe annonça que, par ordre de la police, il était défendu aux acteurs de paraître sur la scène en dehors de leurs rôles. On peut s'étonner de cette règle, qui empêche les spectateurs de donner, et l'acteur de recevoir des marques d'approbation. On a beaucoup à apprendre dans ce pays sur le *ne quid nimis* en fait de gouvernement. Enfin, on demanda au public s'il voulait entendre la seconde pièce, *l'Aveugle clairvoyant*. Aux oui réitérés du parterre, on répondit : « Vous l'aurez quand « ces misérables criards auront cessé. » Là-dessus le bruit recommença pendant plusieurs minutes, après quoi nous avons entendu la pièce, très bien jouée et très amusante. »

Mardi, 7. — « Dîné chez lady D. Hamilton et vu l'opéra-comique *le Chaperon Rouge*, un joli opéra composé sur une histoire de ma mère l'Oie. La musique est d'Auber. »

Mercredi, 8. — « Nous avons été ce soir chez Mme Crawford[1], où nous avons rencontré le duc de Wellington, le duc de Guiche avec sa fiancée, fille de Mme d'Orsay et petite-fille de notre hôtesse. »

Vendredi, 10. — « Dans la matinée, nous sommes allées chez le peintre Gérard avec ma sœur. Je n'ai vu que ses peintures. Le grand tableau de l'entrée d'Henri IV à Paris est inférieur à ce que promettait l'esquisse. Il a tous les défauts de l'école moderne française. Je ne pense pas que les dernières œuvres de Gérard soient aussi bonnes que celles d'il y a quelques années. »

---

[1] Mme Crawford était de naissance italienne. Dans sa première jeunesse, elle accompagna un Anglais dans l'Inde et faillit être noyée en revenant. Elle vécut ensuite avec le duc de Wurtemberg, dont elle eut deux enfants, qui furent le général Francmont et une fille, qui épousa le général d'Orsay, père du comte Alfred d'Orsay et de la duchesse de Guiche, depuis duchesse de Gramont. Elle finit par épouser un vieil Anglais, M. Crawford. Elle était reçue par le corps diplomatique et toute la meilleure société française. (Note de l'éditeur anglais.)

Samedi, 11. — « Le soir chez Gérard, où j'ai trouvé Grassini et sa sœur chantant accompagnés par Paër [1]. Grassini est vieux, mais paraît encore extraordinairement bien conservé. Sa sœur n'est pas jolie, mais elle a une belle voix de contralto qui fera sa fortune dans les théâtres italiens. »

Dimanche, 12. — « Le matin, au service; ensuite nous avons été voir les Raphaëls espagnols, qui sont maintenant entre les mains de M. Bonnemaison, le marchand de tableaux. La *Madonna del Pesce* est plus belle encore que je ne me le figurais; la *Madonna della Perla*, à mon avis, est beaucoup moins bonne. Une *Mater dolorosa*, du Guide, est une des plus belles choses qui soient jamais sorties de son pinceau; enfin un Murillo, sorte de Sainte Famille, bourgeoisement traité. »

Lundi, 13. — « Dans la matinée, la duchesse de Duras [2] nous a menés chez M. de Lestrie afin d'y voir le procédé pour prendre des impressions lithographiques, lequel n'est pas autre chose que la manière ordinaire de graver sur cuivre. De chez le lithographe, nous sommes retournés au Louvre. Ce n'était pas un jour

---

[1] Ferdinando Paër, éminent compositeur de musique, né à Parme en 1774. Il fit jouer, en 1795, deux ou trois opéras à Vienne, et devint maître de chapelle à Dresde, en 1801.

Après la bataille d'Iéna, il entra au service de Napoléon, l'accompagna à Posen et à Varsovie, et fut ensuite nommé maître de chapelle de l'impératrice Marie-Louise. Après la restauration des Bourbons, Paër devint directeur, à Paris, du théâtre Italien, jusqu'en 1825.

Parmi ses meilleurs opéras, on cite *Aguesi*, *Griselda* et *Sargino*. Il mourut en 1839.

[2] Claire-Louise Rose Bonne de Kersaint, née à Brest le 22 mars 1777, mariée en 1797 à Amédée, duc de Duras. Célèbre par ses qualités de cœur et d'esprit, l'attachement que lui voua Chateaubriand, et auteur de plusieurs romans, dont *Ourika* et *Édouard* sont les plus connus. Morte en 1829.

public, aussi étions-nous seules dans les salles. Elles sont disposées à merveille, avec le goût le plus parfait, et quels trésors il y reste encore! Ceux qui n'ont pas vu l'Apollon et le Laocoon ne voudraient jamais croire qu'il manque quelque chose à une si belle collection. »

Jeudi, 16. — « Nous avons été le matin, Agnès et moi, chez Mrs Crawford pour voir les tableaux[1]. Les portraits sont réellement intéressants pour ceux qui s'occupent d'histoire de France. Mrs Crawford mena ma sœur dans sa chambre, qui est remplie de toutes sortes de belles choses. Le mobilier de ces gens doit valoir des millions. »

Mercredi, 22. — « Très petite réunion chez Gérard. On y voyait, parmi d'autres personnes, Mme Brouard, auteur des *Suites d'un bal masqué*, et sœur de Talma. »

Jeudi, 23. — « Le soir, nous avons été chez Mrs Crawford avec lady Élisabeth et lord et lady Hardwicke. C'était le jour du mariage de sa petite-fille, Ida d'Orsay, avec le duc de Guiche. Dans la seconde pièce se tenaient les jeunes époux; la mariée, vêtue de blanc, avec des fleurs d'oranger, une branche de fleurs d'oranger aussi dans les cheveux.

« C'est une très jolie blonde de seize ans, paraissant très heureuse, calme et maîtresse d'elle-même. Elle nous accompagna dans les deux salons où étaient étalés son trousseau et sa corbeille, tous deux superbes. Il y avait des robes sans nombre et de toutes sortes, depuis la traîne de cour jusqu'à la plus simple demi-toilette.

---

[1] Une grande partie de cette collection est maintenant entre les mains du comte de Beauchamp, à Madresfield, Worcestershire.

« Dans la corbeille, au milieu de rubans, de gants, de plumes et d'une robe en dentelle de Bruxelles, était placée une bourse avec cent napoléons. Le duc et la duchesse de Guiche avaient été mariés la veille à la municipalité, et ce matin à l'église de l'Ascension, paroisse de la jeune fille, où étaient venus une immense quantité d'amis des deux familles. »

Lundi, 27. — « J'ai été voir, avec lord Hardwicke, des manuscrits offerts en vente à sir Charles Stuart. Ce sont des papiers et correspondances de ministres relatifs à la paix d'Utrecht. Nous sommes restés quelque temps à les parcourir et à les lire. On devrait y trouver des choses curieuses, et j'en ai lu d'amusantes, mais bien moins que je ne m'y attendais. »

Samedi, 1er août. — « Dîné chez M. Locke avec Mrs Ward, Macdonald et le comédien Young. Ce dernier, très intéressant, et racontant en détail le récit que Talma lui avait fait de la Terreur. »

Lundi, 3. — « Le soir, nous avons été voir la *Famille Glinet*, très jolie pièce, admirablement bien jouée. L'action se déroule au commencement de la Ligue, mais, par le fait, c'est un tableau de l'influence des opinions politiques sur la vie intérieure des familles en France, maintenant et de tous temps. Le roi vient d'accorder une pension de huit cents francs à l'auteur, M. de Merville. »

Mardi, 14. — « Nous avons accompagné la duchesse de Duras à l'école d'enseignement mutuel, qu'elle a établie dans un quartier assez voisin du faubourg Saint-Germain.

« Cette école n'est pas supérieure, comme construction, à celle de Lancaster. Les élèves y sont bien moins nombreux, mais il existe dans Paris plusieurs établissements semblables. Nous y avons vu environ cent vingt-six garçons. Leurs progrès et leurs habitudes d'ordre et de régularité témoignent des avantages incalculables de ce système, qui est peut-être mieux approprié à la jeunesse française qu'à la jeunesse anglaise. »

Dimanche, 9. — « Dîné chez la duchesse de Duras, que nous avons ensuite accompagnée à Andilly[1], puis à la forêt de Montmorency, où, sous les grands châtaigniers, se tient chaque dimanche une espèce de fête champêtre. Les paysans des villages voisins et la foule de curieux qu'on retrouve toujours à toutes les fêtes des environs de Paris se rassemblent dans ce lieu. Il y avait plus de voitures à la porte de l'auberge, dans la petite ville de Montmorency, que je n'en avais jamais vu dans la cour d'une des auberges de Richmond un dimanche. La danse, à l'ombre des arbres, était charmante à regarder. »

Vendredi, 14. — J'ai été voir passer la statue de bronze d'Henri IV, enveloppée de drap bleu couvert de fleurs de lis, et placée sur une sorte de traîneau attelé de quarante bœufs rangés sur deux lignes. »

Mardi, 18. — « Nous sommes allés à pied jusqu'au Pont-Neuf pour voir ce qu'on faisait d'Henri IV. Sa statue était arrivée auprès de son piédestal. Au-dessus, au-dessous et de chaque côté, les machines étaient préparées pour l'enlever. Les cordes, les poulies et les leviers étaient placés de manière à tenir la foule à dis-

---

[1] Mme la duchesse de Duras avait à Andilly une maison de campagne qui appartint ensuite au prince de Talleyrand.

tance. Du Pont-Neuf, nous sommes allées à pied jusqu'à la place Dauphine pour voir le monument de Desaix[1] tué à la bataille de Marengo ; il est placé sur une fontaine publique. C'est un buste sur une demi-colonne, couronné par une victoire; à la base de la colonne sont gravés les noms des soldats du régiment qui contribuèrent aux frais du monument. »

Mercredi, 19. — « Départ de Paris. »

Mardi, 25. — « Arrivée à Londres. »

[1] Antoine Desaix, lieutenant-colonel, né à Ayat, département du Puy-de-Dôme, en 1768. Tué à Marengo en 1800.

SEPTIÈME VOYAGE

1819

Dimanche, 23 août 1819. — « Quitté Londres. »

Lundi, 24. — « Embarqués à Douvres pour Boulogne. »

Mardi, 25. — « Abbeville. »

Mercredi, 26. — « Nous nous sommes arrêtés un peu à Amiens pour voir la cathédrale, qui est une des églises gothiques des plus belles et des plus ornées que j'aie jamais vues. Nous avons couché à Clermont. »

Jeudi, 27. — « Arrêtés à Chantilly pour visiter les restes du château[1]. Les écuries[2], et ce que l'on appelle le petit château[3], sont encore en bon état. On y a remis des meubles et on arrange en ce moment au rez-de-chaussée du grand château une petite pièce pour en faire un théâtre. Cette partie du grand château était démolie

---

[1] Le grand château fut détruit en 1789.
[2] Les écuries peuvent contenir cent quatre-vingts chevaux.
[3] A la Restauration, en 1814, le petit château fut rendu à la maison de Condé, et plusieurs améliorations y furent faites par le dernier du nom, qui y venait souvent et en fit sa principale résidence de chasse.

presque jusqu'à ce niveau. On fait au-dessus une grande terrasse qui se reliera avec le premier étage du petit château. Il n'y avait pas plus d'une demi-douzaine de chevaux du prince dans les écuries. Il est absent en ce moment et réside rarement à Chantilly. Les bois ne semblent pas trop endommagés, mais de la chaumière de l'île d'Amour on ne voit plus que des restes mélancoliques, indiquant où elle était située. L'île d'Amour est convertie en un jardin anglais, nouvellement planté et par conséquent nu et sans agrément. »

Mercredi, 3 septembre. — « J'ai été voir l'exposition de l'industrie française dans les salles du Louvre. L'intérieur du Louvre est maintenant terminé, c'est-à-dire en état d'être meublé. Il est rempli en ce moment de tous les produits manufacturés, de toutes les machines, de toutes les inventions nouvelles, depuis les perfectionnements de l'agriculture jusqu'à la bijouterie, et depuis la plus grossière étoffe jusqu'au velours.

« Rien ne peut être plus amusant, mais il est très fatigant, je ne dis pas de tout voir, mais simplement de se promener à travers un si vaste espace rempli d'objets si divers. »

Mardi, 7. — « Je suis allée chez M. Rœderer, et l'ai trouvé comme de coutume travaillant dans son bureau. Il s'occupe d'une histoire de Louis XII dont il me donna les feuilles déjà imprimées. La conversation fut comme toujours très intéressante, et nous nous sommes promis de nous revoir souvent à mon retour l'année prochaine. Je lui ai expliqué dans les grandes lignes le sujet dont je compte m'occuper, il m'a promis de m'aider en m'indiquant où je pourrai trouver les renseignements nécessaires.

« Nous sommes allés avant six heures dîner chez la duchesse de Duras; nous y avons trouvé ses deux filles, la princesse de Talmont[1] (une veuve) et Clara, duchesse de Rauzan, mariée depuis huit jours à M. de Chastellux, qui prend le titre de duc de Rauzan, et aura le duché pairie de Duras, après la mort de son beau-père.

« Il paraît que cet arrangement ne s'est pas fait sans difficultés. Sa famille était mécontente de le voir abandonner son nom, et les familles Duras et Durfort, qui sont les mêmes, peu satisfaites de voir prendre le leur. Cependant il a été convenu, avec la permission du roi, que M. de Chastellux prendrait le titre de duc de Rauzan, qui est dans la famille de Duras. Le reste de la société se composait de M. de Chastellux, frère de la mariée, de M. et Mme Roger de Damas, de M. et Mme de Lavalette, de Mme de la Bédoyère, la femme de celui qui fut fusillé pour avoir été le premier à conduire son régiment à Bonaparte lorsqu'il revint en 1815. Ces trois dames sont nées Chastellux et sœurs du duc de Rauzan. Elles sont jolies, blondes, avec de beaux teints et des traits réguliers.

« Outre ces personnes il y avait M. Humboldt, bavard et ennuyeux comme je l'ai toujours trouvé, et M. de la Ferronnays. »

Vendredi, 10. — « Le matin nous avons été avec Robert, lady Tancred et son fils, pour voir l'exposition des peintures dans la grande galerie du Louvre. Elles sont placées sur un grand échafaudage devant les anciens tableaux. Plusieurs produisent un curieux effet par la disposition des ombres et des lumières; un de

---

[1] Félicie, veuve du prince de Talmont, remariée ensuite à M. Auguste de La Rochejaquelein.

ces tableaux particulièrement, qui représente un chapitre de franciscains, par Granet[1], est vraiment merveilleux. Il y en a aussi d'autres que l'on appelle tableaux de genre et qui sont exécutés d'après les mêmes principes. »

Dimanche, 12. — « Été à Saint-Cloud avec les Tancred et Tonelli. On y arrive par une rue si étroite, si escarpée et si tortueuse, que l'habitude seule peut réconcilier avec elle. Nous sommes entrés par la grille du jardin pour contempler la scène la plus gaie et la plus animée qu'on puisse imaginer dans une fête publique. Les eaux jouaient, et la foule était grande. Nous avons dîné à Saint-Cloud avec les Mercers, puis nous nous sommes promenés en voiture dans le parc, qui était alors illuminé et où il y avait au moins cinq ou six mille personnes dansant au son d'orchestres différents. Nous sommes allés d'un bal à l'autre, jusqu'à plus de dix heures. Ensuite, nous sommes retournés à Paris. »

Vendredi, 1er octobre. — « Le soir, chez M. des Cars et chez Mme de Rumford, où il y avait beaucoup de monde : Lord Lansdowne, Mme de Flahaut, M. de Broglie, etc. J'ai causé quelque temps avec Gallois sans en tirer grand'chose, soit qu'il ne comprenne pas ce que je veux, où qu'il ne puisse m'aider que fort peu. Tout le monde ici ne parle et ne rêve que politique. »

Samedi, 2. — « Nous sommes partis à onze heures environ pour Saint-Germain. A Poissy, il y a une

---

[1] François Granet, né en 1776, était le fils de parents pauvres; il débuta par peindre des proues de vaisseaux à Toulon. Son talent remarquable pour les jeux de lumière et d'ombre, lui acquit le surnom de « Rembrandt français ».

église construite, dit-on, par les Anglais. Elle est gothique, trop ornée, et maintenant en ruines. Cette église contient de vieux fonts baptismaux, où l'on prétend que saint Louis a été baptisé, étant né dans une chambre d'un couvent ou palais qui touchait à l'église et qui n'existe plus. »

Jeudi, 7. — « Été à l'Odéon. L'Odéon est l'ancienne Comédie-Française. J'y ai souvent vu Mlle Contat et Molé. Ce théâtre a été deux fois détruit par le feu depuis trente ans, mais il a toujours été reconstruit sur l'ancien plan, qui est excellent. La coûteuse décoration actuelle de l'intérieur est de mauvais goût, c'est une masse de dorures mal placées et désagréables à voir. Au milieu, est la loge royale supportée par quatre grandes cariatides d'or, qui coupent le dessin et ne s'accordent pas avec les loges ouvertes de face et les loges grillées placées par derrière. »

Dimanche, 10. — « Après les prières chez l'ambassadeur, nous sommes allées voir la princesse d'Hénin et Lally[1]. La princesse d'Hénin habite une très belle maison

---

[1] Trophime Gérard, marquis de Lally Tollendal, né en 1751, fils de l'infortuné Lally Tollendal injustement exécuté. Dès que ce jeune homme eut quitté le collège, il mit tout en œuvre pour réhabiliter la mémoire de son père en obtenant de différentes cours de justice une revision de sa sentence. Lally Tollendal fut envoyé, en 1789, comme député de la noblesse, aux États généraux; il était ardent admirateur de la politique et des plans de Necker. Il se joignit à d'autres, en 1792, pour essayer de tirer le roi de sa dangereuse situation, mais fut jeté en prison. Il échappa aux massacres de septembre et se réfugia en Angleterre. Il offrit de rentrer en France et de défendre le roi comme avocat pendant son procès; mais sa proposition ayant été rejetée, il imprima sa plaidoirie. Après le 18 Brumaire, Lally rentra en France et y vécut dans une retraite relative jusqu'en 1814, où il devint membre du conseil privé de Louis XVIII,

qui appartenait au duc de Praslin, le ministre, et qui est maintenant à son petit-fils.

« Le petit-fils de ce ministre, n'ayant jamais émigré, est resté paisiblement en possession de toutes ses propriétés dont cette maison faisait partie. La princesse d'Hénin est devenue très vieille et très infirme, et « le plus gras des hommes sensibles » (comme disait la pauvre Mme de Staël) plus gras que jamais. Ils nous reçurent très affectueusement; elle nous accompagna à une sorte de temple ridicule, situé vers le milieu du jardin, et construit sur l'emplacement de la maison de Molière. Si cette maison elle-même était restée debout, on y aurait fait des pèlerinages. Lally nous promena autour du jardin qui est moitié jardin potager, moitié jardin anglais; mais tout paraît magnifique par le beau temps que nous avons en ce moment. »

Jeudi, 28. — « Le matin nous avons été jusqu'à la place de Grève. Nous sommes entrés à l'hôtel de ville, et nous y avons vu la grande salle dans laquelle la ville reçoit le roi. C'est une pièce superbe. Toutefois, ce n'était pas là ce qui nous intéressait le plus; dans cette salle avait siégé le comité du Salut public, qui envoyait ensuite ses victimes à la guillotine. Dans quelles horribles transes on montait cet escalier, et dans quel affreux désespoir on le descendait! Dans un étroit cabinet, ou plutôt armoire, car il n'y a pas d'issue, est pratiquée une petite fenêtre à quatre carreaux donnant sur une

---

qu'il accompagna à Gand en 1815. Il vota l'amnistie en 1816, pour la loi sur les élections et pour la liberté de la presse, et est l'auteur d'ouvrages variés. Dans une lettre d'Horace Walpole à miss Berry (1791), il est fait allusion à sa tragédie sur la chute de Strafford. Lally Tollendal mourut en 1830.

de ces cours très étroites que l'on voit souvent ici dans l'intérieur des maisons, pour y donner du jour. C'est de cette fenêtre que Robespierre se jeta lorsqu'on l'amena devant la Commune de Paris, alors réunie dans la grande salle dont je parlais tout à l'heure, après qu'il eut essayé de se brûler la cervelle.

« La lanterne, qui est à la porte d'un épicier, au coin d'une rue, en face de l'hôtel de ville, un peu sur la droite, est celle où furent pendus Foulon[1] et Berthier, les deux premières victimes de la rage populaire. L'homme qui nous montra tout ceci, et répondit à mes questions, déclara qu'il n'était pas à Paris à cette époque. Il témoignait peu d'intérêt pour toutes ces choses, comme si elles s'étaient passées des siècles auparavant. »

Samedi, 6 novembre. — « Notre ambassadrice dit que le tableau de *Pygmalion et Galathée*, par Girodet[2], devant lequel toute la société est en extase depuis trois jours, n'est bon qu'à servir d'enseigne rue Vivienne « Au besoin de tout ». Il faut avoir vu la nudité, la couleur et la composition de cette peinture si vantée, pour sentir la vérité de ce propos. »

Mercredi, 10. — « Je suis restée à la maison. Hallam est venu me voir ainsi que le comte de Kergorlay. J'ai beaucoup causé avec ce dernier de la politique ultra.

---

[1] Foulon succéda à Necker comme ministre. Il fut massacré le 15 juillet 1789 de la plus barbare manière. Berthier de Sauvigny, son gendre, fut arrêté à Compiègne et ramené à Paris pour y subir le même sort.

[2] Un tableau du même artiste, M. Girodet, paraît avoir attiré l'attention de sir Samuel Romilly en 1802. « Le sujet, dit-il, est la Victoire présentant aux héros d'Ossian Desaix, Dampierre, Marceau, Joubert et les autres officiers morts à la guerre. L'exécution en est, si c'est possible, plus ridicule que le sujet. »
(*Journal d'un voyage à Paris. Mémoires de sir Samuel Romilly.*)

Les ultras parlent plus facilement, avec plus de bonne volonté et m'amusent plus que tous les autres. J'ai causé avec M. Hallam de mes occupations ici. Il commença par dire qu'il savait que je travaillais et m'approuva beaucoup.

« Par une loi des deux Chambres, votée depuis le ministère du maréchal Gouvion-Saint-Cyr[1], tout le monde, sans exception, est obligé d'entrer dans l'armée comme simple soldat. En parlant de cette loi ce soir à M. de Kergorlay, je lui demandai si son fils était entré au service. Il me répondit que si le roi avait demandé ou commandé une pareille chose à son ancienne noblesse, il n'aurait pas rencontré la moindre difficulté. Mais qu'une loi les privât du privilège d'entrer comme officiers dans l'armée, qu'une loi fît de ses enfants de simples soldats, c'était plus qu'il n'en pouvait supporter. Telles sont les idées d'un ultra et d'un très honnête homme au sujet du pouvoir et de la dignité de la loi et du roi. »

Lundi, 29. — « Assisté à la séance royale à la Chambre des députés. Nous y sommes arrivés sans encombre, quoiqu'il y eût une foule énorme. Nous étions placés dans ce que l'on appelle la tribune réservée, qui

---

[1] Le maréchal Gouvion-Saint-Cyr, né en 1764, servit avec beaucoup de distinction dans les guerres de la Révolution et de l'Empire, de 1793 à 1812. Il fut alors fait prisonnier de guerre à Dresde et y resta jusqu'après la Restauration. Ayant accepté des faveurs des Bourbons, il resta fidèle à leur cause pendant les Cent-Jours, et fut nommé deux fois ministre de la guerre à la seconde Restauration. Ce fut pendant sa seconde administration que fut votée cette loi de recrutement « qui promettait à la France une armée citoyenne et constitutionnelle ». Le maréchal Gouvion donna sa démission en 1819, parce qu'il ne voulait pas toucher à la loi sur les élections, qu'il considérait comme la sauvegarde de la paix et de la liberté en France.

n'est autre chose qu'une partie des deux rangs extérieurs du grand cercle. »

Jeudi, 2 décembre. — « Chez Mme de Vaudémont, où j'ai trouvé Talleyrand avec seulement trois ou quatre autres personnes. Je suis entrée en conversation avec lui pour la première fois de ma vie. Nous avons parlé de la Galathée. Il fit la remarque que des trois personnages, on ne voyait qu'un œil, et de profil, celui de Pygmalion. Puis nous avons parlé des deuils publics et de leurs effets sur les grandes réunions, etc., etc. »

Lundi, 6 décembre. — « Été avec l'ambassadeur à la Chambre, entre une et deux heures, pour entendre la discussion sur l'admission de Grégoire[1]. La foule était énorme, et j'eus à peine la place de m'asseoir dans la loge du ministre. La discussion (si cela peut s'appeler une discussion) dura cinq heures et se termina sans qu'on eût touché à la véritable question : si Grégoire était éligible ou non. A la fin, il fut décidé, par une sorte d'acclamation du côté droit, qu'il ne serait pas admis; mais la question légale, la vérité, par le fait, ne fut abordée d'aucun côté. Je revins à la maison entre cinq et six heures. Dans la soirée, grand bal donné par l'ambassadeur d'Espagne à l'occasion du mariage de son roi. Les deux cours d'Orléans et de Berry y étaient. Ce bal ressemblait à toutes ces grandes fêtes, cependant l'éclairage était meilleur. Toute la haute société de Paris s'y trouvait, avec autant d'encombrement

---

[1] Henri Grégoire, né en 1750, embrassa l'état ecclésiastique, et fut d'abord curé d'Embermesnil. Député aux États généraux, il fut le premier prêtre qui prêta le serment civique et devint évêque constitutionnel de Blois. Il fut successivement membre de la Convention, du conseil des Cinq-Cents, sénateur et comte de l'Empire. Élu à la Chambre des députés en 1819, son élection fut annulée. Il mourut en 1830.

qu'on en pouvait attendre dans une réunion de deux mille personnes. »

Mercredi, 8. — « Dans un salon de la rue de Varennes, où j'étais hier, la conversation tomba sur l'orageuse séance du 6, à la Chambre des députés, puis sur la nomination des quatre vice-présidents, MM. Lainé[1], de Villèle[2], Corbière[3], etc., qui a eu lieu hier et dont chacun paraît satisfait.

« Ensuite on parla de la liberté de la presse. La maîtresse de la maison en soutenait la nécessité dans un gouvernement représentatif.

« Ah ! pour le gouvernement représentatif, vous en « serez bientôt dégoûtés, » répondit une jeune mariée, parente de la famille.

« Il n'y a pas de gouvernement qui puisse aller avec « la liberté de la presse, » dit un jeune officier qui, bien que jeune, est lieutenant général. « Nous sommes « actuellement en paix, tout est, pour ainsi dire, tran- « quille au dedans et au dehors. Et voyez le mal que

---

[1] Joseph-Henri-Joachim Lainé, né en 1767, avocat de profession. Pendant la session de 1816, il joua un rôle actif dans la Chambre comme ministre et député. Depuis 1817, un changement s'opéra dans ses opinions politiques, et il fut considéré, à partir de ce moment, comme appartenant à la droite. Il était très admiré comme orateur, et on disait de lui : « Si sa discussion était aussi solide qu'animée, elle laisserait peu de chose à désirer. »

[2] Le comte Joseph de Villèle était né en 1765, et servit d'abord dans la marine avec M. de Saint-Félix, avec lequel il séjourna à l'île Bourbon. Il revint en France en 1807 et vécut dans la retraite jusqu'en 1814. Alors il prit une part active aux affaires politiques et siégea à la Chambre à l'extrême droite. Sa nomination, en 1820, comme vice-président de la Chambre, fut considérée comme une preuve du pouvoir croissant du parti opposé à la liberté constitutionnelle. M. de Villèle devint ensuite ministre.

[3] Jacques-Pierre-Guillaume Corbière, avocat à Rennes, devint député en 1815. Ses opinions étaient ultra-royalistes.

« tout cela fait. Mais si nous étions en guerre, ou dans
« des difficultés extérieures, qu'est-ce que Louis XIV
« aurait pu faire avec la liberté de la presse? Dans la
« guerre de la Succession, par exemple ?

« — Mais vous voyez, reprit la maîtresse de maison,
« que l'esprit public s'est beaucoup amélioré depuis
« qu'on a la liberté de la presse.

« — Ah! oui (disait l'ennemie du gouvernement repré-
« sentatif), il faut peut-être de l'émétique à un malade;
« mais quand il sera fortifié, quand il se portera mieux,
« vous ne le ferez pas vivre d'émétique ! »

28 décembre. — « J'ai dîné hier chez le duc de Broglie avec M. de Lafayette. C'était la première fois que j'étais invitée avec lui. Il a l'allure franche et honnête, des manières simples, agréables et gaies, comme pourrait les avoir un homme d'un talent même supérieur au sien. Il n'y avait là que M. et Mme de Broglie, Lally, deux jeunes Anglais, Auguste de Staël et moi.

« M. de Lafayette exprima ses opinions très simplement; on pouvait voir toutefois qu'elles ne s'accordaient pas avec celles du duc de Broglie, et encore moins avec celles de Lally, mais toutes ces nuances de libéralisme peuvent se rencontrer dans un salon sans faire éclater aucune dispute; chacun rend justice aux intentions des autres tout en croyant ses voisins dans l'erreur. Leur manque de principes fixes et inviolables, et leur ignorance de ce qui peut ou ne peut pas se faire dans un pays autre que le leur, est remarquable, je devrais dire étonnante, si je ne les connaissais trop bien pour en être surprise. Comme preuve, hier, la société tout entière parlait de la mort du maréchal Ney comme de la chose la plus triste et la plus inique. Je m'aventurai à dire, dans un coin, à Mme de Broglie[1], que (mettant de côté toute considération politique) le maréchal Ney était coupable, et sans excuse, de haute trahison envers le gouvernement existant.

« C'est très vrai, me fut-il répondu, mais son nom
« se rattache à de si grands souvenirs, c'était un carac-
« tère si français ; vingt-cinq ans de gloire l'avaient tel-
« lement ennobli, qu'on trouvait qu'il avait été traité
« durement, d'autant plus que son procès avait pas été
« conduit dans les formes juridiques qu'on aurait dû
« observer. »

« Cette dernière remarque fut confirmée par le duc de Broglie, qui s'intéresse à l'étude de la jurisprudence.

« Nous voyons ici ces gens, même les plus libéraux d'entre eux, confondre le crime de la personne avec la forme de son procès. Leur jurisprudence fautive n'eût pas rendu le maréchal Ney moins coupable, si elle l'eût sauvé au lieu de le condamner. Le procès le plus équitable du monde n'aurait pu empêcher le maréchal Ney d'être reconnu coupable. Mais s'il avait été sauvé, on n'aurait jamais remarqué la manière dont il avait été jugé.

« Une preuve de ma seconde remarque sur leur ignorance de ce qui peut ou ne peut pas se faire dans d'autres pays, ce fut une observation que fit Lafayette en parlant de l'intervention d'un pays dans les affaires de l'autre, comme celle de sir Robert Wilson dans l'évasion de Lavalette. Une telle intervention, dit-il, lorsqu'il peut en résulter du bien, est quelquefois malheureusement refusée comme dans le cas de M. Pitt, auquel on offrit de sauver la vie de Louis XVI en distribuant, ici, en France, deux millions de francs.

[1] Les faits invoqués par Mme de Broglie pouvaient amener un pardon, mais non un acquittement. (Note de l'éditeur anglais.)

« — Et par qui cette proposition fut-elle faite? deman-
« dai-je.

« — Par un M. Crawford, un Anglais...

« — Celui qui mourut dernièrement ici?

« — Non, M. Crawford qui s'appelle Fish. »

« Représentez-vous Fish Crawford proposant de débourser deux millions en France pour sauver la vie de Louis XVI! Représentez-vous M. Pitt recevant une telle proposition d'un négociateur comme Fish Crawford! Et ce mensonge ridicule a été cru, répété, et a imprimé une tache à la réputation de M. Pitt dans la France éclairée d'aujourd'hui! »

Mercredi, 29 décembre. — « J'ai été chez Rœderer, pour la première fois depuis son retour de la campagne. Il m'a parlé du projet de changement dans le mode d'élection et de représentation. »

Vendredi, 31. — « Le matin, nous sommes allées à une exposition de l'industrie organisée au profit des pauvres par les princesses et les dames de la cour; si ces pauvres gens n'ont pas d'autres ressources, ils sont bien à plaindre ! »

Miss Berry à la comtesse de Hardwicke.

« Paris, jeudi 6 janvier 1820.

« La situation dans laquelle sont maintenant les Anglais les plus favorisés a bien changé depuis le temps où nous étions ensemble ici, en 1816. Les Français se sont enfin débarrassés de nous, et maintenant nous montrent au doigt. A cette époque, certaines personnes vous recherchaient et d'autres vous évitaient ;

à présent, tout le monde vous traite avec le même mépris. »

Journal, 10 *janvier* 1820. — « Je suis retournée chez Rœderer; M. de Chauvelin[1] était avec lui, mais il s'en alla à mon arrivée. Tout ce monde est dans un état d'agitation violente, causée par la folie extrême des ministres, qui ont annoncé dans le discours du roi des mesures qu'on n'a pas encore proposées à cause, dit-on, de la maladie de M. de Serre, garde des sceaux. L'incertitude dans laquelle on reste au sujet de ces mesures, depuis près de six semaines, autorise toutes les suppositions malveillantes du parti opposé. On a ainsi donné le temps à tous les esprits en travail de se lever contre le ministère, au sujet de la tendance présumée de ces mesures. On continue à affirmer qu'elles ne visent rien moins que la main-mise sur les biens nationaux, la restauration de la féodalité et des droits aristocratiques par une Chambre élue d'après une loi électorale remaniée. »

Lundi, 31. — « La nouvelle de la mort de notre roi[2] s'est répandue ici ce soir. Je n'y ai pas cru au premier moment. »

Mardi, 1er *février* 1820. — « Après déjeuner, je suis allée à pied avec lady Charlotte Berry, chez l'ambassadeur, où nous avons trouvé les domestiques déjà en

---

[1] François Chauvelin fut envoyé très jeune comme ministre plénipotentiaire à Londres, en 1792, ensuite à Florence; à ce moment, lord Howe menaçait de bombarder Livourne si le grand duc de Toscane ne le renvoyait dans les vingt-quatre heures. Il se retira; et à son retour en France fut jeté en prison et constamment menacé de mort. Le 9 Thermidor le délivra. Chauvelin accepta un emploi public sous l'Empire, et, après 1814, il prit une part active aux débats de la Chambre.
[2] Georges III.

deuil du roi. La nouvelle était arrivée hier soir par le télégraphe au gouvernement français, et le vieux M. d'Osmond alla la donner tout bas à l'ambassadrice, qui était à l'Opéra dans sa loge. Nous avons passé toute la matinée dans des boutiques pour acheter notre deuil. »

Jeudi, 3. — « Chez Mme Moreau. La reine de Suède, c'est-à-dire la comtesse de Gothland, femme de Bernadotte et mère du prince Oscar, entra tout à coup sans être annoncée. La conversation était justement tombée sur elle; son nom de famille et sa vie extraordinaire à Paris. Son arrivée amusa tellement la société, que pendant quelques instants je crus à une mystification, d'autant que tout le monde riait et ne pouvait donner d'explication. »

Dimanche, 6. — « A midi et demi, j'étais à l'Abbaye-aux-Bois pour aller à Saint-Sulpice avec Mme Récamier, entendre ce qu'on appelle un sermon de l'abbé Frayssinous. Le discours sur l'*Existence de Dieu* était très éloquent et très bien raisonné, sans grande profondeur de pensée. Les preuves étaient tirées de l'ordre parfait qui règne dans l'univers et de la conviction que rien de ce que nous connaissons ne peut avoir été fait sans ordre et sans calcul. La foule était immense, et j'eus grand'peine à trouver une place. Il y avait une quantité d'hommes dans la nef. »

Samedi, 12. — « Bal costumé et masqué chez les Greffulhe[1]. Je portais un domino noir, Agnès et Char-

---

[1] Dès le mois de janvier on commença à parler d'un grand bal costumé qui devait avoir lieu chez le comte et la comtesse Greffulhe, et de l'honneur extrême et très envié que leur feraient M. le duc et Mme la duchesse de Berry en y venant. Le 12 février était la date fixée. Le matin même,

lotte des dominos de couleur. Je me serais amusée si j'avais été bien portante. Le bal était très beau. Splendide quadrille !

« Ce quadrille se composait de Mmes Juste et Alfred de Noailles, la duchesse de Dino et la duchesse de Maillé, le prince Arthur Potocki, le duc de Dino, M. de Maussion et M. de Custine, tous ayant très bonne tournure. Il y avait plusieurs autres costumes, quelques-uns excentriques, mais la plupart jolis. Des dames du temps de Louis XIV et une Ninon de l'Enclos, admirablement bien arrangée. Beaucoup d'hommes en dominos qu'ils retirèrent bientôt ; quelques-uns seulement gardèrent leurs masques. Nous avons quitté le bal immédiatement après le départ du duc et de la duchesse de Berry ; nous étions restées debout près d'eux un quart d'heure dans la première pièce, pendant qu'ils causaient et prenaient congé de leurs hôtes[1]. Tout cela s'est fixé dans notre mémoire quand nous avons su ensuite que c'était le dernier bal auquel avait assisté le duc de Berry, et que moins de vingt-quatre heures après il avait cessé de vivre. »

M. Greffulhe fut prévenu qu'une tentative d'assassinat contre le duc de Berry aurait lieu chez lui à l'arrivée du prince. Il prit aussitôt la résolution de changer l'entrée et fit démolir une galerie de bois déjà construite et décorée, et édifier à la hâte un autre pavillon. Il surveilla tous ces préparatifs, quoique souffrant d'un asthme et d'un rhume accompagné de fièvre. La fête eut lieu sans aucun accident. Le lendemain, la maladie de M. Greffulhe augmenta, et le 14 au matin il mourut presque subitement, terrassé par la nouvelle de l'assassinat du malheureux prince.
(Note tirée de souvenirs inédits.)

[1] Ce fut à ce moment que M. le duc de Berry dit à M. et à Mme Greffulhe, assez haut pour que plusieurs personnes pussent l'entendre : « Je regrette que nous soyons obligés de partir si tôt ; mais je tiens beaucoup à ce que Mme la duchesse de Berry ne se fatigue pas en ce moment. » Personne ne parlait encore d'une nouvelle grossesse de la princesse. La joie et la reconnaissance de M. et de Mme Greffulhe furent très vives en recevant cette communication. (Note tirée de souvenirs inédits.)

Dimanche, 13. — « Après avoir dîné chez notre ambassadeur, nous avons été, à dix heures, chez la duchesse des Cars, qui reçoit tous les quinze jours, le dimanche, dans son appartement si haut perché, au troisième étage des Tuileries. Nous y sommes restées avec Mme Scott et ma sœur jusqu'à plus de onze heures, et ayant entendu dire qu'il y avait encore un bal masqué chez Mme de la Briche[1], je résolus d'y aller et persuadai à Agnès de m'accompagner.

« Nous y avons trouvé, au lieu de la réunion ordinaire, une véritable soirée de carnaval ; les jeunes gens y étaient travestis de la manière la plus seyante ou la plus comique. M. de Mun, un homme gros et vulgaire, admirablement déguisé en jeune fille, valsait avec un jeune homme de six pieds, en enfant. M. de Maussion était sa nourrice ; tous masqués et d'une gaieté folle et communicative.

« Il n'y avait pas de princes, pas de costumes étudiés ni rivalités de toilette ; tout le monde semblait être venu pour s'amuser, et on avait réussi. Peu après minuit, au plus fort de cette gaieté, je vis un flot de monde se précipiter vers la porte de la première pièce, et j'appris qu'on envoyait chercher M. de Béthisy, dont la femme est une des dames de la duchesse de Berry. M. de Chabot, un des écuyers du duc de Berry, partit immédiatement avec lui. Le duc de Berry avait reçu un coup de poignard en entrant à l'Opéra. On ajoutait que ce n'était rien, car il était retourné dans sa loge. Pendant les dix premières minutes, on n'en sut pas davan-

---

[1] Adélaïde-Edmée Prévost, veuve d'Alexis Janvier La Live de la Briche, introducteur des ambassadeurs et secrétaire des commandements de la reine. Elle eut pour fille la comtesse Molé, femme du célèbre homme d'État. Mme de la Briche demeurait place de la Ville-l'Évêque.

tage, mais je n'oublierai jamais l'effet produit dans le salon. Les violons s'arrêtèrent, il y eut un silence, et l'expression plus ou moins intense de tous les visages, expression qui alla jusqu'à la terreur chez les femmes, contrastait étrangement avec les costumes grotesques des hommes.

« Quelques personnes, envoyées aux nouvelles, revinrent successivement avec des détails plus précis. L'une d'elles rapportait qu'on n'était pas rentré à l'Elysée; une autre, que le duc de Berry s'était évanoui et avait déjà été saigné trois fois. Sachant combien dans ces occasions il est difficile de démêler la vérité, nous n'attendîmes pas plus longtemps; mais supposant que notre ambassadeur, par suite du deuil de notre roi, pourrait ignorer les événements de la nuit, nous nous arrêtâmes à l'ambassade, où nous entrâmes avec quelque difficulté. Comme je le pensais, sir Charles Stuart était rentré chez lui trop tôt pour avoir rien appris, et préparait son courrier du lendemain. Notre nouvelle méritait de figurer dans les dépêches. Pourtant, d'après ce que j'avais entendu et en faisant la part des exagérations ordinaires, je ne me faisais aucune idée de la vérité, ni de l'horrible scène qui se passait dans une des chambres d'employé à l'Opéra.

« Le lendemain matin, lundi, 14 février, était le jour où la loi électorale si longtemps attendue devait être présentée par les ministres devant la chambre des députés. Je m'étais arrangée la veille, chez sir Charles, pour aller à la tribune diplomatique avec M. de Fagel [1]. Il devait venir me prendre à midi, je reçus ce billet à dix heures :

---

[1] Ministre de Hollande.

« Paris, 14 février 1820.

« L'horrible assassinat du duc de Berry, qui est mort
« ce matin à une heure, à l'Opéra, dans les bras de sa
« famille désolée, m'oblige à aller chez Pasquier[1] à onze
« heures et demie pour obtenir plus de détails sur ce
« crime affreux, afin d'en informer mon gouvernement.

« Vous voudrez bien m'excuser de ne pas vous
« accompagner à la Chambre; mais mon ami, le baron
« Van Zuylen, sera chez vous à midi et prendra autant
« de soin de vous que j'aurais pu le faire.

« Je considère ceci comme une vengeance personnelle,
« nourrie et enflammée par le parti qui est déterminé
« à empêcher la branche régnante des Bourbons d'avoir
« un héritier à la couronne. Je suis respectueusement, etc.

« Fagel. »

« A midi, le baron van Zuylen arriva; il est ministre
de Hollande à Madrid et retourne à son poste. Nous
avons trouvé à la Chambre peu de monde, les tribunes
pleines, excepté la tribune diplomatique dans laquelle
nous étions. Il n'y avait comme femme que Mme de la
Briche, Mme Molé, sa fille, et Mme de Jumilhac, sœur
du duc de Richelieu. Des larmes brillaient dans tous les
yeux, et nous avons naturellement parlé de la scène
de la nuit précédente.

« A une heure, lorsque la Chambre fut réunie, toutes
les places étaient occupées. Le banc des ministres seul
était vide, parce qu'ils étaient tous à l'interrogatoire de

---

[1] Le comte Denis-Étienne Pasquier, né en 1767, avait une charge sous
l'Empire et devint Préfet de police en 1810. Au second retour des Bourbons, il fut nommé ministre secrétaire d'État de la Justice et Garde des
sceaux. De 1819 à 1822, il fut ministre des Affaires étrangères, et fut
créé pair. Président de la Chambre des pairs sous le gouvernement de
Juillet, il mourut en 1862.

l'assassin. La séance s'ouvrit comme de coutume par la lecture du procès-verbal de la dernière discussion sur les domaines nationaux; personne n'écouta. Le secrétaire avait à peine terminé sa lecture qu'un M. Clausel de Coussergues[1], du côté droit, s'élança à la tribune et s'écria : « La Chambre n'a pas encore décidé la mise en « accusation des ministres ; mais, moi, je viens ici « dénoncer M. le comte Decazes[2], comme complice du « meurtre de M. le duc de Berry ! » S'il ajouta quelque chose à ses paroles, sa voix fut noyée dans le brouhaha général, et les marques de désapprobation et d'indignation de toute l'assistance.

« Le président déclara très sagement cette proposition contraire aux règles et inadmissible, ajoutant qu'il n'avait donné la parole à M. Clausel que parce qu'il supposait qu'il avait quelque chose à dire relativement au procès-verbal. Immédiatement après cet incident, le président lut la lettre qui lui était adressée annonçant l'assassinat et la mort du duc de Berry. M. de la Bourdonnaye[3] proposa d'envoyer une adresse au roi, et au

---

[1] Jean Clauzel de Coussergues, né en 1765, ne fut que peu connu avant le retour du roi ; alors il se montra partisan ardent du rétablissement de toutes les anciennes institutions de France et ennemi de toute liberté de pensée et de presse.

[2] Élie Decazes, duc et pair de France, né en 1780. En 1810-1811, il devint conseiller à la Cour d'appel de Paris, conseiller du Cabinet de Louis Bonaparte, roi de Hollande, secrétaire des commandements de Madame mère. Il se rallia à la dynastie des Bourbons après leur retour, en 1814, et succéda à Fouché, duc d'Otrante, comme ministre de la Police, dans les années 1815-1816-1817. Il épousa, en 1818, Mlle de Sainte-Aulaire, petite-fille, par sa mère, du dernier prince régnant de Nassau-Sarrebruch, et reçut du roi de Danemark le titre et le duché de Glucksberg. Après sa sortie du ministère, en 1820, il fut nommé ambassadeur en Angleterre.

[3] François-Régis, comte de la Bourdonnaye, né en 1767, servit sous Condé, se battit avec les Vendéens, mais se soumit ensuite au gouvernement de Napoléon. Député et ministre sous la Restauration, il mourut en 1839.

lieu de s'en tenir aux émouvantes circonstances du moment, et à l'état lamentable de la famille royale, il fit remonter la responsabilité de l'événement, que tous déploraient, à l'esprit factieux du temps, accusant les écrits et les discours lus et entendus chaque jour d'être cause du crime. La gauche écouta tout cela dans un silence plein de dignité. Le général Foy[1] exprima en quelques mots le désir que toute idée de parti fût mise de côté en une telle occasion. Corbière parla ensuite au nom de la droite, dans le même sens que la Bourdonnaye, mais avec moins de violence politique. Puis on se retira dans les bureaux pour élire une commission chargée de rédiger une adresse qui serait discutée en séance secrète. Le public fut renvoyé environ une heure après l'ouverture de la séance.

« L'adresse fut portée au roi le soir même. Elle est convenable et ne jette pas le froc aux orties au sujet de la Constitution. L'Assemblée se réunit le jour suivant en séance publique. »

Mardi, 15. — « J'étais à la Chambre à une heure, les députés étaient encore plus nombreux qu'hier. Le procès-verbal mentionnait que la proposition de M. Clausel avait été écoutée *avec une immobilité parfaite des deux tiers de la Chambre*. M. de Saint-Cricq, le directeur général des douanes, sorte de ministre, se leva et dit que le procès-verbal aurait dû constater la désapprobation générale de la Chambre. Courvoisier[2], dans un discours

---

[1] Alexandre-Sébastien Foy, né en 1775, entra dans l'armée à l'âge de quinze ans et servit avec distinction, pendant la guerre, jusqu'en 1815. Il reçut à Waterloo sa quinzième blessure. En 1819 il entra à la Chambre des députés, et se déclara le défenseur « des droits fondés par la Révolution et consacrés par la Charte ».

[2] Jean-Joseph-Antoine Courvoisier commença sa carrière dans l'armée du prince de Condé, dans laquelle il se distingua. Pendant les années

très bon et très bref, soutint que la motion Clausel avait soulevé l'indignation de la Chambre, et insista dans le même sens, en demandant même qu'on substituât le mot indignation à celui de désapprobation. M. Clausel de Coussergues remonta à la tribune et déclara que, si incorrect qu'il eût pu être, il persistait dans son intention, avait entre les mains de quoi justifier son accusation et demandait à la Chambre de fixer le moment où elle pourrait l'entendre. Là-dessus, M. de Sainte-Aulaire, beau-père de Decazes, fit un bon discours, assez touchant étant donné la situation où il se trouvait placé, et termina en déclarant que sa réponse à M. Clausel se résumait par ces mots : « Qu'il était un calom-« niateur. »

« Deux ou trois autres discours furent prononcés sur les expressions du procès-verbal, qu'on finit par laisser subsister telles quelles, et on passa à l'ordre du jour. On annonça alors que les ministres avaient à faire à la Chambre une communication qui serait prête à quatre heures et demie, et que la séance serait suspendue jusque-là.

« Un peu avant cinq heures, les six ministres occupaient leur banc et Decazes monta à la tribune. Son aspect était lamentable. Il avait été malade, et reparaissait en public pour la première fois depuis longtemps. Il avait veillé deux nuits, et sa voix était presque éteinte. Tout cela, cependant, n'excita pas la pitié de son auditoire, car on lui dit à plusieurs reprises de parler plus haut, avec toute la dureté dont on aurait usé vis-à-vis d'un laquais. Il était visiblement accablé

1815, 1816, 1817 et 1818, il fut un des actifs soutiens du ministère, auquel il prêtait l'appui de son éloquence. Il était favorable au gouvernement constitutionnel.

par la situation. Son discours d'introduction à la loi des élections pouvait être et était d'un bon style, mais manquait de force et de dignité, et ne fit aucune impression.

« Pasquier le suivit ; il proposa l'établissement immédiat de la censure sur les journaux et réclama le droit d'arrêter tout citoyen sur le mandat de trois ministres. Son discours était meilleur, mais resta également sans effet. La gauche entendit tout cela dans le recueillement le plus profond, et si la droite s'était flattée de l'espoir qu'une de ces lois serait votée par acclamation, étant donné les circonstances, elle dut se trouver déplorablement déçue.

« Un léger murmure d'approbation fut immédiatement réprimé par la peur de montrer la faiblesse numérique de la minorité qui y prenait part. Il fallait décider quand les lois devaient être renvoyées dans les bureaux. Les neuf comités entre lesquels toute la Chambre est divisée, le ministère, ou du moins la droite, voulait le faire immédiatement ; la gauche, par la voix de M. de Lafayette, demanda un délai de trois jours qui ne fut pas accordé. C'était peu important, car ils peuvent prendre aussi longtemps qu'ils veulent pour faire leur rapport. »

Lundi, 21. — « Je vais réunir tous les détails que j'ai recueillis, directement et immédiatement, de ceux qui les tiennent de la bouche même des assistants, spectateurs et acteurs, dans l'horrible scène de l'Opéra pendant la nuit du 13.

« Le duc de Berry avait conduit la duchesse à sa voiture à la fin du premier acte du ballet, comptant rentrer ensuite à l'Opéra. Il ne prit ni chapeau ni manteau.

« Mme de Bethizy était de service auprès de la duchesse de Berry, et M. de Choiseul (celui qui a épousé miss Parkyns) auprès du duc. Il avait mis la duchesse et Mme de Bethizy en voiture; toutes les deux étaient assises. Le valet de pied fermait la portière, tournant le dos au duc, lorsqu'un homme se glissa entre les chevaux de la voiture et la sentinelle qui était à la porte, et donna le coup fatal.

« M. de Choiseul vit un homme qui s'avançait ou qui était poussé vers le duc de Berry ; il l'écarta du bras avant de s'être rendu compte de ce qu'il avait fait, non plus que le pauvre blessé lui-même, qui s'écria, ayant senti un coup violent :

« — Voilà un fier brutal ! »

« Puis, apercevant le couteau dans la blessure, le duc de Berry reprit :

« — Je suis assassiné ! Caroline, un prêtre ! »

« La portière de la voiture était fermée, mais la pauvre petite duchesse s'élança dessus. Mme de Bethizy, jeune et forte, la prit à bras le corps et l'arrêta, ne sachant pas, comme elle le dit ensuite, s'il n'y avait pas d'autres assassins ou une émeute, bref, sans autre pensée que celle de préserver la duchesse qui, criant et se débattant, insistait pour faire ouvrir la portière. En se dégageant des bras de Mme de Bethizy, elle mit son gant en lambeaux et lui imprima ses doigts sur le bras. Elle tomba presque aux pieds de son mari, qui s'était évanoui et fut porté dans une chambre à l'Opéra, celle d'un employé de l'administration. En revenant à lui, dans cet endroit, on ajoute que les premières paroles du duc de Berry furent :

« — Ah, c'est un jugement du Ciel que cette « chambre ! »

« Parce que c'était une de celles où il avait donné des rendez-vous à quelques nymphes de l'Opéra. C'est, paraît-il, un entresol très bas et pauvrement meublé; il n'y avait pas de lit. On apporta deux chaises ainsi qu'un matelas d'une autre chambre, et le prince fut mis sur ce que l'on appelle un lit de sangle. Là, se réunirent bientôt autour de lui, outre sa femme qui ne le quitta pas un instant, Monsieur, et le duc et la duchesse d'Angoulême, qu'on envoya chercher immédiatement aux Tuileries, le duc d'Orléans, sa femme et sa sœur qui se trouvaient à l'Opéra avec leurs enfants. Voyant combien l'accident était grave, le duc d'Orléans fit prévenir la duchesse et sa sœur et renvoya ses enfants, car il faut se rappeler, pour ajouter à l'horreur de cette scène, que les spectateurs à l'intérieur de la salle ne savaient rien, que le dernier acte du ballet continuait, et chaque fois que s'ouvrait la porte de la chambre où l'on avait porté le duc de Berry (et cela arrivait presque à chaque instant), les applaudissements du parterre et les pas des danseurs frappaient les oreilles des témoins de cette cruelle agonie. L'effet en était si terrible, que Mlle d'Orléans, moins occupée que les autres des soins à donner à la pauvre victime, s'évanouit d'horreur à ce contraste qu'elle avait le loisir d'observer. En même temps, six médecins ou chirurgiens réunis faisaient souffrir le martyre au pauvre duc en ouvrant et agrandissant la blessure, en posant des ventouses et en essayant par différents moyens d'empêcher la congestion aux poumons.

« Dès le début, il se vit perdu et demandait qu'on ne le fît point souffrir inutilement. Il désira voir et bénir son enfant, qui fut amené avant deux heures du matin de l'Élysée-Bourbon par Mme de Gontaut. Leur voiture fut arrêtée et retardée par un encombrement, rue du Faubourg-Saint-Honoré, à cause du bal qui avait lieu chez le maréchal Suchet. Mme de Gontaut sentait, pendant ce temps, que chaque moment de retard pouvait priver l'enfant de la bénédiction de son père.

« Les médecins avaient écarté les bras du pauvre duc pour rendre sa respiration plus libre. Il les ramena encore pour recevoir sa fille pour la dernière fois et la bénit. Il dit alors :

« — Mais j'ai eu d'autres enfants, longtemps avant de vous avoir connue, Caroline ! Que je les voie ! »

« Gustave de Coigny alla immédiatement en voiture de l'Opéra à la rue Neuve-des-Mathurins, où ces enfants vivaient avec leur mère, une Anglaise, portant le nom de Mrs Brown[1], qui ne s'occupe que de leur éducation.

« En arrivant chez elle, à cette heure de la nuit, ou plutôt du matin, M. de Coigny eut beaucoup de peine à se faire admettre. Enfin il fit comprendre à la servante qu'elle ne devait pas déranger sa maîtresse, car il ne demandait que les enfants et leur bonne qui devaient l'accompagner à l'instant. Cette femme lui répondit que l'aînée des enfants couchait avec sa mère, ainsi disparut tout espoir de cacher à la mère ce qui se passait.

« M. de Coigny ayant dit à Mrs Brown qu'elle devait permettre à ses enfants de le suivre sans elle, et qu'elle ne pouvait être admise, ne reçut pas de réponse ; mais elle serra doucement et silencieusement son bras, mit un grand chapeau avec un voile épais et prit place dans la voiture avec les enfants, la bonne et M. de Coigny. Comme il lui répétait qu'elle ne pouvait songer à entrer, elle lui serra encore le bras sans dire

[1] Voir la note page 148.

un mot, comme pour l'assurer de la convenance de son attitude, et resta dans la voiture à la porte de l'Opéra, pendant que les enfants, accompagnés de leur bonne, étaient portés à leur père mourant, s'agenouillaient au pied de son lit, recevaient sa bénédiction et étaient recommandées à la pauvre petite duchesse, qui déclara qu'elles vivraient chez elle et seraient toujours considérées comme ses enfants. Le malheureux agonisant rappela alors tout bas à son frère, le duc d'Angoulême, qu'il avait un autre enfant, un fils, né depuis son mariage, de Virginie, danseuse à l'Opéra, et qu'il le confiait à sa protection.

« Sa crainte de blesser sa femme, en parlant de cet enfant, prouvait qu'il pensait encore aux autres au milieu de ses cruelles souffrances ; le sang envahissait de plus en plus le cœur.

« Il avait exprimé un vif désir de voir le roi ; espérons, pour l'honneur de son caractère, que comme tous les rois il avait été trompé sur le véritable état des choses, quand Decazes, à son coucher, lui avait annoncé l'attentat commis sur le duc de Berry, à l'Opéra. Mais qu'avait dit Decazes pour ne pas inquiéter le roi ? Nous l'ignorons ; de telles précautions étaient certainement inutiles. A deux heures du matin, on envoya chercher le roi, car le danger était imminent et le mourant très anxieux de le voir.

« Le roi et sa maison s'étaient couchés comme de coutume ; et avant que tout fût prêt, le roi porté dans sa voiture et descendu à l'Opéra, il était cinq heures et demie. Pendant cette attente, rien ne peut exprimer l'impatience du pauvre prince, et égaler l'horreur de ceux qui l'entouraient dans cette petite chambre basse, misérablement meublée et peu faite pour recevoir de tels hôtes. Elle était encombrée par les princes et leurs suites et toute celle du pauvre duc, l'évêque de Chartres et le curé de la paroisse qui avaient été appelés pour administrer les secours de la religion, les ministres et plusieurs médecins, sans parler de ceux qui allaient et venaient, apportant de l'eau chaude et diverses choses dont on avait besoin. Parmi ces personnes se trouvait une figurante de l'Opéra, encore dans son costume, qu'elle n'avait pas eu le temps de changer, car elle avait été requise pour le service.

« La chaleur était excessive dans cette pièce basse et remplie de monde, et il n'y avait que la lumière nécessaire aux chirurgiens ; elle éclairait l'horrible plaie béante, qu'on avait découverte pour laisser couler le sang qui avait tout taché et couvrait même la robe de la duchesse de Berry. Tout le monde prêtait l'oreille pour discerner l'approche de la garde royale afin de calmer l'impatience du mourant, en lui annonçant l'arrivée du roi ; car à chaque roulement de voiture il demandait si c'était lui, et semblait craindre qu'il ne vînt trop tard. Il entra enfin, et les premières et dernières paroles du duc de Berry, prononcées d'une voix déjà presque étouffée, furent : « Grâce pour l'homme ! » Par son anxiété d'obtenir le pardon de l'assassin[1], et sa crainte de ne pas voir le roi pour le lui demander, il

---

[1] Le nom de l'assassin était Louis-Pierre Louvel, né en 1783, et fils d'un mercier. Il servit dans l'armée, et fut ensuite employé comme sellier dans les écuries, d'abord de l'empereur, et ensuite du roi. Il nia absolument avoir aucun grief personnel contre le duc de Berry, mais déclara que, depuis l'année 1814, il avait résolu d'assassiner les Bourbons et avait commencé par le duc de Berry parce qu'il était le plus jeune. Louvel paraît avoir agi sous l'empire d'une véritable monomanie à l'égard de la famille royale. Il fut soumis à plusieurs interrogatoires pour savoir s'il avait des complices ; mais il n'en avait pas et fut jugé, condamné et exécuté le 7 juin 1820.

semblait vouloir expier ses faiblesses, et exprima l'espérance que sa cruelle agonie lui serait comptée dans l'autre monde.

« Il recommanda encore sa maison et ses domestiques au roi, et parut très satisfait d'avoir vécu assez pour le revoir.

« Moins d'une demi-heure après l'arrivée du roi, sa respiration embarrassée, qui depuis longtemps ne se faisait qu'avec un bruit de suffocation dans la gorge, cessa. Le roi lui ferma les yeux avant de sortir de l'Opéra. Sa pauvre petite femme ne l'avait pas quitté un moment. A la fin, le roi l'avait engagée à se retirer avant le dernier soupir; mais ayant entendu son mari respirer encore, elle échappa à ceux qui la tenaient et retourna à ses côtés. Lorsque tout fut fini, elle fut ramenée à l'Élysée dans un fiacre avec Mme de Gontaut et l'enfant. Comme on la déshabillait et la décoiffait, elle prit soudain une paire de ciseaux et coupa tout ce qu'elle put de ses cheveux, en demandant à Mme de *** de les conserver pour les donner à sa fille lorsqu'elle serait en âge de comprendre que sa mère les avait coupés le jour où son père avait été assassiné.

« Le lundi soir, 14 février, elle et son enfant, accompagnées par Mme de *** et la duchesse de Reggio, qui était de service, furent envoyées à Saint-Cloud. En quittant l'Élysée, Mme la duchesse de Berry dit adieu pour toujours à un endroit où elle disait avoir été si heureuse ! »

Mercredi, 16. — « Les théâtres sont tous fermés depuis lundi, jour de la mort du duc de Berry; les masques, dans la rue et les bals publics, défendus par la police.

« Ces ordres ont été si strictement obéis que les rues étaient remarquablement silencieuses pendant ces deux derniers jours d'un carnaval si cruellement terminé. Même dans la nuit du mercredi, entre l'hôtel du duc de Broglie, rue Bourbon, faubourg Saint-Germain et la rue Basse-du-Rempart, je ne rencontrai que trois voitures en tout. Dans la soirée, j'allai chez Mme de Broglie; sa porte était fermée, mais elle recevait ses habitués; tout le monde était abattu, mais bien différent des ultras.

« La violence des attaques contre Decazes prouve que sa seule chance possible de rester en place est de se jeter dans les bras des constitutionnels. Je croyais, ce soir, que les choses se passeraient ainsi; il y avait plus de membres de ce parti qu'à l'ordinaire, chuchotant ensemble chez le duc de Broglie, et, après un quart d'heure de conversation avec ce dernier, j'eus toutes les raisons de croire que cet arrangement était pour ainsi dire décidé. Le duc de Broglie parla avec confiance de l'issue de la crise qu'on traversait; les choses se passaient mieux qu'on n'aurait pu le craindre, les barrières de Paris n'avaient pas été fermées, aucune arrestation n'avait été opérée, l'assassin serait jugé d'après la loi et, en attendant, il était traité comme les autres criminels. Il suffirait, pensait M. de Broglie, de réfréner quelque peu la licence actuelle de la presse et d'apporter quelques modifications aux autres lois. Bref, d'après ce qu'il me dit, je doutai peu que le centre et les doctrinaires n'eussent arrangé leurs affaires avec Decazes, en lui promettant leur appui. Je le crois encore, mais nous avons appris le même soir, d'une manière certaine, que Decazes avait donné sa démission, et que la présidence du conseil des ministres était imposée au duc de Richelieu, le roi ayant enfin cédé aux prières de toute sa famille qui, par haine jalouse, persiste à voir dans le duc Decazes le complice de l'assassin du duc de Berry.

« Quand, le jeudi qui suivit le meurtre, Mme Decazes alla à Saint-Cloud prendre personnellement, comme toute la cour, des nouvelles de la duchesse de Berry, pas une âme ne lui adressa la parole, excepté Mme Just de Noailles, qui, par compassion, lui fit quelques questions insignifiantes. Les princes furent obligés de traverser la pièce dans laquelle elle se trouvait. Monsieur et Madame s'empressèrent de sortir en détournant la tête, pendant que leur suite se récriait sur son audace d'avoir osé venir sous le toit de sa victime. De telles idées, un tel langage et surtout une semblable folie sont véritablement incroyables, excepté de la part d'ultra-royalistes ! »

Jeudi, 17. — « Notre ambassadrice est aussi allée à Saint-Cloud pour s'informer de l'état de la duchesse de Berry, quoiqu'il soit contraire à l'étiquette que les ambassadeurs se rendent dans les palais situés hors Paris, lorsque le roi n'y est pas installé. Elle nous décrivit la frappante mélancolie de la scène. Dans les grands salons dorés du palais de Saint-Cloud, des gens en grand deuil s'abordaient, beaucoup d'entre eux pour la première fois depuis l'événement, et tous avaient les larmes aux yeux. Mme de Gontaut, établie dans un de ces salons aux claires tentures, dont la gaieté contrastait avec la tristesse du moment, était tout à fait abattue par les scènes passées et présentes. L'enfant qui lui était confiée dormait dans son berceau, dans une chambre voisine donnant sur celle de sa mère, insensible à toute la tristesse qu'elle inspirait. »

Samedi, 19. — « Nous avons été au Louvre, le matin, avec Georges Dawson, et, à midi, voir la chapelle ardente dans laquelle était exposé le cercueil du duc de Berry. Mais, quoique les journaux l'eussent annoncé, le public n'était pas admis à cause des députations de différents corps qui arrivaient les uns après les autres. Dans la soirée, je suis allée chez Mme de Broglie, où il y avait beaucoup plus de monde que mercredi. »

Mardi, 22. — « C'était le jour où le corps du duc de Berry devait être transporté du Louvre à Saint-Denis. La procession suivit les quais et la rue Saint-Denis. Les deux tiers des boutiques de Paris étaient fermées, et elles l'étaient toutes dans les rues traversées par le cortège. »

Vendredi, 25. — « Le soir, j'ai été seule chez la duchesse des Cars ; Séguier, président de la cour de cassation, y parla de l'assassin Louvel, devant un cercle de gens de la cour.

« De là, je suis allée dans le parti opposé, chez Benjamin Constant, où il y avait grande réunion de conspirateurs. J'y suis restée un instant seulement, pour m'assurer qu'il n'y avait pas de séance à la Chambre le lendemain. »

Samedi, 26. — « Agnès apporta de l'ambassade la nouvelle de l'attentat[1] projeté en Angleterre contre les ministres, dans la maison de lord Harrowby. »

Paris, mars 1820. — « J'ai assisté aux séances de la Chambre des députés le mercredi 1er mars, le jeudi 2, le mardi 7, ainsi que le jeudi, le vendredi, et le samedi

---

[1] La conspiration bien connue de Cato Street.

suivants. Les quatre derniers jours (c'est-à-dire, cinq jours, car les débats continuèrent le mercredi 8, mais je n'y étais pas) furent employés sans interruption à la discussion de la loi d'arrestation sur le mandat de trois ministres, déposée devant la Chambre le 16 février.

« M. Rivière, rapporteur de la commission chargée de l'examen, lut un long travail, minutieux et sans grand intérêt, sur les amendements de la commission, tous assez insignifiants ; un seul avait une sérieuse importance, il s'agissait de n'accorder aux ministres les pouvoirs réclamés par eux que jusqu'à la prochaine réunion des députés, de même que la Chambre des pairs avait borné à une année la durée des mesures restrictives sur la presse, que le ministère aurait désiré voir établir pour cinq ans.

« Je ne veux entrer dans aucun détail sur les discours des différentes opinions, car ils sont reproduits très exactement dans la plupart des journaux français ; mais j'ai été contente d'avoir vu, et j'ai curieusement observé l'aspect de l'ensemble et le caractère des trois divisions différentes ou fractions de la Chambre.

« Les meilleurs orateurs de gauche sont décidément le général Foy, Manuel et Benjamin Constant. Les deux premiers parlent sans aucune note, et Benjamin Constant s'arrange de manière à lire les siennes en ayant l'air d'improviser ce qu'il dit.

« Le général Foy parle avec noblesse et d'une manière plus appropriée au genre oratoire d'une assemblée que ne le font la plupart d'entre eux. Il ne fait aucune allusion aux Romains et à leur histoire, que les autres orateurs aiment tant à citer. Manuel discute d'une façon plus serrée ; il est plus violent dans ses assertions et dans ses opinions. Il les exprime avec un calme imperturbable, qui lui permet de continuer malgré les mille interruptions de la droite.

« Benjamin Constant parle toujours de manière à captiver l'attention, avec une grande abondance de faits et de paroles, souvent avec éloquence, plus souvent encore avec cette vive ironie ou ce persiflage à froid qui distingue sa conversation. Je crois que le goût lui fait quelquefois défaut. Je trouve qu'il n'aurait pas dû citer le nom du général Lafayette en sa présence, à propos d'un amendement permettant aux prisonniers d'État de voir leur famille après trois jours d'emprisonnement, pourvu que les personnes ainsi autorisées à les voir consentissent à partager leur captivité. Il fit allusion à l'emprisonnement, en Autriche, de M. de Lafayette, où sa femme et sa famille partagèrent sa peine. Il aurait pu rappeler tout cela sans nommer personne. Cette histoire est si connue, et la haine contre Lafayette si grande chez les ultras, que l'effet de son discours en fut amoindri.

« Au centre gauche, Courvoisier parle bien et agréablement, avec beaucoup de précision, peu de mots inutiles et toujours à propos, sans se servir de notes. On l'écoute toujours avec plaisir.

« Beugnot[1], du même parti, fit un discours excellent quant au fond et aux détails, mais il lisait, et cela nuit toujours à l'effet dans les assemblées populaires. Les pensées et les arguments ne font plus la même impression quand ils sont écrits au lieu d'être prononcés d'abondance par l'orateur.

---

[1] Beugnot (Jacques-Claude, comte), né en 1761. Servit constamment l'Empire. A la Restauration, il fut d'abord nommé au ministère de la Police, et ensuite à celui de la Marine. Il suivit le roi à Gand, et occupa diverses charges sous le règne des Bourbons.

« Du côté droit, les meilleurs orateurs, on pourrait dire les seuls dignes d'être entendus, sont Laîné, Villèle et Corbière. Ils prononcent tous trois leurs discours, mais ni leurs manières ni leurs figures ne sont imposantes, et leurs diatribes contre le parti opposé sont d'une telle violence, qu'elles inspirent l'effroi et le dégoût. Laîné est le plus éloquent ; quelquefois son début est bon, mais il faiblit toujours vers la fin.

« Villèle parle comme un enragé, comme un homme qui serait volontiers inquisiteur et bourreau. Corbière est du même genre.

« La violence de tout ce côté de la Chambre est beaucoup plus choquante et donne une idée beaucoup plus désagréable du caractère et des intentions de ses membres, que les remontrances, les invocations et les plaintes de la gauche ; celle-ci écoute aussi avec beaucoup plus de patience les ennuyeuses harangues de tous les partis.

« Parmi les ministres, Pasquier parle bien, et en homme de bon ton. Ses réponses ont de la vivacité et de l'à-propos. Siméon[1], le nouveau ministre de l'intérieur, a l'air particulièrement respectable ; il parla un jour très bien et avec beaucoup de simplicité sur la loi, de manière à produire visiblement un grand effet. Mais un second discours qu'il prononça, et où il n'y avait ni éloquence ni raisonnement, fit plus de tort que de bien

---

[1] Le comte Joseph-Jérôme Siméon, né en 1749, élevé dans l'étude des lois, ne prit que peu de part au gouvernement avant la Restauration. En 1815 il fut créé conseiller d'État, et en 1818 refusa les sceaux, que Pasquier venait de rendre. Cette fonction fut alors confiée à M. de Serres. En 1819, Siméon fut nommé inspecteur général des Écoles de droit; en 1820, secrétaire d'État à l'Intérieur, charge qu'il conserva jusqu'en 1821, lorsque le ministère fut renversé, et il entra alors à la Chambre des pairs.

à la cause. Roy[1], le ministre des finances, prononça ces jours derniers, sur cette loi, quelques mots très sensés, invoquant hardiment la responsabilité des ministres pour tout ce qu'ils avaient fait, et pour la manière dont ils voulaient user du pouvoir qu'ils demandaient.

« Sur les questions de finance, Roy est très long et très ennuyeux, comme on l'est presque toujours sur ce sujet. »

Lundi, 6 mars. — « Le matin, au Palais-Royal, chez Mme de Montjoye, et, de là, nous sommes allés voir les appartements du duc, de la duchesse et de Mlle d'Orléans. Les tableaux sont presque tous modernes ; il y en a de bons et de médiocres dans le genre français moderne, qui est bien différent de celui du dernier siècle.

« Le grand appartement du Palais-Royal est magnifique et du meilleur goût, tout en conservant un grand air de confort. »

Vendredi, 10. — « A la Chambre toute la matinée, je désirais entendre la fin de la discussion de la loi sur les arrestations. »

Lundi, 13 mars 1820. — Depuis deux heures jusqu'à près de six heures, j'étais à la Chambre ; on continuait la discussion sur la liberté individuelle, plus violente que jamais. Pendant que le général Foy parlait, un M. Corday, du centre droit, se leva et s'avança en lui criant : « Vous êtes un insolent. »

---

[1] Antoine Roy, né en 1765, commença sa carrière de droit en 1785. Il ne prit aucune part au mouvement révolutionnaire ni au gouvernement impérial. Après la Restauration, il devint membre de la Chambre des députés, et soutint toujours les droits de la Charte, prit une part active aux débats sur les questions de finances, et s'opposa avec succès aux vues de M. de Villèle. Il devint pair de France.

Mardi, 14. — « Les obsèques du duc de Berry ont eu lieu aujourd'hui à Saint-Denis. Tout le monde y était. Les théâtres furent fermés le soir ; c'était le premier jour de printemps. Mrs Scott [1] était encore si malade, que j'ai dû renoncer à assister à une cérémonie qui eût été nouvelle et intéressante pour moi. »

Mercredi, 15. — « Dernière discussion de la loi sur la liberté individuelle, qui fut votée à la majorité de dix-neuf voix, sans que le côté gauche eût pu faire passer un seul amendement. »

Mercredi, 29. — « A trois heures, je suis allée avec ma sœur aux Champs-Élysées ; le temps était délicieux, il y avait beaucoup de voitures, de chevaux et de gens allant à Longchamps ou regardant, ce qui valait mieux. Personne du « beau monde » n'était à pied, et il y en avait très peu, je crois, dans les voitures, mais toutes les dames avaient des chapeaux neufs, de forme et de couleur variées. »

Dimanche, 2 avril. — « Nous avons été à l'église, où la communion fut donnée à cent personnes. On nous garda depuis onze heures jusqu'à trois heures. »

Vendredi, 7. — « Nous sommes allées à la soirée ordinaire chez Benjamin Constant. Ce soir-là, lady Lindsay et moi avons vu pour la première fois la si admirée Mme Tallien, qui est maintenant princesse de Chimay par son mariage avec Joseph de Caraman. Avec le temps, elle est devenue une grosse femme de quarante à quarante-six ans, ayant conservé peu de restes de sa beauté si fine et si régulière. »

[1] Honorable Mrs Scott, auteur de plusieurs nouvelles très populaires.

Vendredi, 14. — « Été à trois heures chez l'ambassadeur, où il y avait un bal d'enfants. Les plus âgés, qui n'avaient pas plus de douze ou treize ans, dansaient admirablement ; les autres sautaient et couraient dans la grande salle et dans le jardin. A cinq heures, ils dînèrent, puis on leur montra une lanterne magique. »

Mercredi, 19 mars 1820. — « Nous sommes entrés dans la cour du Palais, puis dans la grande salle qui conduit à celles où siègent les tribunaux. Nous y avons rencontré M. Mérilhon, en robe et en bonnet carré. Je lui ai fait part de notre désir de visiter la Conciergerie, si cela était possible. Il nous accompagna jusqu'à la porte. Au pied du grand escalier, nous nous sommes trouvés entre deux grilles, et nous y sommes restés pendant que M. Mérilhon demandait au concierge une permission pour entrer ; mais on lui répondit que, depuis que Louvel y était, personne n'était admis dans la prison. La vue de la première grille suffit pour me donner une triste impression du reste. Je n'étais pas fâchée de m'être trouvée entre les deux portes par lesquelles l'infortunée Marie-Antoinette passa, après la mort du roi, lorsqu'elle fut amenée du Temple, et que la furie de ses persécuteurs lui fit traverser de nouveau pour aller à l'échafaud ! »

Mardi, 25. — « Le matin, à la Chambre, la tribune des ministres était déjà si remplie, qu'une souris n'y aurait pas trouvé place. Nous avons attendu plus d'une demi-heure dans les corridors, et, une fois entrés, nous nous trouvâmes avec quatre hommes devant nous qui nous empêchèrent de voir et d'entendre pendant une autre demi-heure. Après tout, les débats ne valaient pas cet ennui. Les deux partis étaient d'accord pour envoyer la pétition de M. Mandier au président du Conseil des ministres. La seule chose frappante dans la discussion fut ce que l'on y dit de l'influence secrète de Monsieur, que l'on prétendait être cause de beaucoup de mal. Les ministres ne nièrent pas positivement. »

Mardi, 4. — « Quitté Paris. »

HUITIÈME VOYAGE

1822

---

12 mai 1822. — Miss Berry, venant de Bruxelles, arriva à Paris.

Dimanche, 12 *mai* 1822. — « Dîné chez l'ambassadeur. Talleyrand y était et parla d'une façon très amusante des manières et du genre de vie des vieilles dames de l'ancienne cour, dont il ne reste, dit-il, aucun vestige, ajoutant que « c'était une chose qui manquait pour « l'entretien des manières et de la langue ».

Mercredi, 23 *mai* 1822. — « Nous sommes allées à l'exposition privée des tableaux modernes. A l'exception de quelques petites peintures de genre et d'intérieurs, il n'y en avait pas qui valussent la peine de se déranger. Les portraits ressemblaient tous à des peintures de plateaux à thé. »

Paris, mercredi, 5 *juin* 1822. — « Nous sommes allés au Théâtre-Français voir une nouvelle pièce, *Régulus*, par Arnault le fils[1]. Talma était excellent, la

---

[1] Lucien-Émile, fils d'Antoine-Vincent Arnault.

MISS BERRY

(D'après une gravure de H. Adlard, appartenant à la vicomtesse Palmerston.)

pièce sans intérêt, malgré quelques beaux vers gâtés par un perpétuel éloge de Rome, de son patriotisme, et de sa liberté. Le parterre était bien rempli, faisait grand bruit et beaucoup d'allusions.

Talma vint proclamer le nom de l'auteur, et bientôt après Arnault le père, par un hasard bien combiné, fut amené de force d'une loge de balcon, pour recevoir les bruyants applaudissements du parterre. »

Dimanche, 16. — « Nous sommes allés à Tivoli avec les deux William, M. Abercrombie, M. Ward et le duc de Dalberg. Ward m'offrit son bras. Il est malade de corps et d'esprit, et, je crois, plus physiquement que moralement, quoiqu'il soit persuadé du contraire. Il est dans un état déplorable, et je ne saurais trop le plaindre. »

Mercredi, 26 juin. — « Dans la soirée, nous sommes allées à Neuilly avec lady Pollington pour être présentées à la duchesse d'Orléans.

« Rien n'est plus simple et moins cérémonieux que cette cour; la princesse se tient dans un cercle avec Mlle d'Orléans, changeant souvent de place et parlant à tout le monde. Nous y étions de bonne heure, à huit heures et demie, et nous sommes partis avant dix heures.

« Il y avait en tout une cinquantaine de personnes; le duc d'Orléans allait et venait, causant principalement avec les hommes. »

Jeudi, 4 juillet 1822. — Nous sommes partis en calèche pour Andilly; nous avons trouvé Mme de Duras seule, elle nous a lu la première partie d'*Édouard*. Nous avons fait une courte promenade jusqu'à la terrasse où J.-J. Rousseau se reposait en allant de l'ermitage de Montmorency à Eaubonne. »

Samedi, 6 juillet. — « Chez Mme de Duras pour entendre la fin d'*Édouard;* c'est touchant et très bien écrit, mais peut-être moins naturel et plus guindé que la première partie. »

Mercredi, 10 juillet. — « Dîné à Neuilly avec le duc d'Orléans; lady Pollington nous accompagna. Il y avait trente couverts, l'argenterie était neuve et magnifique, mais de moins bon goût que l'ancienne. Les surtouts et les ornements tout en bronze doré. Les vases, etc., garnis de fleurs, étaient superbes, mais les pièces trop nombreuses et trop petites. Le service de dessert de cristal et de vermeil. Les grandes corbeilles étaient très belles et d'un travail exquis; la salle à manger est une galerie bien aérée et très agréable. En rentrant dans le salon nous y avons trouvé tous les enfants, sauf les deux plus petits, au nombre de six, trois garçons et trois filles. On ne peut voir une plus belle famille, des enfants mieux élevés, et plus à leur aise avec leurs parents. Le duc de Chartres est grand pour son âge; il a la plus jolie figure, mais il paraît moins fort que les autres. Les deux garçons plus jeunes, que nous avons vus, sont le duc de Nemours et le prince de Joinville. Les petites princesses sont Mlles de Montpensier, de Valois et de Beaujolais; elles sont toutes gracieuses, blondes et jolies. Il y avait au salon avec eux deux institutrices et un précepteur. Il faisait très beau, et comme le salon ouvrait sur le jardin, tout le monde sortit. Le duc d'Orléans proposa de faire une promenade. Nous l'avons accompagné avec Fagel, lady Pollington, lady Barbara, M. Ponsonby et une autre personne. Nous avons traversé les petits ponts pour aller aux îles de la Seine; je n'ai pas vu en France de parc et de jardin si bien dessiné et si bien tenu que Neuilly. Ce serait, en tous pays, une charmante villa, et quoique construite comme un pavillon, ce qui la rend très jolie extérieurement, elle contient des pièces si hautes et si larges, qu'elles semblent celles d'un palais.

« A notre retour au salon, nous l'avons trouvé plein de monde qui venait passer la soirée; nous y sommes restées encore une demi-heure, puis nous avons accompagné Mme de Montjoie dans une autre pièce, où elle nous a montré quelques albums de dessins par M. Athalin. »

Vendredi, 19 juillet 1822. — « Le matin, nous sommes allés, avec les Davenport et le comte de Buol, au diorama, nouvelle sorte de panorama dans lequel on a trouvé moyen de reproduire des effets de lumière sur un paysage représentant une vallée suisse avec un lac. Il y avait une autre scène où l'on voyait la cathédrale de Canterbury, l'illusion y est également parfaite. »

Vendredi, 27 juillet. — « Dans la soirée, nous sommes allées avec Mme et Mlle Davenport faire visite à Mme de Gontaut; nous l'avons trouvée séchant les larmes d'un des petits princes, sous les arbres, près du château. Sa fille, Mme de Bourbon-Busset, nous reçut, et la mère nous rejoignit bientôt avec ses précieux enfants. Les petits princes étaient beaucoup mieux que je ne m'y attendais. Mademoiselle est certainement une jolie petite fille de trois ans. Monseigneur, ainsi qu'on l'appelle à chaque instant, est un gros garçon très frais et très en train pour son âge de vingt-deux mois. Ils restèrent à jouer avec les deux enfants de Mme de Bourbon-Busset, sur les marches du perron où nous étions assis.

« Ils allèrent souper dans une pièce voisine, puis

vinrent dire bonsoir en toilette de nuit à Mme de Gontaut. Elle fut très polie pour nous. »

Mardi, 13 août. — « Nous avions la permission du duc de Castries, le gouverneur, de dîner dans le petit parc de Meudon[1]. Nous avons passé par Bellevue[2] où nous sommes descendus. Ayant trouvé la porte du pavillon central ouverte, j'entrai et traversai les grands appartements donnant sur la terrasse. Quelle scène de désolation et de magnificence passée! La grande salle à manger et son antichambre sont ornées de piliers en stuc très riches et de très bon goût. Les belles cheminées de marbre blanc, ornées de beaux bronzes dorés, subsistent encore, et tout autour de l'espace vide sont de grands miroirs et des fenêtres avec de grands volets carrés ornés de bronze doré. La vue de ces fenêtres, qui donnent sur la terrasse longeant la façade du pavillon, est très belle et surpasse de beaucoup celle de Meudon. Dans les appartements, qui donnent sur la cour, et dans le corps du logis qui en forme les deux côtés, plusieurs familles sont établies.

« C'était la partie, je crois, qui fut la moins dévastée par les barbares de la Révolution; mais tout ce qui entoure cette belle maison de plaisance est dans un déplorable état de ruine. »

Samedi, 24 août 1822. — « Quitté Paris, pour Lausanne, Turin, Genève. »

---

[1] Le château de Meudon fut construit par le second Dauphin, père de Louis XV, et arrangé pour Marie-Louise par Napoléon, en 1812.
[2] Bellevue fut construit en quelques mois, pour plaire à Mme de Pompadour, mais complètement dévasté pendant la Révolution.

NEUVIÈME VOYAGE

1823

Vendredi, 11 juillet 1823. — « Arrivée à Paris. »

Vendredi, 18 juillet 1823. — « Nous sommes allés le soir au spectacle voir Mlle Mars dans *Tartuffe* et *Valérie*. Cette dernière pièce n'est pas bonne, mais Mlle Mars y joue le rôle d'une aveugle, de façon à faire pleurer et à enchanter tous ceux qui ont assez de goût et d'imagination pour apprécier son inimitable talent. »

Mardi, 22. — Dîner chez lord Guilfort à quatre heures. Il n'y avait là que Pozzo di Borgo et Brownlow North. Le premier, à notre satisfaction, ne cessa de parler; nous l'avons lancé sur la campagne de 1814. Il n'est pas possible de raconter avec plus de talent et de sentiment que Pozzo, et en entremêlant sa narration de plus de réflexions philosophiques. »

Mercredi, 23. — « Le soir, nous avons été à Neuilly; on nous reçut immédiatement et très gracieusement. Il y avait beaucoup de monde malgré la saison et le mauvais temps : Talleyrand (comme d'habitude), le général Foy, Stahremberg, Girardin, etc., etc.

« Mlle d'Orléans m'adressa les paroles les plus flatteuses, et dit qu'elle était sûre que nous nous entendrions parfaitement si nous nous connaissions davantage. Mais, hélas! tout cela ne me touche pas, car je sens que le déclin de mes forces physiques affecte mes facultés intellectuelles, et me met au-dessous d'une vieille femme ordinaire, se portant bien et capable encore d'une certaine activité. »

Jeudi, 24 juillet 1823. — « Nous sommes allés jusqu'à Auteuil pour voir la princesse d'Hénin et Lally. Nous les avons trouvés tous deux, lui incapable de quitter son sofa et la figure très changée. La princesse, assise près de lui, remarquablement pâle et épuisée. Ils ne sont plus pour longtemps en ce monde, mais ils le quitteront ensemble.

« Nous avons trouvé quatre personnes de leur intimité qui composent le petit cercle dont ils peuvent encore jouir. »

Vendredi, 25. — « Dîné à Andilly avec Mme de Duras, nous n'y avons trouvé que Mme de Rauzan et ses enfants. Mme de Duras nous lut le *Moine du Saint-Bernard*, un roman qu'elle a composé pendant notre absence. Elle nous réserve un autre écrit, que je suis plus curieuse encore de connaître. Celui-ci est d'un bon style; quoique les descriptions soient longues, il est très bien imaginé, mais il y a peut-être un peu d'exagération dans la manière dont le héros supporte son malheur. »

Mercredi, 30. — « Nous avons vu Mlle Mars dans le *Misanthrope* et les *Fausses confidences:* je l'ai trouvée plus parfaite que jamais. »

Mercredi, 6 août 1823. — « Dîné à Neuilly avec environ trente personnes, pour la plupart de la « gauche ». Talleyrand était assis entre les deux princesses, puis venaient M. Mounier et moi, ensuite le général Dupont (celui de la capitulation de Baylen); c'est un causeur agréable, à la figure intelligente et calme, mais étonnamment ignorant de la politique anglaise. »

Jeudi, 7 août. — « Ce matin, à midi et demi, nous sommes allés chez Mme de Duras pour entendre lire *Olivier ou le Secret*. C'est un roman par lettres, très bien écrit; nous n'en avons entendu encore que le tiers, qui est très intéressant. »

Dimanche, 10. — « Nous sommes restés chez nous avec miss Knight, Hare, la princesse Zénaïde, M. Rawdon, et miss Williamson.

« La Zénaïde commença à nous lire un de ses romans dans lequel il y a beaucoup d'imagination, mais dont le manuscrit est si confus, qu'elle ne put elle-même s'y retrouver. »

Mercredi, 13. — « Nous sommes allés à Neuilly prendre congé. Il y avait moins de monde que d'habitude. Mademoiselle est toujours très bienveillante pour moi. »

Lundi, 18. — « Le soir nous avons été chez la princesse Zénaïde pour y voir Mlle Mars. Nous n'y avons trouvé que sa belle-sœur, sa fille et une Mme Rosamöfski (la Française), M. Sosthènes de La Rochefoucauld, le duc de Rauzan, et Fontenay.

Mlle Mars arriva très tard. Dans le monde, elle est aussi naturelle et intelligente que sur la scène, parlant avec esprit de son art, de Talma et d'une nouvelle pièce dans laquelle elle devait jouer avec lui. Bref, elle est dans un salon absolument ce qu'elle est au théâtre, le même charmant son de voix, la même finesse et la même simplicité. J'ai été très contente de la voir et de la trouver aussi agréable. Sa toilette était très simple, sa coiffure sans ornements; elle portait une robe de mousseline et des perles d'or au cou. Nous l'avons laissée chez la princesse Zénaïde à près de minuit. »

Mardi, 19 août 1823. — « Quitté Paris pour Londres. »

1828

Miss Berry publia en 1828 un ouvrage intitulé *Étude comparée de la vie sociale en France et en Angleterre*, au sujet duquel Benjamin Constant écrivit l'appréciation critique suivante.

CRITIQUES PAR B. CONSTANT

« Mon voyage à Strasbourg a interrompu non pas la lecture de l'ouvrage de miss Berry, que j'avais été entraîné à achever auparavant, mais les notes écrites que je comptais, d'après sa demande, lui remettre. Je ne puis donc que lui communiquer des observations générales, mes notes consistant en renvois qui indiquaient le lieu où je comptais placer des observations dont aucune n'est écrite.

« Je lui dirai donc qu'un des grands mérites de son ouvrage, qui en a de plusieurs genres, est de donner sur la restauration anglaise, et sur les mœurs qu'elle produisit, des idées neuves et parfaitement justes, d'après mon jugement, fondé sur l'étude assez approfondie que j'ai faite de cette époque. Les caractères individuels sont parfaitement bien tracés, et le style a une verve et une énergie qu'on trouve rarement dans des ouvrages de femme. Ce dont je sais particulièrement bon gré à l'auteur, c'est de n'avoir pas désavoué la noble lutte pour la liberté, d'avoir réclamé pour l'honneur de l'Angleterre tout ce qu'il y a eu de beau et de grand dans des époques orageuses, et par là même mélangées d'erreurs et de crimes. On voit que l'auteur compose, de la partie pure de l'aristocratie comme de la partie pure de la démocratie (ce n'est pas le mot propre) de l'Angleterre, un patrimoine national qu'il aime à enrichir même des splendeurs des deux factions, recueillant ainsi dans son esprit patriotique tout ce qui peut faire honneur à son pays dans les deux camps opposés. Ce sentiment percé dans toutes les pages, et ce qu'il y a de préjugés dans ce sentiment ne sert qu'à donner à l'ouvrage plus d'individualité, de chaleur et de vie.

« Peut-être les prévisions de l'auteur sur l'avenir politique et social de l'Angleterre se ressentent-elles de ses préjugés, de manière à leur préparer quelques démentis par les événements.

« Élevée au milieu de l'aristocratie anglaise, dont elle fait partie, Mlle Berry la croit trop inexpugnable. Elle croit qu'il y aura toujours cette atmosphère de privilège, de distinction et de concentration de fortune qui donne à la société anglaise une élégance un peu dédaigneuse et un peu raide, et une noblesse de sentiments que je ne veux point lui contester, tant qu'il ne s'agit que des individus anglais entre eux ; car quand il s'agit des peuples étrangers, c'est tout le contraire. Elle ne veut pas admettre que le nivellement auquel l'espèce humaine tend de toutes parts aura lieu en Angleterre comme il a eu lieu chez nous, et qu'alors l'aristocratie anglaise, et ses manières et tout son lustre social, que miss Berry décrit si bien, fera place à autre chose; et en la lisant on voit qu'elle croit à une durée contre laquelle bien des chances s'élèvent et bien des probabilités se manifestent. Il est paradoxal, mais il est vrai, de dire que si politiquement et comme nation le peuple anglais existe et a existé avant tous les autres, il existe, socialement parlant, beaucoup moins que le peuple français. Il a eu des droits quand le reste de l'Europe n'en avait pas; mais il n'a jamais eu de place sociale. Aussi l'auteur a dû se borner à peindre la grande coterie aristocratique de l'Angleterre, et son tableau est d'une exactitude, d'une vie, d'un intérêt infini.

« Quant à la France, l'état social sous Louis XIV et Louis XV est décrit avec la même fidélité, la même connaissance des détails, le même talent de faire reporter les circonstances symptomatiques. Cette partie exigeait surtout de la sagacité, de la finesse et ce genre de gaieté qui résulte plutôt des aperçus que des expressions, et que l'auteur excite plus qu'il ne l'éprouve. L'Angleterre exigeait plus de gravité et plus de sérieux.

« Mlle Berry a saisi admirablement cette nuance et le ton qui convenait au sujet, et, tout Français que je suis, je lui pardonne le mépris qui perce dans ses descriptions de la solennité pompeuse et frivole de Louis XIV et de la frivolité licencieuse et aride de Louis XV. Je le lui pardonne parce que je le partage. Cette partie de son livre a le même mérite que la précédente. On vit avec les individus : ce n'est pas une lecture, mais une société dans laquelle on entre.

« Mais elle aura une toute autre tâche dans le second volume qu'elle nous promet et nous donnera bientôt, j'espère. Une nation nouvelle a envahi la France depuis la Révolution, et il ne s'agit pas pour un auteur de la sagacité de Mlle Berry de la confondre avec celle qui l'a précédée, ou de la désigner en traits généraux de désapprobation.

« Ne voir en France qu'un dérangement partiel, laissant subsister les bases de l'ancien état social, serait une erreur aussi grave que si on ne voyait dans l'état social du Bas-Empire que les courtisans d'Honorius ou d'Augustule, et non les barbares vainqueurs de ces courtisans, et devant composer la société dominante. Déjà, peut-être, Mlle Berry a passé un peu légèrement sur les commencements de notre Révolution.

« Je conçois que sa partie théâtrale l'ait fait sourire, et que sa partie atroce l'ait révoltée ; mais dans les flancs de cette révolution était renfermée une nation qui n'était ni théâtrale ni anarchique. Un peu badaude d'abord, puis subjuguée par des hommes qui profitaient de l'irritation provoquée par ses ennemis, cette nation avait une volonté une et forte, qu'elle ne connaissait pas elle-même, mais qui la dominait, et sur laquelle elle n'a pas varié, car elle est la même en 1828 qu'en 1789. C'était la volonté d'être délivrée de tout privilège, de tout monopole politique ou même social, de toute concentration de propriété ou de pouvoir. Cette nation n'était pas plus dans la société en France que le peuple anglais proprement dit n'y est en Angleterre. Mais, de plus, elle était hors du droit politique, dont le peuple anglais a la puissance, ce qui fait qu'il se résigne à l'autre exclusion. La nouvelle nation française n'a pu s'y résigner ; elle a bouleversé la société de France, et en la bouleversant elle y est entrée. Elle constitue non seulement l'état politique, mais l'état social actuel. L'ancienne société se réfugie en vain, comme des souris, de vieux salon en vieux salon. Elle n'existe plus que par réminiscence, et le temps qui la moissonne donne à sa propre descendance les caractères du nouvel état social. C'est celui-là qu'il faudra peindre; c'est dans la nouvelle génération qu'il faut l'étudier.

« J'allais dire ce qu'est la nouvelle génération; mais l'heure du pain et du beurre arrive, et la perspective du miel répand sur l'avenir de la France un brouillard que je ne puis dissiper.

« Je ne finirai pourtant pas sans répéter à miss Berry que son ouvrage est ce que j'ai lu de plus piquant, souvent de plus élevé, et toujours d'un intérêt et d'un charme que bien peu de livres ont à ce degré. »

DIXIÈME ET ONZIÈME VOYAGES

1828-1829

Les miss Berry, venant de Bade et de Suisse, arrivèrent à Paris au commencement d'octobre 1828, très attristées par la mort de leur vieille amie Mrs Damer. Pendant ce séjour à Paris, miss Berry néglige son journal, et note seulement que son départ eut lieu le 19 janvier 1829, pour regagner Londres, où elle arriva avec sa sœur le 24 du même mois.

Journal. — *Paris, vendredi, 3 juillet* 1829. — « Nous avons rencontré Mme de N***. En demandant des nouvelles de Mme de Mortefontaine, qui avait quitté Paris très malade, il y a un mois, la conversation tomba sur les premières années de sa vie dont j'avais toujours été très curieuse de savoir les détails. Elle nous dit qu'une sorte de fatalité malheureuse, terrible, semblait l'avoir poursuivie toute sa vie, comme la vengeance des divinités païennes que la fable nous raconte.

« Elle perdit, tout enfant, sa mère, fille du procureur général Joly de Fleury; elle n'avait que dix ou onze ans quand son père, qu'elle adorait comme le seul parent qu'elle eût jamais connu, fut poignardé chez un restaurateur du Palais-Royal au moment où il payait au comptoir, le lendemain du jour où il avait voté, sans restriction, la mort de Louis XVI. Le meurtrier était un garde du corps qui commit ce crime sans être même certain de l'identité de sa victime, par folie d'honneur et de fidélité au roi[1]. Nous nous rappelons tous la fureur que déchaîna cet événement dans la Convention; le récit de la terrible exposition du corps avec sa blessure béante, les funérailles publiques, l'adoption de l'orpheline par la Nation; et, pour consacrer à jamais (à ce qu'on supposait) sa nouvelle et étrange parenté, on changea le nom de l'enfant, le baptême alors n'existant plus : elle s'appela *La Nation* Lepelletier de Saint-Fargeau. La garde de l'orpheline fut d'abord réclamée par son grand-père maternel, Joly de Fleury; mais ses principes et ses opinions n'étaient pas à la hauteur de la Nation, ou ne semblaient pas dignes d'être inculqués à la fille de la Nation, qui était de plus l'héritière d'une très grande fortune, trois cent mille francs de revenu; aussi son oncle Félix Lepelletier fit-il valoir ses droits à devenir son tuteur, et, malheureusement, son grand-père Joly de Fleury céda par crainte des démagogues. Cet oncle, Félix Lepelletier, plaça immédiatement près d'elle une femme qui lui était entièrement acquise, et prit la résolution d'épouser lui-même sa nièce afin de s'assurer sa fortune. Comme elle lui témoignait beaucoup de répugnance, il donna à entendre qu'il aurait soin en temps voulu de rendre impossible tout autre mariage. En même

---

[1] L'assassin était un homme du nom de Paris; il se tira un coup de pistolet au moment de son arrestation. La mort de Lepelletier inspira à David un de ses plus célèbres tableaux, qu'on dit avoir été acheté par Mme de Mortefontaine pour être détruit.

temps, pendant qu'elle séjournait chez lui, de onze à quinze ans, son oncle la mena dans toute la mauvaise société du jour, allant à la campagne avec des bandes de ses amis jacobins dont chacun amenait sa maîtresse; enfin elle fut exposée à tous les dangers pendant sa première jeunesse.

« Puis une Hollandaise, Mme de Witte, une des intrigantes d'alors, gagna la femme que Félix Lepelletier[1] avait placée auprès de sa nièce. Mme de Witte lui offrit une rente de cinq mille francs, pour la tromper et pour persuader à la jeune fille, lorsqu'elle aurait atteint l'âge de quinze ans, d'épouser son fils.

« Cette femme gagna bien son argent, et Mlle Lepelletier fut mariée à quinze ans à M. de Witte, qui se révéla mauvais sujet, perpétuellement ivre et de la conduite la plus répugnante pour une jeune personne. De nouveau elle fut jetée dans le monde, sans principes, sans éducation, sans guide d'aucune sorte, et qu'était-ce alors que le monde en France!

« Son mariage avec M. de Witte fut rompu par le moyen facile, en ce temps, du divorce, et elle épousa peu après son cousin, M. de Mortefontaine (aussi Lepelletier), l'ayant préféré à plusieurs grands partis offerts par d'anciennes grandes familles.

De meilleurs jours semblaient devoir luire pour elle, et Mme de Mortefontaine les employa à acquérir l'instruction, les talents et les principes religieux, qu'on avait entièrement négligé de lui donner dans sa première jeunesse.

« Mais après quatre ans d'union avec M. de Mortefontaine, celui-ci fit une chute de cheval à Saint-Far-

---

[1] Félix Lepelletier fut exilé par les Bourbons au mois de janvier 1816. Il revint ensuite en France, et mourut dans la retraite en 1837.

geau, leur château. Il survécut huit jours à cet accident, insensible à tout, excepté à la voix de sa femme, qu'il semblait reconnaître. Ce fut Mme de Mortefontaine elle-même qui lui administra les sacrements à ses derniers moments, le prêtre qui l'assistait n'ayant pu trouver d'autre moyen de lui faire comprendre de quoi il s'agissait. Pendant cette affreuse agonie on désespérait de la vie de l'aînée de leurs enfants. Comme cette jeune fille était d'âge à connaître et à aimer tendrement son père, la tâche de la pauvre mère était terrible, car il lui fallait cacher à la fois à son enfant sa propre douleur et l'état de son mari.

« Depuis la mort de M. de Mortefontaine, elle se dévoua entièrement à l'éducation de ses deux filles. L'aînée s'est mariée, il y a deux ans, à la grande joie de sa mère, à M. de Boisgelin, fils du comte Alexandre de Boisgelin.

« Mais Mme de Mortefontaine, quoique heureuse en apparence, par sa grande fortune et une existence parfaitement respectable, réconciliée avec la famille royale, qui n'a pas fait retomber les fautes du père sur l'enfant, possédant à Paris la résidence la plus enviable et une grande propriété à Saint-Fargeau, semble toujours accablée par de terribles souvenirs, et épuisée par des sentiments qui ont détruit chez elle toute vigueur physique et morale. C'est en effet la vérité, ajouta son amie, et Mme de Mortefontaine est mourante à quarante-sept ans, usée par une existence dont la première partie a empoisonné le reste.

« N. B. Elle mourut l'année suivante (1836). »

DOUZIÈME VOYAGE

1830 — LETTRES ET JOURNAL

Miss Berry n'écrivit pas régulièrement de journal pendant cette année, mais les lettres de différents correspondants et le journal des trois jours tumultueux passés à Paris relient les chaînons qui deviennent plus espacés d'année en année et qui nous faisaient participer à la vie journalière, aux pensées et aux occupations de miss Berry.

Lettre du comte Lally-Tollendal aux miss Berry.

« 25 janvier 1830.

« Mes chères bonnes amies,

« Il m'a passé par la tête que peut-être vous seriez bien aises de voir Mme de Genlis, dont vous avez tant entendu parler et tant parlé vous-mêmes. Elle se donne, ou plutôt sa fille, Mme de Valence, lui donne, ce soir, un « raout » musical, littéraire, dignitaire, tout ce que vous pouvez imaginer, pour célébrer le quatre-vingt-cinquième anniversaire de son jour de naissance. La soirée sera agréable, la société brillante et cosmopolitaine, une partie de la cour du Palais-Royal, ambassadeurs, prélats, ministres, académiciens, dames anglaises, et françaises et russes. Le directeur de la soirée sera Mme Dieudé de Fly, votre traducteur. Vous y rencontrerez jusqu'au roi des éditeurs, notre célèbre libraire Ladvocat, qui probablement sera chargé de l'édition de votre livre enfin bien traduit. Mme de Genlis, à qui j'avais envoyé demander hier quelques invitations en blanc pour mes amis, m'a répondu, en me les envoyant, que je pouvais lui en amener cinquante si je voulais, et que tous et toutes seraient également bien reçus. Voyez, mes chères petites et illustres amies, si cela vous rit : à partir de huit heures je serai là pour vous recevoir. Je vous envoie le billet en blanc, parce que dans le cas où vous ne seriez pas curieuses, d'autres amis pourraient l'être auprès de vous. Vous mettrez dans les blancs les noms que vous voudrez. Adieu, ou plutôt sans adieu, mes chères amies, vous dont les écrits sont des peintures, vous dont les dessins sont des poésies, vous qui avez risqué de me faire crever d'amour-propre par votre souscription au précieux cadeau dont vous m'avez gratifié, vous qui m'avez remis à ma place et qui avez tempéré mon orgueil en refusant à mes vives sollicitations de m'ouvrir les trésors de votre album, vous qui apparemment me conservez encore rancune d'y avoir remarqué un jour l'expression de la « vérité toute nue »; « ces pauvres petits » sont bien grands aujourd'hui. Ils ont fait une belle fortune, et n'ont plus besoin de la chemise que je leur refusais.

« Tendresses, respects, reconnaissance en dernier résumé.

« Lally-Tollendal. »

Les extraits suivants sont tirés d'une lettre de miss Berry à lord Dover, qui avait entrepris la tâche d'éditer les lettres de Horace Walpole à sir H. Mann, ouvrage qui fut terminé et publié en 1833.

Saint-Germain, 22 juin 1830. — « Je dois vous dire combien je me réjouis à la pensée que vous êtes chargé d'éditer les lettres de lord Orford à sir Horace Mann. Elles sont, dans toute sa correspondance, de beaucoup les meilleures, ayant été écrites lorsqu'il était dans toute la force et la vigueur de son esprit et de son goût extraordinaire, et pendant que sa vie et ses rapports avec le monde lui fournissaient amplement de quoi les entretenir. La pauvre Mme Damer et moi avons souvent regretté que ces lettres ne fussent pas publiées, tout en craignant qu'elles ne tombassent en de mauvaises mains et fussent mal présentées; car elles avaient absolument besoin d'être triées par quelqu'un d'expérimenté, bien au courant du monde et des histoires de la dernière moitié du siècle précédent. La copie que vous avez maintenant entre les mains, et qui a été classée et transcrite par Kirgate, vous prouvera que leur auteur en désirait la publication; et cependant, par suite de l'inconséquence étrange de ses derniers jours, son testament mettait des obstacles au bon accomplissement de cette tâche. Enfin, je me réjouis de la voir en bonne voie. Quand serez-vous prêt pour l'impression? Je crains que lorsque j'arriverai en Angleterre, vous n'ayez pas de temps à donner à mes paperasses qui auraient peut-être autant besoin d'être revues que votre travail actuel, quoique pour des raisons bien différentes.

« Je vous défie d'avoir en Angleterre un temps plus détestable qu'ici. Nous sommes installés depuis dix jours et n'avons pas encore pu faire plus de trois promenades en voiture. Je ne m'étonne pas que vous trouviez affreux ce qui se passe en France, même si je ne savais pas que vous êtes en correspondance avec une dame de l'extrême gauche qui ne vous adoucira pas le tableau. Il est certain que toutes les mesures conseillées par les ministres sont des plus imprudentes et vexatoires. Rien cependant ne peut se décider avant que l'on se rende compte de la couleur de la prochaine Chambre. La plupart des élections ont été remises au mois prochain, sous prétexte de la moisson; mais, en réalité, dans l'espérance que la gloriole du succès d'Alger pourrait influencer les votes. Cela est possible, et il est possible aussi que les deux partis aient tiré quelque leçon de leurs folies de la semaine passée, et que le roi et les Chambres tiennent un autre langage. Il est, croyez-moi, complètement impossible d'espérer que des têtes françaises puissent agir avec calme, les plus solides mêmes sont si facilement troublées par les circonstances du moment. Je crois que la masse du peuple ne sera pas facilement amenée à une guerre civile, malgré les acclamations et les sérénades dont ils ont accablé leurs députés populaires, et je crois que l'armée, si on s'adresse à elle, sera du même avis que le peuple; dans ce cas il ne resterait aux pauvres habitants des Tuileries qu'à céder ou plier bagage. Ce qu'ils feront, Dieu le sait! On dit que le roi se déclare prêt à porter la couronne du martyre. Je n'en crois rien. Mais le langage qu'on tient autour d'eux, est de ceux qu'une tête couronnée est toujours trop disposée à écouter. »

Lettre de miss Berry à la comtesse de Hardwicke.

« Saint-Germain, mercredi 27 juillet 1830.

« Chère lady Hardwicke, comme Élisabeth est absente et que lord Stuart n'est certes pas « écrivailleur », nous voulons croire que vous êtes désireuse d'apprendre de nous-mêmes que le nouvel état politique de la France ne nous inspire pas de craintes pour notre sûreté personnelle. Nous pouvons juger des histoires que vous entendrez en Angleterre d'après celles que les *gondoles* parisiennes et les *accélérées* nous apportent toutes les heures à la minime distance de douze milles.

« Lord Stuart a dîné avec nous hier; il était de fort bonne humeur, mais il n'y a rien à apprendre de ces grands personnages, car on n'ose rien leur demander. Les habitants du Val, Mme de Noailles, etc., gardent le silence à cause de leurs relations avec la cour.

« Dans ces circonstances, poussés par une louable curiosité, nous avons l'intention d'aller à Paris dans huit jours. De toute façon il m'aurait fallu y passer dix ou douze jours pour faire nos paquets et les expédier avant nous. En attendant, nous serons divertis par la comédie du moment et nous étudierons la couleur que prendront les choses, ce que personne jusqu'à présent, je pense, ne peut deviner. Il est difficile de croire qu'on laisse modifier la Constitution et détruire les libertés de la France par les personnages insignifiants dont les noms suivent celui de M. de Polignac dans le rapport au roi. Et cependant, si le gouvernement est très sûr de l'armée envers et contre tout, je ne vois pas comment on pourra l'éviter. Mais malgré les flatteries prodiguées dernièrement à l'armée, on doute beaucoup de sa fidélité, et, si c'est avec raison, rien ne pourra empêcher de voir sur les Tuileries l'écriteau « Grand et bel hôtel à louer, avec vue sur les jardins ».

« Nous n'en sommes pas là en Angleterre, Dieu merci; l'élan de loyauté et d'enthousiasme pour notre bon roi paraît être général.

« Il mérite assurément ce titre pour tout ce qu'il a fait, et, s'il n'en fait pas trop et reste calme, je suis persuadée qu'il gardera sa popularité.

« Maintenant, parlons de notre histoire future. Nous ne resterons pas plus de quinze jours à Paris, et nous irons à Londres au mois d'août; alors il nous faudra louer une maison malpropre, voir des fournisseurs et nous occuper du nettoyage de ladite maison. A la fin du mois, nous espérons nous retirer dans la maison de Mme Scott à Petersham, jusqu'à ce qu'elle revienne d'Écosse avec son amiral.

« Entre temps, notre habitation de Curzon Street sera nettoyée et prête à nous recevoir au mois de novembre; je ne puis en dire davantage, si ce n'est que j'espère qu'une visite à Wimpole sera possible en automne ou en hiver, et comme notre intention est que ce contrat soit l'œuvre d'un trio, je laisse ma plume à mes compagnons. »

P. S. *de lady Charlotte Lindsay à la comtesse de Hardwicke.*

« Chère lady H., comme miss Berry vous a raconté tout ce que nous savons sur ce coup d'État, je vous dirai seulement que nous étions si partagés entre la curiosité et l'amour du grand air par ce temps délicieux, que nous aurions été dans l'embarras, si les choses ne s'étaient arrangées d'elles-mêmes par la découverte que nous ne pouvions garder notre maison plus d'une semaine. Ainsi nous retournons à Paris mercredi prochain ; j'y crains la chaleur beaucoup plus que les émeutes, car elles pourraient être intéressantes pour nous, quoique nos amis éloignés risquent d'être régalés chaque jour des récits de notre massacre. Mais je promets de recommander à ma femme de chambre de donner tous les détails de notre meurtre. Notre roi, au moins, semble plaire à son peuple, en être content et être réellement aussi heureux qu'un roi (proverbe que je n'ai jamais trouvé vrai jusqu'à présent). Nous vous écrirons, et vous tiendrons au courant autant qu'il nous sera possible. Adieu pour le moment. »

Journal de miss Berry. — *Dimanche,* 25 *juillet* 1830. — « Les ordonnances du roi datées de ce jour furent publiées à Paris le lendemain. »

Lundi, 26 *juillet* 1830. — « Le soir, beaucoup de bruit et des émeutes autour de l'hôtel des Affaires étrangères, sur le boulevard et au ministère des Finances, dans la rue de Rivoli. Il n'y eut pas de sang versé, si ce n'est par accident. »

Mardi, 27 *juillet* 1830. — « Lord Stuart et M. Gregory vinrent de Paris dîner avec nous à Saint-Germain et nous racontèrent les troubles de la ville, mais sans paraître croire qu'il pût en sortir quelque chose de sérieux.

« M. Gregory s'engagea à nous écrire le lendemain, et j'avais l'intention de tenir ma promesse d'aller à Paris jeudi matin chercher Mme Hamilton pour l'amener ici. »

Mercredi, 28 *juillet* 1830. — « Nous n'avons reçu ni journaux ni lettres de toute la journée, et nous n'avions aucune idée de ce qui se passait à Paris. Ayant dîné de bonne heure, nous avons fait une promenade en voiture au bord de la Seine près du Pecq. Le temps était très beau. Notre domestique Manuel nous dit qu'on entendait tirer le canon à Paris, ajoutant qu'il l'avait remarqué depuis quelque temps, ainsi que le bruit de la fusillade. Depuis onze heures, ce jour-là, aucune *diligence, accélérée* ou *voiture publique* n'était arrivée; les gens de la ville s'inquiétaient, tout en restant calmes. Un groupe nombreux se tenait constamment sur la terrasse, regardant du côté de Paris et prêtant l'oreille. »

Jeudi, 29 juillet 1830. — « En me réveillant, le lendemain matin, je vis sur la terrasse une grande foule regardant comme la veille du côté de Paris, et je n'entendis que trop clairement le bruit du canon et de la mitraille. Cela dura, à de courts intervalles, jusqu'à deux et trois heures. Ni poste, ni journaux, ni voitures publiques ne parurent de la journée. Il m'était impossible de songer à retourner à Paris. On disait que le pont de Neuilly et les rues de Paris étaient barricadées et qu'il était impossible qu'une voiture y passât.

« Nous y avons envoyé Manuel, avec une lettre pour l'ambassadeur et un mot à Mme Hamilton. Il revint à onze heures du soir, ayant fait presque toute la route à pied. En arrivant à Paris, il avait vu la garde nationale et le peuple en armes après leur dernière lutte avec la garde royale, les cuirassiers et l'artillerie, qui avaient été repoussés du côté du bois de Boulogne et jusqu'à Saint-Cloud. Manuel avait vu les morts et les blessés dans les rues, enfin toute les horreurs de la guerre dans une cité populeuse. Les boutiques étaient fermées et l'agitation grande et générale, mais sans pillage ni vengeance personnelle. Vers le soir, nous sommes allés en voiture sur la route de Paris jusqu'à la machine de Marly, sans voir personne, si ce n'est de temps en temps une vieille femme devant sa porte, et un groupe d'hommes près d'un marchand de vin, à Marly-le-Port.

« Une grande partie de la population de Saint-Germain se tenait sur les bords de la route au sommet de la colline, avide de nouvelles, et guettait les arrivants de Paris. »

Vendredi, 30 juillet 1830. — « Toujours pas de courrier de Paris ; je reçus une vieille lettre de M. Hamilton, qui était restée trois jours à la poste soit ici, soit à Paris.

« En allant sur la terrasse entre huit et neuf heures du matin, je remarquai que, contre l'ordinaire, il n'y avait personne, pas même un enfant, et j'entendis des cris retentissants venant de la ville. Lady Charlotte et moi, nous nous sommes avancées vers la grille du château la plus proche, et nous y avons vu un grand nombre de jeunes gens et d'ouvriers de toute sorte, courant vers le château. Un moment après, nous les avons entendus sur les toits. Le drapeau blanc fut descendu et remplacé par le tricolore. Cette troupe ressortit armée de sabres, de mousquets, et de diverses armes laissées par les gardes du corps, appelés à Saint-Cloud deux jours auparavant ; il n'y avait pas de dépôt d'armes. Avant qu'ils ne fussent sortis du château, le maire, ceint de son écharpe, vint au-devant d'eux de l'autre côté de la place du château, à la tête de vingt ou trente gardes nationaux dont la moitié seulement était en uniforme, mais qui portaient le drapeau tricolore. A la grille, le maire s'adressa à la foule ; je ne pus distinguer ses paroles, on l'acclama immédiatement, et tous s'en allèrent ensemble parader par la ville.

« Dans la soirée, la garde nationale était sur pied à la mairie et à l'entrée de la ville, etc., etc. A partir de ce moment il ne se produisit plus aucun trouble. Le matin, nous avions été au Val, où il nous fut difficile de persuader à la pauvre bonne princesse de Poix que nous ne venions pas lui demander un refuge et vivre à ses dépens (comme avaient fait beaucoup de ses connaissances même les plus éloignées), mais simplement demander des nouvelles ; son entourage ne put pas nous en donner beaucoup, ignorant peut-être complètement ce qui se passait. »

Samedi, 31 juillet 1830. — « Ne recevant aucune nouvelle de Paris, nous y envoyâmes de nouveau Manuel ; il nous rapporta que l'ordre y était rétabli, qu'on y défaisait les barricades et que le pont de Neuilly était suffisamment déblayé pour laisser passer une voiture ; en effet, les « accelérées » arrivèrent dans le courant de la journée.

« Nous sommes retournées au Val, le matin ; même ignorance, mêmes lamentations et même répugnance à dire ce que l'on pense. Le comte Just de Noailles, qui était resté à Paris depuis le commencement de la semaine, arriva au Val vendredi soir avec son plus jeune fils Louis, étant venu à pied de Neuilly à Saint-Cloud, et de là en *coucou,* seule voiture qu'il eût trouvée sur la route. »

Les miss Berry restèrent à Saint-Germain pendant les jours de la révolution.

Les extraits suivants sont tirés de lettres qui leur étaient adressées, pendant ce temps, par différents amis de Paris.

Mercredi soir, 28 *juillet* 1830. — « Ma chère miss Berry, si ceci vous parvient à temps pour vous empêcher de partir demain, je serai très heureuse, car vous ne feriez que tomber dans la gueule du lion, en venant à Paris, et je ne pourrais le quitter sans inquiétude pour mon père et M. H.

« Nous avons eu une triste journée; le tocsin n'a pas cessé de se faire entendre ainsi que le bruit des décharges de l'artillerie, comme s'il s'agissait d'une véritable journée de bataille. On ne saurait dire avec quelle rapidité tous ces événements se sont déroulés. Le drapeau tricolore flottait cette après-midi sur Notre-Dame. L'hôtel de ville, après avoir été pris par la populace, fut repris par les troupes commandées par Marmont; il a aussi rallié un régiment de la ligne qui refusait de marcher contre le peuple. On dit qu'une masse de vingt ou trente mille insurgés marchent de Rouen sur Paris ayant leurs députés à leur tête, et après avoir pendu leur préfet. La garde nationale s'est reformée de nouveau, armée et équipée sous les ordres, dit-on, des généraux Lafayette et Sébastiani, tandis que le peuple est conduit par le général Gérard. »

Jeudi, deux heures et demie après-midi, 29 *juillet* 1830. — « Nous avons eu une matinée terrible depuis cinq heures; le peuple s'est emparé des casernes et des armes qu'elles contenaient.

« Il nous a été rapporté que le roi a fait une proclamation rétablissant la Chambre, annonçant un changement de ministère et accordant une amnistie générale, sans conditions. Je suis portée à croire que cela est vrai, car le bruit des armes et du tocsin a cessé. On entend encore de temps en temps des coups de feu, mais ils viennent, je crois, de quelques insurgés qui luttent isolément et non de la masse.

. . . .

« Les Champs-Élysées ont été un des principaux champs de bataille.

« Il y avait là de la cavalerie, de l'artillerie et d'autres troupes, mais il paraît qu'on ne pouvait guère compter dessus.

« Dieu veuille que tout ceci soit bientôt terminé, car c'est terrible !

« Plusieurs rues sont dépavées et les arbres abattus, pour servir de barricades à la populace, qui est maîtresse de l'Élysée et s'empare des Tuileries.

« En ce moment même, j'entends de grandes acclamations, mais je ne sais ce qu'elles signifient.

« Jusqu'à présent je ne puis vous donner que des nouvelles apprises des passants par nos domestiques, car il est dangereux de rester dans la rue.

« On dit que le peuple et les soldats *mangent ensemble* sur la place Vendôme, ce qui confirmerait les bruits de défection de l'armée. Le triomphe de la populace est complet; elle fait tout ce qui lui plaît, et si elle n'obtient pas de grandes concessions, croyez bien qu'elle s'y prendra d'autre façon. C'était horrible de voir des gens à mine patibulaire passer aujourd'hui devant la maison, armés de sabres et de mousquets enlevés aux soldats, qui, dans beaucoup de cas, ont livré leurs armes à la populace. Mais qui peut s'étonner de l'indignation d'un peuple entier ainsi insulté?

. . . .

« Les gardes ont déserté les barrières, et le peuple entre et sort de Paris librement. Le plus terrible moment pour nous fut lorsque la cavalerie chargea la multitude dans les Champs-Élysées qui étaient remplis de canons ; une balle siffla à travers les arbres d'en face. En ce moment, la foule monte la rue qui prolonge celle-ci, tirant en l'air et poussant des clameurs. M. Portier vient de me dire : « N'ayez pas peur, madame, c'est « qu'ils s'amusent. » Tout ceci me confirme dans l'idée que le peuple est arrivé à ce qu'il voulait ; s'il en est ainsi, malheur à certaines personnes !

. . . .

« Le nombre des tués et des blessés est immense ! »

Jeudi, 29 juillet 1830. — « Ma chère miss Berry, je m'aperçois que vous n'avez pas reçu la lettre que j'avais mise à la poste mercredi matin. Hier l'insurrection était générale, et le feu a continué presque sans interruption depuis deux jours dans différents quartiers. Il faut s'attendre à beaucoup de victimes. Je ne saurais vous décrire la consternation générale en face de tels éléments d'anarchie. L'hôtel de ville a été hier plusieurs fois pris et repris par la garde nationale, qui s'était rassemblée spontanément. A partir de neuf heures, la nuit fut assez tranquille ; mais jusqu'à ce moment la fusillade contre les étudiants dans le quartier de l'Odéon avait été terrible, et la place de Grève n'était pas plus tranquille. Des canons furent placés de tous côtés pendant la nuit, les postes doublés, et le jardin des Tuileries rempli de troupes.

« A neuf heures du matin, le conseil des ministres quitta les Tuileries, probablement sur la nouvelle que les troupes de la ligne avaient refusé d'agir. Le général

Coutard allait et venait, espérant calmer la populace en disant qu'il comptait recevoir des ordres de Saint-Cloud, vers onze heures, pour essayer d'arriver à une entente. La garde royale s'était aussi retirée aux Champs-Élysées après un feu soutenu, et le château des Tuileries fut pris vers midi par le général, après une vigoureuse résistance des Suisses. Le combat fut extrêmement violent dans la rue de l'Échelle, où les Suisses étaient bloqués, et j'apprends qu'il y a beaucoup de morts et de blessés. Tout ceci m'a été dit dans la rue, mais je crois que c'est à peu près la vérité. Il est heureux que vous n'ayez pas assisté à ces scènes sanglantes. »

4 heures. — « Je reviens des Tuileries, qui sont remplies par le peuple des faubourgs ; ils ont mis les chapeaux d'Herbaut, appartenant aux dames de la cour, et revêtu les grands cordons des chevaliers. La démolition et le pillage sont complets. Ceci me rappelle, en petit, les scènes les plus révoltantes de la Révolution.

« Malgré tout, on n'insulte personne, et on ne fait aucun mal aux particuliers. Le palais du roi leur a suffi, et je n'oublierai jamais cela. Le drapeau tricolore flotte sur le palais et la colonne de la place Vendôme. La garde nationale est réunie et a nommé le duc de Choiseul, le général Gérard, M. de Lafayette, au gouvernement provisoire ; nous nous attendons à une proclamation dans la soirée.

. . . .

« La plupart des rues principales ont été dépavées par le peuple, mais je suis étonné de voir combien les propriétés privées ont été respectées. La garde royale est aussi en « mauvaise odeur ». Bref, le roi est détrôné aux yeux du peuple. J'ai la confiance que la garde nationale maintiendra la tranquillité. »

6 heures. — « L'autorité de la garde nationale semble être respectée, et le peuple fraternise avec elle; mais on a peur qu'elle ne soit attaquée de nouveau par les troupes du roi, et on se tient sur le qui-vive. Une proclamation annonce (je ne sais de quelle source) la liberté de la presse. Dans des circonstances comme celle-ci, les versions sont si nombreuses qu'on ne sait que croire. »

30 ou 31 juillet 1830. — « Chère miss Agnès... Je n'ai rien appris d'important pendant ces deux heures; il y a, dit-on, neuf mille tués et blessés. Nous avons été les voir enterrer au Louvre. J'apprends que Saint-Cloud est au pouvoir de la nation et que le roi est à Trianon très abattu. La Dauphine n'est pas revenue. Le duc d'Orléans considère l'avenir avec complaisance !

« Les boulevards sont horriblement mutilés, un grand nombre des plus beaux arbres sont abattus.

« Les ponts ont tous été barricadés; on a eu beaucoup de peine pour faire partir les courriers, quelques-uns ont été pris. On vient de me dire que l'artillerie de la garde s'est rendue. J'ai vu Benjamin Constant, que l'on conduisait à la Chambre aujourd'hui en l'acclamant. Il en était aussi heureux que possible.

« Le temps est horriblement lourd et chaud pour une révolution. »

Paris, 31 juillet. — « La cause royale est perdue. Le duc d'Orléans sera proclamé aujourd'hui lieutenant général du royaume, et on ne fera plus rien jusqu'à l'ouverture des Chambres, le 3 août.

« La ville est comme en état de siège, barricadée dans tous les sens ; aucune voiture ne circule.

« Cela rappelle la Révolution, à part l'absence complète de velléités sanguinaires.

« Le massacre est immense, et les blessés plus nombreux encore qu'on le croit. Les banques, la Bourse et les théâtres sont fermés.

« Il est impossible de ne pas admirer l'ordre général ; pas un acte de pillage ou d'insubordination. La Dauphine n'est pas revenue, le duc d'Orléans est au Palais-Royal. »

Journal. — *Dimanche,* 1er août 1830. — « Louis de Noailles et lady Isabella Blachford, son fils et sa fille dînèrent avec nous. Tout est tranquille à Saint-Germain ; il y a beaucoup de monde sur la terrasse, toujours à écouter et à observer du côté de Paris. On sait que le roi a quitté Saint-Cloud pour Trianon. »

Lundi, 2. — « Lady Isabella Blachford, son fils et moi, nous avons été à Paris ce matin. Les charrettes de pierres qui avaient servi à barricader le pont de Neuilly avaient été tirées sur les côtés, les grands arbres coupés tout le long de la route étaient couchés en travers des rues latérales ; ils avaient encore toutes leurs feuilles, et on n'avait coupé les branches que juste assez pour permettre le passage d'une voiture. A Paris, les rues sont dépavées de façon à fournir de petits murs entravant la circulation. On s'était contenté d'y faire une ouverture pour les voitures. La dévastation se remarquait surtout sur les boulevards où les arbres étaient abattus de place en place, mais, sous d'autres rapports, la ville était aussi tranquille que jamais. On ne pouvait s'imaginer ce qui s'y était passé quatre jours auparavant.

Nous sommes rentrées à Saint-Germain à sept heures du soir, sans avoir rencontré d'obstacles soit dans la ville, soit sur la route. »

Mardi, 3. — « Un bruit de tambour et une rumeur de foule dans le lointain nous ont appelés sur la terrasse, où nous avons vu passer, par la grille de la ville, quinze cents personnes conduites par des gardes nationaux en uniforme et par des gens de bonne apparence simplement vêtus, portant des mousquets et des baudriers. Le reste formait un assemblage hétéroclite, armé de toutes sortes d'armes, ou les mains vides; des citoyens en haillons, les uns avec de vieux sabres, d'autres avec des pistolets, mais tous parfaitement calmes.

« Ils étaient divisés en six compagnies et s'assirent dans les allées vertes sous les arbres de la terrasse, se reposant de l'étape du matin, quatre lieues. Ils venaient de Mantes. Au bout d'une demi-heure, un déjeuner copieux, fourni par la municipalité de Saint-Germain, leur fut apporté. Il se composait de pain, de vin, de saucissons au jambon et d'un hachis qu'ils appelaient fricot. Un homme présidait à la distribution dans chaque compagnie; chacun était calme, de bonne humeur et très content de ce qu'on lui donnait. Les gens en uniforme, et ceux qui étaient bien vêtus furent pour la plupart hébergés dans la ville. Nous nous sommes promenées au milieu d'eux et nous leur avons parlé; ils ne furent ni violents ni menaçants. Nous leur avons dit qu'ils ne trouveraient personne avec qui se battre à Paris, que tout le monde y pensait de même. N'importe, ils voulaient montrer leur bonne volonté et prouver que les députés pouvaient compter sur eux.

« Leurs bannières annonçaient les mêmes intentions ; elles portaient pour devise : « La Charte et Paris. » Il n'y était pas question de la nation, ni de la fraternité ni des opinions extrêmes de la première Révolution. Après avoir mangé et bu, ils se mirent à danser pour se reposer, se formant en rondes de cinquante hommes, et chantant ; puis ils jouèrent à des jeux de bâton, pour lesquels la Normandie est célèbre.

« Ils tenaient tellement à ne pas boire trop, qu'un reste considérable d'une pièce de vin fut vidé sur la route afin que personne ne fût tenté d'y revenir. Entre deux et trois heures, les compagnies se reformèrent et partirent drapeau en tête, avec autant de calme et d'ordre que les gardes les mieux disciplinés, et sans laisser de maraudeurs derrière eux. »

Mercredi, 4. — « Nous avons quitté Saint-Germain et nous sommes installées au premier étage de l'hôtel de Breteuil, à Paris.

« La plupart des arbres qui avaient formé les barricades de Neuilly à Paris avaient été enlevés, et les pavés replacés à la hâte. Pas de promeneurs dans les Champs-Élysées ou au bois de Boulogne. Mercredi soir, ou plutôt jeudi matin, de trois à quatre heures, nous avons eu le plus violent et le plus terrible ouragan que j'aie jamais entendu. Un vent épouvantable se mêlait aux éclats du tonnerre et aux lueurs des éclairs. La pluie se fit attendre et la poussière se soulevait en tourbillons tels, que j'en fus presque aveuglée lorsque je voulus fermer une fenêtre. »

Jeudi, 5 août 1830. — « Tout le monde est rempli d'admiration pour l'excellente conduite du peuple de Paris, même pendant les quatre jours de la plus grande effervescence. Il n'est question que de la nécessité de prendre le parti d'appeler le duc d'Orléans au trône. »

Samedi, 14. — « J'ai vu Pozzo hier soir, il venait d'expédier un courrier, et paraissait fatigué, préoccupé et ennuyé. Il dit que tous les gouvernements européens verraient de mauvais œil le renversement de la monarchie légitime; que les ministres d'ici, qui ne sont que leurs représentants, doivent attendre leurs ordres; que la cocarde tricolore effrayerait l'Allemagne et lui ferait redouter une entreprise contre son indépendance; que si pareille chose arrivait, la résistance serait bien plus grande qu'autrefois (je n'en crois rien).

« Le neveu de Pozzo, qui commandait à Marseille un régiment français, ne voulant pas changer sa cocarde, avait donné sa démission, quitté son régiment et était parti pour l'Italie.

« Le général Mathieu Dumas, l'inspecteur général de la garde nationale, dit qu'il y aura dans un mois, à Paris, trente mille gardes nationaux complètement organisés et de cinq à six cent mille dans toute la France. »

Vendredi, 15. — « J'ai vu M%me de Montjoye, une demi-heure, au Palais-Royal. Immédiatement après la publication des ordonnances, le duc d'Orléans apprit par la femme d'un député, qui le tenait d'un employé subalterne, qu'aux premiers symptômes d'une émeute il devait être arrêté par ordre du gouvernement. C'eût été facile, entouré comme l'est Neuilly par les casernes de Courbevoie, Rueil, etc. Pour se soustraire au péril, il sortait seul, à cheval, tous les matins, se promenait par les villages des environs de Paris, et ne rentrait que le soir à Neuilly.

Le vendredi 30 juillet, le Gouvernement provisoire installé à l'hôtel de ville se détermina à l'envoyer chercher ; les personnes qui se présentèrent à Neuilly ne l'y trouvèrent pas, et sa famille déclara ne pas savoir où il était. Cette ignorance et la parole de la duchesse d'Orléans et de sa belle-sœur ayant été mises en doute, Mademoiselle offrit, comme satisfaction et comme garantie, d'aller à l'hôtel de ville pour y rester jusqu'à ce que son frère s'y présentât. La députation demanda alors si Mademoiselle permettait que cette proposition fût rendue publique, mais sans insister sur son exécution. Le soir, dès son retour, le duc d'Orléans prit sa canne et se dirigea à pied vers le Palais-Royal. Le lendemain matin, samedi 31, il alla à cheval à l'hôtel de ville accompagné de milliers de personnes. Ses amis, pendant son trajet du Palais-Royal à l'hôtel de ville, s'efforcèrent vainement de soulever des cris de « Vive « le duc d'Orléans! » Mais, dès sa réception à la porte par Lafayette, qui l'embrassa et le montra au peuple, il fut assuré de monter sur le trône. On lui conféra immédiatement le titre de lieutenant général du royaume, qu'il déclara prudemment, dans sa proclamation, tenir de ses concitoyens, sans parler de sa nomination à la même dignité par le roi, et passant également sous silence sa mission de proclamer Henri V, ce qui aurait amené l'expulsion de France de tous les Bourbons sans distinction. Pour affirmer son acceptation de la lieutenance comme venant du peuple seulement, le duc d'Orléans déposa dans les archives de la Chambre des pairs l'ordre que le roi lui avait envoyé.

« La duchesse d'Orléans et ses enfants, ainsi que les principales personnes de leur suite, Mme de Montjoye, sa sœur, etc., vinrent de Neuilly au Palais-Royal, le samedi soir, dans deux « carolines » pour éviter d'être remarqués.

« La duchesse d'Orléans passa ces premiers jours dans les larmes, regrettant son heureuse vie passée et craignant pour l'avenir. »

Extrait de lettre à miss Berry.

« 27 août 1830.

« J'ai été mercredi à l'Opéra voir le roi et la famille royale. Vous ne sauriez imaginer avec quel enthousiasme Louis-Philippe et sa famille ont été reçus. Quatre loges de face avaient été réunies, Sa Majesté était assise entre la reine et Mlle d'Orléans. Près de celle-ci se trouvaient ses trois neveux aînés. A côté de la reine étaient les trois princesses et le petit duc d'Aumale.

. . . .

« La loge de l'ex-roi était remplie de gardes nationaux. La famille royale entra par la porte ordinaire, mettant de côté l'ancienne étiquette. Taglioni et Cinti furent applaudies à outrance. »

NOTES DE CONVERSATIONS AVEC LE Dr QUIN SUR LES ÉVÉNEMENTS DE JUILLET

Mercredi, 28 août 1830. — « Le docteur Quin vit les troupes (deux bataillons d'un régiment de ligne) postées en travers de la rue de la Paix à l'entrée des boulevards. Les soldats se placèrent en ligne d'eux-mêmes, mais lorsque l'officier, après les sommations d'usage, prononça le mot « Tirez » ; le docteur, qui s'était blotti sous une porte cochère, prêt à prodiguer ses soins aux blessés dès qu'il entendrait leurs gémissements, ne perçut que le bruit des mousquets s'abattant sur le pavé.

« Après avoir été sévèrement réprimandés par leur officier, les soldats reçurent l'ordre de se retirer, et l'on fit avancer un autre bataillon, mais le résultat fut le même. Les sapeurs-pompiers, dont la caserne est rue de la Paix, se formèrent aussi en ligne; mais au mot « Feu », ils retournèrent immédiatement d'où ils étaient venus. Avec de tels adversaires, le triomphe du peuple était certain. La garde royale ne se battit pas avec plus de cœur, et un de ses régiments intact remplissait les Champs-Élysées et les Tuileries.

« Les soldats y étaient couchés, se plaignant de la fatigue (le temps était extrêmement lourd), de la faim et de la soif. La cour n'avait pas pourvu à leur approvisionnement, et le peuple ne voulait pas leur donner la moindre chose. Ils passaient les mains au travers des grilles des Tuileries et de la rue de Rivoli avec de l'argent, demandant instamment du pain et un peu d'eau. Enfin, lorsqu'ils furent réunis en masse dans le jardin en face du Palais, pour secourir leurs camarades du Carrousel et les défendre contre le peuple qui les attaquait de ce côté, on vit un parti de lanciers de la Garde, entre midi et trois heures, le jeudi 29, sortir par la grille du milieu des Tuileries. Ces lanciers étaient suivis d'un fourgon évidemment très lourd et attelé de quatre chevaux, puis vint une autre troupe de lanciers avec trois fourgons. Ils longeaient la route au bord de la rivière, dans la direction de Saint-Cloud. La garde royale fut ainsi convaincue que ses chefs désespéraient de leur cause, puisqu'ils emportaient tout ce qui leur appartenait; tout esprit de lutte et de défense abandonna alors les troupes. Elles furent, ainsi que celles du Carrousel, chassées par le peuple à travers les Tuileries et les Champs-Elysées avec leur artillerie. Ainsi se termina la retraite des troupes du roi à Paris; elle mit fin à la guerre civile et au carnage, qui avaient duré cinquante-six heures. Cela se passait le jeudi entre deux et trois heures.

« Malgré ce qui s'était passé dans le jardin des Tuileries, lorsque le docteur Quin le vit le lendemain, pas une fleur des parterres n'avait été coupée, et aucun oranger déplacé ou endommagé. Dans le château, les dégâts se bornaient à quelques carreaux brisés dans la galerie des glaces, ainsi que quelques fenêtres au rez-de-chaussée des appartements du roi et du Dauphin, et à une brèche faite par un boulet de canon à l'une des colonnes de la façade. Sur le quai Voltaire, les boutiques d'estampes étaient criblées de traces des boulets qui avaient traversé les vitres pour aller se loger dans les murs intérieurs des maisons.

« Mme Delpeck, jeune femme qui servait dans une salle, fut blessée à l'épaule par un boulet et transportée à l'hôpital. Ces boulets venaient de l'autre côté de la rivière et étaient lancés par le peuple et les gardes suisses pendant l'attaque et la défense du Louvre. »

JOURNAL DE MISS AGNÈS BERRY

« Le rapport des ministres à Charles X, et les proclamations royales sur les changements à apporter dans la Charte et la suppression complète de la liberté de la presse, furent connues à Paris le 25 juillet et publiées le lendemain dans le *Moniteur*. Nous étions à Saint-Germain. Le journal Galignani fut suspendu comme les autres jusqu'à obtention d'une nouvelle permission;

c'est ainsi que les premières nouvelles nous parvinrent dans un billet de M™° Hamilton, et l'étrange folie de ces mesures nous surprit autant que le reste du monde. Le lundi, 26, nous apprîmes que le peuple s'était assemblé et avait essayé de briser les fenêtres du prince de Polignac. Lord Stuart et M. Gregory dînèrent avec nous, mardi, 27, et nous dirent que le lundi soir il y avait eu de violentes émeutes, que l'armée avait été appelée; mais ils semblaient de très bonne humeur et convaincus que les troupes auraient bien vite raison de ces troubles. Cependant, lord Stuart disait que si la troupe ne restait pas fidèle à la cause monarchique, il ne donnait pas au roi dix jours de règne. M. Gregory et lord Stuart retournèrent à Paris dans la soirée et durent, en arrivant, y trouver les choses plus graves qu'ils ne s'y attendaient. »

Mercredi, 28. — « Il n'arriva pas de courrier à Saint-Germain, ni aucune des nombreuses voitures publiques qui passent journellement sur la route ; il ne vint personne de Paris. Le chemin était absolument désert, et nous n'avons reçu que des rapports bien vagues des combats terribles de Paris. Au coin de la terrasse de Saint-Germain, près de notre maison, toutes sortes de gens étaient assemblés écoutant du matin au soir le bruit sinistre du canon qui arrivait jusqu'à nous. Les nouvelles confuses et contradictoires ne pouvaient satisfaire notre curiosité. Chacun racontait ce qu'il avait vu et entendu de la marche des troupes, etc., etc. Ni les voitures ni même les chevaux ne pouvaient passer le pont de Neuilly qui était barricadé, comme les rues de Paris. A la fin, notre désir de recevoir des nouvelles authentiques devint si vif, que nous envoyâmes notre domestique français porter des lettres à quelques-uns de nos amis de Paris, lui disant de se frayer un chemin du mieux possible, de nous rapporter nos lettres de l'ambassade et de nous dire ce qu'il aurait vu lui-même, car c'était un homme très intelligent.

« La matinée de ce même jour vit la dernière résistance des troupes royales dans les Champs-Élysées; le bruit de l'artillerie s'entendait distinctement sur la terrasse de Saint-Germain.

« Dans la soirée, nous allâmes en voiture, sur la grande route de Paris, dans l'espoir de rencontrer quelqu'un qui pourrait nous dire ce qui se passait, car dans ces temps d'anxiété tout le monde se parlait; mais toujours personne sur la route, ni voitures, ni cavaliers et presque pas de piétons. Notre domestique ne revint que le soir, entre dix et onze heures; nous commencions à craindre qu'il n'eût été obligé, malgré lui, de se joindre au peuple, ce qui était arrivé à d'autres. Cependant il n'avait couru aucun danger ni rencontré aucune difficulté, si ce n'est comme moyens de locomotion; il avait été obligé de faire à pied la plus grande partie de l'aller et tout le retour. Il nous rapportait nos lettres et confirma les nouvelles qu'elles contenaient : que la ville entière était au pouvoir du peuple, que la garde nationale avait fraternisé avec lui dès le début des troubles, et avait pris possession de tous les édifices publics et de tous les corps de garde dont elle était devenue maîtresse absolue.

« La grande lutte et les massacres s'étaient arrêtés le matin même, les troupes du roi avaient été chassées des Tuileries et des Champs-Élysées, où elles avaient fait leur dernière résistance, et s'étaient retirées vers Saint-Cloud. Mais dans la crainte de voir des troupes fraîches s'avancer sur Paris pour de nouvelles attaques, on avait laissé les barricades dans toutes les rues et sur tous les ponts autour de Paris. Aucune voiture ne pouvait entrer ou sortir de la ville, ni circuler dans les rues. En attendant, nous étions parfaitement tranquilles à Saint-Germain, où presque tout le peuple se réjouissait de ce qui était arrivé; on louait l'ordre et la modération des Parisiens, qui faisaient un contraste frappant avec les horreurs et la barbarie de la première Révolution. Et en vérité on ne pouvait trop les louer ! Aucune prévention contre les grands, aucun attentat contre les maisons ou les propriétés des fonctionnaires du gouvernement ou de la cour. Du vieux palais de Saint-Germain et des casernes des gardes du corps, toutes les troupes avaient été appelées à Saint-Cloud; mais le drapeau blanc flotta sur le vieux château jusqu'au vendredi matin. Ma sœur et lady Charlotte, faisant leur promenade habituelle avant le déjeuner, entendirent des cris et des acclamations dans la direction de la grille et virent des gens déguenillés, ouvriers, etc., se diriger vers le château pour hisser le drapeau tricolore et s'emparer de toutes les armes laissées par les gardes du corps. Cette troupe fut rencontrée par le maire de Saint-Germain, paré de l'écharpe et de la cocarde aux couleurs nationales; il était suivi par la bourgeoisie de la ville et quelques gardes nationaux.

« Tout cela se passa en moins d'une demi-heure; la paix et la tranquillité de la ville ne furent nullement troublées. Le drapeau tricolore fut déployé sur l'hôtel de ville et tous les édifices publics, et cette nouvelle garde nationale, à peine constituée, fit le service de la ville aussi tranquillement et avec autant d'ordre que des troupes régulières. Ainsi commença et finit notre révolution à Saint-Germain; rien n'était changé, si ce n'est que les sentinelles ne portaient pas d'uniforme et que tous les hommes avaient arboré, soit à leur boutonnière, soit à leur chapeau, un bout de ruban tricolore. Nous devions, jusqu'à un certain point, cette paix et cette tranquillité au bon sens et à la conduite du maire. Le vendredi ou le samedi, un régiment, qui avait reçu l'ordre de rejoindre les royalistes à Saint-Cloud, devait traverser Saint-Germain, et s'il avait essayé de se frayer passage malgré la volonté du peuple, il y aurait eu dans la ville une émeute sérieuse; mais le maire, à la tête d'une députation, s'avança hors de la ville et offrit à la troupe tout ce dont elle pouvait avoir besoin, proposant d'envoyer des provisions où l'on voudrait, pourvu que les soldats prissent un autre chemin, ce qui fut accepté de bon gré.

« En dépit du calme et de l'ordre qui semblaient si merveilleusement rétablis, après un conflit si violent, il se passa encore un jour ou deux avant la reprise du courrier et du service des nombreuses voitures publiques quotidiennes entre Paris et Saint-Germain. Paris, quoique ayant triomphé des troupes du roi, craignait quelque nouvelle attaque des régiments qui avaient été appelés à l'aide de tous les côtés, et certainement si ces troupes étaient arrivées à temps et s'étaient battues de bon cœur, la lutte eût été bien plus terrible.

« Donc jusqu'à ce que les royalistes fussent dans l'impossibilité d'attaquer de nouveau, les barricades furent conservées et le pont de Neuilly resta impraticable aux chevaux et aux voitures. En même temps, des volontaires nationaux arrivaient à Paris de tous côtés, par milliers, et il y en avait beaucoup plus qu'on n'en désirait, car ils retardaient le rétablissement de l'ordre.

« Le lundi qui suivit cette semaine terrible, dix-huit cents volontaires de Rouen devaient passer par Saint-Germain. Au lieu de les écarter comme on avait fait pour les troupes royales, la ville prépara tout pour leur bien-être, jusqu'à des souliers pour ceux qui avaient usé les leurs en route. On les conduisit dans les allées publiques du parterre, en face de nos fenêtres ; ils étaient rangés par divisions dont chacune portait le drapeau tricolore, c'était cependant la foule la plus bigarrée que l'on pût imaginer; peu d'hommes étaient en uniforme, deux ou trois seulement en gardes nationaux dans chaque compagnie. Quelques-uns portaient des redingotes, ils n'étaient pas tous armés ; mais, calmes et tranquilles, ils se reposaient sur l'herbe après leur marche, en attendant les provisions que la ville leur avait préparées. On apporta sur une charrette des tonneaux de vin qu'on devait mettre en perce au moment voulu ; un garde les surveillait, et personne ne fit mine d'y toucher. Puis vint une autre charrette contenant du pain et diverses viandes froides. Tout cela fut distribué avec calme et régularité. Ces hommes s'assirent en cercle sur l'herbe à l'ombre des arbres, et nous nous sommes promenées parmi eux sans la moindre appréhension. Le vin, qui, on peut le supposer, ne valait pas grand'chose, fut tiré par seaux ; chacun en prit ce qu'il voulait, mais tous semblaient craindre d'en trop prendre, car je vis ceux qui avaient la garde des tonneaux en répandre un tout entier à terre. Lorsque ce repas fut terminé, beaucoup d'hommes chantèrent, dansèrent en rond et se livrèrent à une sorte de jeu pour lequel les gens de Rouen sont renommés. Avant midi, le parterre était vide et la troupe marchait sur Paris avec le même ordre qu'à son arrivée. Je ne parle que de ce que j'ai vu de mes propres yeux, ou de nos faits et gestes, à nous et à ceux qui nous entouraient ; il ne faut donc pas chercher dans ces souvenirs la relation des grands événements qui devaient amener un nouveau gouvernement et une nouvelle dynastie.

« Avant de terminer le récit de mes impressions à Saint-Germain, je dois parler de nos visites au Val, le château de la vieille princesse de Poix, qu'elle habitait ordinairement, entourée de ses enfants et petits-enfants, les Noailles, le duc de Mouchy, etc. Pendant le premier effroi que les troubles de Paris inspirèrent à ceux qui avaient des relations avec la cour, le Val sembla le rendez-vous général de tout le voisinage alarmé. Pendant quelques jours, en comptant les enfants, les nourrices et les domestiques, il y eut quarante personnes de plus que de coutume au château du Val, qui n'était certainement pas une grande maison.

« Nous nous y rendions tous les matins en voiture, mais nous n'y apprenions aucune nouvelle de Saint-Cloud ni de Paris.

« Le 1er août, Charles X et sa famille se retirèrent à Rambouillet ; le 2, il annonça son abdication ainsi que celle du Dauphin et nomma le duc d'Orléans lieutenant général du royaume[1]. »

[1] Les incidents suivants, concernant la famille déchue, furent racontés à l'éditeur anglais par une personne qui en avait été témoin.
M. de Polignac croyait si peu au danger imminent de la famille royale, qu'au beau milieu de la révolution il entra tranquillement dans la chambre de la duchesse de Gontaut et l'invita à dîner. Elle refusa dans une grande agitation, demandant ce que les infortunés gardes du roi, qu'on apportait blessés à chaque instant, avaient eu à manger depuis trois jours. En entendant ces mots, Mademoiselle, qui n'était alors qu'une enfant, porta aux soldats dans la cour un plat contenant un reste du rôti de son dîner. Ce fut en vain que la duchesse de Gontaut supplia le roi d'abdiquer en faveur de son petit-fils ; il était furieux, et lui dit qu'elle méritait d'être exilée pour sa présomption. « Eh ! Sire, je le serai, je le sais bien, mais

Extrait de lettre à miss Berry.

« Paris, le 3 septembre 1830.

« J'aurais beaucoup désiré que vous fussiez toutes deux où j'étais dimanche dernier, pour entendre les acclamations avec lesquelles le roi fut reçu au Champ-de-Mars, par quarante mille gardes nationaux et vingt mille spectateurs.

« C'était vraiment un spectacle magnifique, qui nous aurait fait croire à toutes les histoires de nécromancie et de sorcellerie que nous ayons jamais entendues, car il semble vraiment qu'une intervention surnaturelle ait seule pu rendre possible, dans le court espace d'un mois, la scène extraordinaire à laquelle nous avons assisté. Le 29 juillet, tout Paris était désorganisé, chacun agissait à sa guise. Le 19 août, tout était ordre, bonne humeur et obéissance aux autorités nouvelles.

« Le roi remit les drapeaux à chacune des treize légions de la garde nationale, ainsi qu'à un petit corps

avec vous. » Trois jours après, il se décida à signer son abdication. Le duc de Bordeaux devait être conduit à Paris par la duchesse de Berry; la crainte et la douleur avaient abattu toute la cour, et le jour où le duc de Bordeaux devait être proclamé, on ne vit que des larmes. Les enfants s'épouvantèrent à la vue de ce qui se passait autour d'eux, et on les trouva sur un balcon, à genoux, les bras entrelacés, priant avec ferveur et croyant qu'on allait les tuer tous les deux. Le duc de Damas, tuteur du duc de Bordeaux, lui annonça que son grand-père avait abdiqué en sa faveur et qu'il allait être proclamé roi. L'enfant, terrifié, courut vers son grand-père en le suppliant de ne pas le faire roi. Charles X lui répondit que cela devait être ainsi. Le pauvre enfant pleura pendant tout le dîner, et fut conduit immédiatement après par Charles X et le Dauphin sur le balcon pour être proclamé sous les yeux des troupes restées fidèles. Une scène terrible s'ensuivit, les troupes variant d'opinion sur ce qu'il y avait à faire. Chacun, suivant ses sentiments, criait : « Vive Henri V ! Vive Charles X ! N'abdiquez pas, etc. » Les querelles commencèrent, on se battit au sabre et au pistolet, et il y eut beaucoup de tués et de blessés dans la lutte.

des citoyens convalescents de leurs blessures ; ceux-ci vinrent avec les troupes portant pour enseigne une branche de chêne à laquelle était attaché un coq vivant. Ceci me rappelle autre chose, qu'il faut que je vous raconte. Il se forme une commission pour changer les armes de France; le coq y figurera, et la pauvre fleur de lis disparaîtra.

« Le 23 septembre, la Chambre adopta la résolution suivante :

« La Chambre des députés accuse de haute trahison « MM. de Polignac, Peyronnet, Chantelauze, de Guernon-« Ranville, d'Haussez, Capelle, de Montbel, signataires « des ordonnances du 25 juillet. Le jugement dura du « 15 au 21 décembre. »

Extrait d'une lettre à miss Berry.

« Paris, 24 septembre 1830.

« M. Béranger lut hier son rapport sur l'interrogatoire des ex-ministres. On l'écouta avec attention et gravité. Polignac ne s'y montre pas à son avantage ; quant à ses collègues, d'après la répugnance que tous, y compris Peyronnet lui-même, ont témoignée pour les mesures qu'on leur proposait, ils semblent avoir péché plutôt par faiblesse en ne donnant pas leur démission que par intention criminelle. Grâce à ce compte rendu, on a découvert un fait jusqu'alors ignoré, c'est que Raguse avait reçu des ordres de Polignac pour se tenir prêt, ainsi que ses troupes, cinq jours seulement avant la publication des ordonnances, ce qui prouve combien Polignac était incapable de prendre les mesures nécessaires pour l'exécution de ses desseins.

« Il savait cependant qu'ils étaient de nature à provoquer une violente résistance de la part du peuple. Peut-être même avait-il laissé à Marmont le soin de décider le nombre de troupes qu'il aurait à employer, quoique celui-ci ne pût avoir la moindre notion de la gravité du péril imminent. Le jugement aura lieu le mois prochain, et nous pourrions dire, comme l'almanach de Moore : Nous pouvons nous attendre à des orages vers cette époque, un jour ou l'autre. Bérenger dit que la France demande justice et non vengeance, et espère que ce sentiment anime tous les cœurs. Ceci est un calmant, et produira, je l'espère, un bon résultat. »

Extrait d'une lettre d'un ami.

« 8 décembre 1830.

« Je désire vous écrire quelques lignes concernant votre ami Benjamin Constant, dont la mort a fait sensation ici. Une foule immense l'accompagna hier au cimetière. Depuis neuf heures jusqu'à onze heures, il y eut à la fois jusqu'à huit ou neuf cortèges traversant le jardin des Tuileries ; à leur tête des drapeaux tricolores sur lesquels son nom était inscrit avec ces mots : « Liberté et Droit. » La file s'étendait presque tout le long du boulevard ; on n'avait jamais rien vu de semblable à Paris, si ce n'est aux funérailles du général Foy. »

Extrait d'une lettre.

« Paris, 20 décembre 1830.

« J'ai été à la Chambre hier, et suis revenu enchanté d'un jeune homme de Lyon, nommé Sauzet, qui avait pris la défense de Chantelauze. Son éloge est dans toutes les bouches. Il paraît unir à l'ardeur audacieuse de la jeunesse des vues politiques nouvelles, une force d'argumentation et une profondeur de recherche qui étonnent tout le monde.

« Nous pouvons conclure qu'une brillante carrière lui est réservée, mais il est difficile de savoir si Chantelauze bénéficiera de sa grande éloquence, car le peuple seul décidera de son sort, et il importerait peu que la loi abandonnât sa proie, si celle-ci devait être abandonnée à la fureur de la populace.

« J'ai envoyé mon domestique aujourd'hui à la découverte au Luxembourg, car les ouvriers avaient signifié dans beaucoup d'établissements qu'ils renonceraient à travailler cette semaine-là, étant de service à Paris. J'imaginais donc qu'il y aurait des rassemblements autour du Luxembourg et je ne me trompais pas.

« Il y avait environ trois mille personnes dans la rue qui conduit à la grande grille du Palais; elles ne faisaient que murmurer sourdement en attendant la sortie des pairs, et cette foule semblait se promettre tout bas de revenir en nombre le surlendemain, jour où on apprendra la fin du procès. Les grandes dames de l'ex-noble quartier, au lieu de se demander si elles iront aux Bouffes ou chez Mme une telle, disent: « Que voulez-« vous faire pendant les massacres ? »

Extrait d'une lettre à miss Berry.

« Paris, 24 décembre 1880.

« Vous saurez le résultat de nos campagnes avant que cette lettre vous parvienne. Chacun était aussi effrayé que possible; les élégants des salons, en saluant les dames, commençaient par demander : « Quels sont vos « projets pendant les massacres de Paris ? » La liste des pairs qui avaient voté la mort de Ney circulait, et leurs maisons étaient désignées au pillage. Le conseil de dimanche s'était décidé à faire opérer de nombreuses arrestations, parmi lesquelles un certain nombre de députés. Laffitte déclara à la tribune qu'on avait découvert un complot en règle mettant en danger le monarque, la Chambre et la France. Pour ajouter à l'alarme, Frisell fut sommé de descendre de fiacre aux cris de : « A bas l'aristocrate ! » comme il se rendait chez Chateaubriand.

« L'alarme était générale dans la ville et le Palais, et la foule, autour du Luxembourg, si nombreuse et si menaçante, que la Chambre des pairs fut obligée de lever la séance à l'instant, et pendant quelques heures la sécurité des prisonniers fut très menacée.

« La garde nationale déploya un grand courage ; il y avait trente-quatre mille hommes sous les armes, formant une masse si imposante, que la résistance devenait ridicule. Paris était converti en un camp, et la sentence fut prononcée sous la sauvegarde de dix-huit feux de bivouac.

« Le lendemain matin, les choses avaient un aspect plus sérieux, car différents points étaient menacés, les troupes désarmées. L'opinion de la garde nationale devenait douteuse et sa coopération incertaine. Des craintes pour la propriété, et la nouvelle que Montalivet, le ministre de l'intérieur, avait conduit les prisonniers à Vincennes, sous sa propre responsabilité, contribuèrent à calmer l'agitation. Quinze mille hommes bivouaquèrent toute la nuit autour de leurs feux, dans les rues, sur les places et les quais, ce qui termina l'affaire. Les plus horribles lettres menacèrent la famille royale, celle-ci devait s'échapper si cela devenait nécessaire. Il est certain que le peuple demandait l'exécution de deux ministres et y comptait presque, mais il n'est pas moins sûr que ces sentiments furent exploités au profit d'une conspiration qui avait pour but d'amener la République.

. . . .

« Les ministres ont déclaré connaître tous les projets et leurs auteurs, et c'est probablement par la crainte de nouveaux troubles qu'on ne nous en dit pas davantage.

« Il y a un conseil et un comité directeur, les conspirateurs ont de l'argent à leur disposition. La société et les personnages haut placés croient que le roi a été obligé de transiger avec eux ; c'est à cela, dit-on, que nous devons la suspension des hostilités ces deux derniers jours.

« Les assemblées primaires, une nouvelle loi électorale, la dissolution de la Chambre actuelle et l'abolition de la Chambre héréditaire, telles sont, dit-on, les conditions stipulées. D'après d'autres rapports moins certains, le cabinet serait divisé. Soult et le ministère de la guerre auraient des visées belliqueuses, Louis-Philippe serait déterminé ou plutôt enclin à s'abandonner au courant. Les officiers de l'armée impériale se joindront au parti républicain ; ils ont surnommé le roi « Papa Jemmapes », parce qu'il chante ses propres batailles et oublie leurs combats plus brillants. Nous nous attendons à des émeutes au midi et à l'ouest, en faveur des prêtres et des carlistes. La confusion continue à régner dans toutes les affaires d'argent, et l'aspect de Paris est tellement changé que je ne puis m'empêcher de vous en prévenir. En France, à l'est, au nord et au centre, on aspire à la tranquillité et on craint de voir rassembler des forces qu'on ne pourra maintenir à l'intérieur et qui, par conséquent, se dirigeront vers le Rhin, par la Belgique. Des enrôlements ont eu lieu dans plusieurs villes aux cris de : « Au Rhin ! au Rhin ! » Et Soult est considéré comme le nouveau Bonaparte.

« Telle est notre situation ; la souveraineté du peuple semble être la seule chose restée debout, les casse-cou et les gens sans aveu s'en serviront pour leurs vues et leurs intérêts.

« La sentence rendue contre les ex-ministres est la plus sévère après la peine de mort ; les pairs l'ont demandée comme alternative. Quatre d'entre eux, assure-t-on, ont continué à voter la mort, au second tour de scrutin. Nous saurons bientôt qui ils sont, mais je l'ignore encore. Martignac fut brillant et séduisant dans sa défense, mais le procès a mis au jour le talent extraordinairement éclatant d'un M. Sauzet. Le jugement était un spectacle imposant, et Martignac n'a jamais pu persuader à Polignac que ce serait un grand succès de pouvoir sauver sa tête. La vérité sur les ordonnances est que le cardinal Latil et M. de Damas avaient depuis longtemps poussé le roi à admettre la nécessité d'une telle mesure ; c'est ce qu'on a appelé l'influence de la « Petite Porte », car c'était par une entrée de ce genre qu'on arriva à assiéger l'esprit du roi. Polignac n'était pas contre leurs projets, sans en être l'instigateur, et son grand mérite, à leurs yeux, était qu'il se montrait disposé à exécuter ce plan. Les autres ministres y mettaient peu de bonne volonté, et, pour les amener à signer, il fallut que le Dauphin déclarât au conseil qu'il serait lâche de reculer. »

TREIZIÈME VOYAGE

1834

Miss Berry et sa sœur quittèrent Londres pour Paris au mois d'avril. Miss Berry prenait des notes de temps en temps sans écrire un journal suivi.

Mai. — « Le duc de Broglie dit qu'il y a en garnison dans Paris trente-six mille hommes de toutes armes, et près de cinquante mille y compris les casernes des environs.

« M. Apponyi assure qu'il y a près de trente mille soldats dans Paris et la banlieue. Je crois que ce nombre doit être exagéré. A la grande revue d'un des trois jours, on n'avait pu réunir que vingt mille gardes nationaux.

Jeudi, 22. — « Je reviens de l'enterrement de Lafayette. Cette cérémonie était, sous tous les rapports, aussi mal dirigée et aussi peu imposante que si elle avait eu lieu en Angleterre, et *c'est beaucoup dire.* Cinq bataillons de ligne et cinq de gardes nationaux eurent ordre de suivre, commandés par le général

Dariale. Les gardes nationaux venus volontairement se joindre au convoi n'avaient pour toute arme que leurs sabres. Il y avait également plusieurs détachements de gardes municipaux (ci-devant gendarmes), et de nombreux sergents de ville qui jouent ici le rôle de nos *policemen :* ils n'ont, comme eux, d'autre marque distinctive qu'un numéro sur leurs collets. Les tambours étaient couverts de crêpes, mais il n'y avait pas assez de musique, et elle n'était nullement appropriée à la circonstance. Le catafalque sur lequel le cercueil était placé semblait une grande vilaine machine, presque en aussi mauvais état que le catafalque de Nelson. La plupart des gens, sur les boulevards, retirèrent leurs chapeaux au passage du cortège, mais il n'y eut pas pendant toute la cérémonie d'agitation parmi la foule. Après le détachement de gardes nationaux qui suivaient le corps, venaient les membres de la Chambre des députés, puis de la troupe, puis une longue suite d'hommes en habits noirs, — c'étaient, je crois, tous les Américains de Paris, — encore de la troupe, la voiture du roi, celles de la reine et de Madame Adélaïde, celle du duc d'Orléans.

« Mais où était ce prince ? Hélas ! absent. Horace dit : *Quem Deus vult perdere, prius dementat.* Il voulait sans doute parler des rois qui négligent toutes les occasions de produire par leur présence une impression favorable. Quelle raison pouvait empêcher le duc d'Orléans de payer ce tribut à la mémoire d'un homme qui avait placé la couronne sur la tête de son père? Si les ministres, ainsi qu'on le prétend, s'y étaient opposés, le peuple aurait été d'autant plus content de lui, et ceux qui savaient ce qu'il devait à Lafayette eussent eu une meilleure opinion de son cœur. Les voitures de la cour étaient sans apparat et n'avaient que deux chevaux, deux laquais; quelques-unes, même, un seul laquais derrière. Quand le cortège, à cause de sa longueur, s'arrêtait, les laquais descendaient pour causer dans la foule avec leurs amis. Après tout cela, venait ce qui était certainement la seule partie satisfaisante du convoi, des centaines, des milliers de gardes nationaux en compagnies régulières conduits par leurs officiers tous en uniforme, ayant beaucoup meilleure apparence que les soldats de la ligne. Ces derniers sont de très petits hommes, au-dessous de la taille moyenne de France ou d'Angleterre. Le comte de *** m'en a donné comme raison que, de l'an IX jusqu'à l'année 1814, la France avait perdu beaucoup d'hommes, et il ne restait plus que les très jeunes, les faibles et les infirmes, qui avaient engendré une race au-dessous de la moyenne; vingt ans s'étant écoulés depuis lors, on verrait bientôt, ajoutait-il, une différence sensible dans la taille des hommes appelés sous les drapeaux.

« J'ai vu le cortège de la terrasse d'une maison, au coin de la rue Choiseul, qui est occupée par le duc de Massa. Il était impossible d'être mieux placés; le temps était beau, mais je n'ai jamais vu de spectacle moins imposant. L'aspect de la foule était tranquille, moins pauvre et moins vulgaire que ne l'eût été une foule anglaise. »

Samedi, 24 *mai* 1834. — « M. des Cars n'aurait pas voulu pour tout au monde que Charles X se retirât à Rome; cela aurait trop ressemblé à une abdication, et aurait rappelé la fin des Stuarts. Hélas! ces pauvres aveugles ne s'aperçoivent pas que ces degrés sont déjà franchis, et qu'il ne reste pour continuer ce rapprochement que de voir la race s'éteindre dans la personne du duc de Bordeaux. Comme celle des Stuarts, leur petite cour à Prague est livrée aux querelles et aux dissensions. Mme de Gontaut vient d'être renvoyée ; les carlistes d'ici disent que c'est à cause d'un complot découvert par le duc de Blacas. Ce complot avait pour but de faire épouser Mademoiselle au duc d'Orléans, mariage auquel je ne crois pas que Louis-Philippe eût consenti pour rien au monde, et je pense que Mme de Gontaut est beaucoup trop prudente et trop au fait des circonstances, pour y avoir jamais songé.

« Pozzo dit que Louis-Philippe met annuellement de côté cent vingt mille livres sterling. Je n'en crois rien. »

Lettre à M. Macaulay.

« Paris, 23 juin 1834.

« Quand j'ai recherché l'occasion d'entretenir des relations avec vous, en offrant de vous écrire, j'avais oublié combien la vieillesse affaiblit mes facultés. Cela arrive malheureusement à des êtres qui me sont bien supérieurs lorsqu'ils atteignent mon âge. Mais vous avez accepté la correspondance avec tant d'empressement que certainement ce ne sera pas moi qui manquerai à nos conventions, car j'y gagne. Je suis ici depuis la fin d'avril. J'aime beaucoup Paris, c'est la ville de toutes les saisons, de tous les âges, de tous les goûts et de tous les genres d'existence. Je devrais dire que j'aime beaucoup la France, mais rien (socialement parlant), ne diffère plus de Paris que le reste de ce pays. Au point de vue politique, Paris et la province sont également florissants, ou plutôt la province l'est plus encore que la capitale. Après avoir vécu au milieu des Français, je suis obligée d'avouer une chose mortifiante, c'est que ce peuple, en somme, comprend mieux la vie que nous. Dans leur conduite politique (mais non dans leur raisonnement sur la politique), ce sont encore des enfants, comparés à nous. S'ils réussissent à établir et à consolider leur gouvernement actuel, et chaque année qui s'écoule rend la chose plus probable, nous n'aurons d'autre moyen de conserver notre indépendance et une égalité honorable que de nous rattacher étroitement à l'alliance actuelle. Le roi s'est montré très prudent, et, en général, on le reconnaît comme tel; il est étrange qu'il continue à être impopulaire à Paris.

« Les défauts qu'on lui reproche sont plutôt des qualités chez un souverain ; on lui attribue l'amour de l'argent, quoique personne ne l'accuse de s'en approprier par des moyens blâmables, ou de le dépenser d'une manière égoïste et déshonorante. Mais il lui manque cette expansion et ces goûts de représentation auxquels le peuple a été trop longtemps accoutumé pour ne pas les regretter, tout en refusant, maintenant qu'il est plus instruit, d'accepter les conséquences d'une trop grande prodigalité.

« La Chambre des députés n'a pas encore acquis la connaissance de l'administration des finances d'un pays aussi grand et aussi riche, qui exigerait en même temps de la libéralité et de l'économie. Les ministres actuels ont plutôt une réputation de capacité que d'honnêteté et d'intégrité. Le duc de Broglie les ayant quittés sur une question de bonne foi concernant le payement des réclamations américaines, cela a plutôt fait du bien que du mal au gouvernement, tout en faisant peut-être du tort à la réputation des autres ministres. Quand le duc de Broglie reviendra au pouvoir (ce qui arrivera certainement), sa réputation et son influence seront plus considérables que jamais, et avec raison ; car je le crois un homme d'État très éclairé, sans petitesses ni préjugés.

« Au mois de septembre prochain, la Chambre des pairs doit exercer ses droits et juger en dernier ressort ceux qui ont troublé la paix publique au mois d'avril dernier. La procédure qu'on appelle la première instruction est faite depuis longtemps ; c'est, me dit-on, une manière mauvaise et injuste de produire les preuves.

« Je crains beaucoup que la Chambre des pairs ne perde plutôt qu'elle ne gagne en fait d'honneur dans ce jugement. Si ces gens doivent être tous acquittés ou tous condamnés, et ce sera l'un ou l'autre, il eût été préférable qu'ils fussent jugés par le tribunal ordinaire.

« Malgré tout le bien que je pense, en somme, de la politique actuelle des Français, je n'en puis dire autant de leur littérature. Tout ce que ses plus grands admirateurs peuvent dire, c'est qu'elle est dans un état de transition en attendant mieux. Je ne puis parler des ouvrages scientifiques ; mais dans tout ce qui porte le nom de « Belles-Lettres », tout ce qui concerne les œuvres d'imagination (théâtre ou roman), l'exaltation et le ridicule des sentiments et des situations étonnent l'esprit sérieux des Anglais.

« Cette exaltation ne s'arrête pas toujours aux œuvres d'imagination. Il y a un certain abbé de Lamennais, qui fut un des apôtres de la Restauration de la maison de Bourbon ; il est l'auteur d'un livre appelé l'*Indifférence en matière de religion*, cité comme évangile par le parti ultra-royaliste. Cet abbé publie un autre volume sous le titre de *Paroles d'un Croyant*, œuvre sanguinaire et ultra-radicale, dans un style qui ressemble à celui de l'Ancien Testament ; et sous le prétexte de rendre l'Église à sa simplicité et à son pouvoir primitif, M. de

Lamennais prêche une croisade contre tous les gouvernements, poussant à revenir aux guerres sanglantes des rois de Juda pour rétablir l'égalité de la fortune et des droits parmi les hommes. Cette rapsodie, car c'en est une, n'est pas sans éloquence ; elle a déjà été traduite en allemand et a, dit-on, produit un grand effet en Allemagne. S'il en est ainsi, on tuera bientôt des millions de gens au nom du Dieu de paix et de bonne volonté envers les hommes.

« Les nouvelles élections à la Chambre ont eu lieu cette semaine en France ; jusqu'à présent, elles sont très en faveur du gouvernement. Sur quatorze représentants de Paris, aucun carliste ou républicain n'a osé se présenter.

« J'ai été confirmée dans mon opinion de la décadence du goût en France, non seulement en littérature, mais en toutes choses, par l'exposition de l'industrie française, qui est ouverte ici depuis un mois. Elle renferme tout, depuis les machines jusqu'aux modes et faux cheveux ; depuis le velours jusqu'à la toile la plus grossière ; l'argenterie, la faïence, la coutellerie, la sellerie, la chimie et mille autres choses. Que les Français aient fait des progrès dans la production à meilleur marché des choses ordinaires, telles que les tapis, la faïence, etc., je le crois, mais ils ont perdu toute cette délicatesse de dessin, de couleur et de fini qui les rendait si remarquables.

« Le roi passa, pendant quatre jours, six heures dans ces salles à examiner chaque machine en mouvement et à écouter les explications des fabricants sur la perfection de leurs produits. Un roi seul pouvait supporter l'ennui et la fatigue d'une pareille tâche.

« De nous-mêmes, je dirai seulement que nous

sommes agréablement logés aux Champs-Élysées, et que, pour les mois d'août et de septembre, nous avons l'intention d'aller à Bellevue, un village ou plutôt un groupe de maisons qui mérite bien son nom et qui est situé à environ cinq milles de Paris. Au mois d'octobre, nous espérons revenir ici pour un mois, puis nous retournerons à Curzon Street, où, hélas ! notre cercle si agréable subira par votre absence une perte irréparable. Espérons que cette absence contribuera à votre santé, à votre prospérité et à votre honneur. Je m'efforcerai alors de me réconcilier avec la privation d'un bonheur que je sais si bien apprécier.

« Ecrivez-moi si vous désirez continuer à recevoir des lettres aussi pauvres que celle-ci, de votre sincère et dévouée amie et admiratrice,

« M. BERRY.

« A la séance annuelle de l'Académie française, le 9 août 1834, le sujet d'un des discours prononcés à l'occasion des prix institués par M. de Montyon fut le *Courage civil*. Il eût mieux valu dire *Courage moral*. Le prix ne fut pas attribué, aucun des ouvrages n'ayant été jugé digne d'une mention honorable. Je n'en suis pas surprise. Le courage moral est beaucoup moins naturel au caractère des Français, beaucoup moins en rapport avec leurs habitudes et la vivacité de leurs sentiments, que le courage physique et militaire. Peut-être est-il plus compatible avec l'intelligence plus lente et les sentiments moins ardents des Anglais. Un Français pourrait-il supporter quelque chose qui le rendrait ridicule ? Aurait-il jamais, par exemple, le courage de sir S. Romilly, qui, étant jeune et en voyage, gardait auprès de lui, en dépit de toutes les plaisanteries de ses camarades, un domestique âgé, gauche et bizarre, le fils de sa vieille bonne, qu'il était trop pauvre pour secourir autrement ?

« Une autre preuve de ce même manque de constance en face des chagrins et des difficultés de la vie, ce sont les fréquents suicides auxquels donnent lieu les obstacles mis aux mariages d'inclination par l'opposition des parents ou par des difficultés matérielles. Au lieu de s'efforcer de dominer leur passion ou d'écarter les obstacles, les Français ont immédiatement recours au suicide, et semblent croire que la résolution de mourir avec l'objet de leur passion détruit l'égoïsme de cette action, tandis qu'elle le redouble, au contraire.

« Les journaux racontent souvent que l'on a trouvé des jeunes gens asphyxiés ou noyés dans les bras l'un de l'autre, alors que peut-être, avec un peu de courage moral, ils eussent bientôt retrouvé le bonheur, et seraient devenus d'utiles et heureux membres de la société. Nous chercherions en vain, dans la classe où ces suicides se produisent généralement, un exemple pareil à celui de la femme de chambre de lady D. S., toute jeune personne, à laquelle sa maîtresse répondit, lorsqu'elle vint lui annoncer son mariage projeté. « Oh! « Betty, il sera bien temps de vous marier dans cinq ans ! » La jeune fille ne répliqua pas et continua son service d'une manière irréprochable. Au bout des cinq ans, le jour anniversaire de celui où elle avait parlé la première fois, elle revint à lady D. et dit : « Mylady, vous m'avez
« conseillé de ne pas me marier avant cinq ans, ils sont
« maintenant écoulés ; John et moi sommes toujours
« dans les mêmes idées, et j'espère que vous ne voyez
« plus d'obstacle ! » Inutile d'ajouter que le mariage se fit immédiatement, et que les nouveaux mariés restèrent

au service de lord D. Eux et leurs enfants ont prospéré depuis vingt ans.

« Cette tendance à l'exagération des sentiments et à l'impatience devant les obstacles présente de grands inconvénients en politique, et a causé ou rendu possibles les nombreux changements que ce peuple a traversés pendant ces quarante dernières années. »

« Bellevue, septembre 1834.

« Ma chère Mrs Somerville,

« Je viens de finir votre livre qui m'a fort intéressée, et qui a de plus, je l'espère, augmenté en moi la vertu chrétienne de l'humilité. Ces résultats doivent vous paraître étranges par leurs contrastes avec l'effet produit sur la grande majorité de vos lecteurs, et vous me permettrez de vous les expliquer. Je m'aperçois avec humiliation que ma faible intelligence ne me permet pas de saisir les détails par lesquels vous cherchez à faire comprendre les merveilleux phénomènes de l'univers; je dois m'humilier, dis-je, en sentant la différence intellectuelle entre vous et moi, qui vous place autant au-dessus de moi dans l'échelle des êtres pensants, que je suis moi-même au-dessus de mon chien. Cependant je me réjouis modestement d'appartenir à cette catégorie intellectuelle qui, tout en étant incapable de suivre la chaîne de vos raisonnements et de vos déductions, se sent néanmoins instruite, éclairée et intéressée par la série de sublimes vérités vers lesquelles vous la conduisez. Par quelque matinée brumeuse de novembre, j'irai vous trouver à Chelsea, vous surprendre par mon ignorance en matière scientifique, et vous demander de m'expliquer certaines choses. On est étonné d'avoir vécu si longtemps sans les savoir ! En même temps, que ne pouvez-vous lire dans les étoiles l'espoir d'avoir souvent une saison comme celle-ci ; un été continuel depuis le mois d'avril dernier, ne donnant la semaine passée que quelques signes d'automne, pour revenir au beau temps ensuite. Le thermomètre hier marquait 38º à l'ombre, et en promet autant aujourd'hui. Nous sommes enchantées de notre séjour ici ; nous regrettons de le voir toucher à son terme vers la fin de ce mois. Notre intention est de passer le mois d'octobre à Paris avant de retourner sous le ciel nébuleux de Londres. Pendant mon séjour à Paris avant de venir ici, je n'ai pas eu la bonne chance de rencontrer votre ami M. Arago. Si je n'avais lu votre livre, je vous aurais priée de me donner une lettre pour lui ; mais maintenant, et comme je ne resterai que peu de temps à Paris, je me contenterai de contempler à une distance respectueuse toutes vos grandes étoiles fixes de la science, excepté vous, chère Mrs Somerville. J'espère qu'aucune « influence troublante » ne me jettera hors de l'orbite de votre intimité et de votre amitié, dont la valeur est, croyez-moi, vivement et profondément appréciée par votre ingnorante et affectionnée

« M. B. »

Bellevue, 8 septembre. — « Le temps est gris et couvert, et il n'y a pas un souffle d'air ; cela s'accorde bien avec mon état d'esprit. Sans souffrir, je me sens incapable de m'appliquer dix minutes à la même chose. J'évite toute occupation et je m'abandonne à une existence rêveuse qui n'est pas sans charme.

« Je reviens sur le passé (parce que le présent l'efface), et que depuis longtemps il n'y a plus d'avenir pour moi. Je repasse les différentes phases de ma vie, souffrant en détail, ce qui n'est pas agréable. »

11 septembre 1834. — « Ce matin, on a commencé à vendanger les vignobles au bord des chemins, parce que les raisins courent risque d'être volés, et aussi afin de faire du vin nouveau pour les vendangeurs.

« Les vendanges commenceront le 17, dix jours plus tôt que d'habitude. On dit qu'on ne peut laisser mûrir les raisins parce qu'ils moisissent et tombent. Les raisins sont assez abondants cette année et de très bonne qualité. Un petit terrain dans ce voisinage, environ un quart d'arpent, produit ce qu'on appelle ici une pièce et demie de vin, c'est-à-dire cinq cents bouteilles, qui vaudront trois sous. Un quart d'arpent donne donc environ soixante livres; c'est un bon revenu, mais une vigne ne rapporte qu'au bout de quatre ans, et on compte une mauvaise récolte sur trois ou quatre. »

Mardi, 30 septembre 1834. — « Nous avons quitté Paris à neuf heures du matin pour aller à Fontainebleau. Arrivées au château à quatre heures, nous sommes entrées du côté droit de la grande cour du Cheval-Blanc. Un des nombreux domestiques en livrée que nous avons trouvés à la porte, devant laquelle nous devions nous arrêter, avait un papier sur lequel étaient inscrits nos noms et les chambres que nous devions occuper. Elles étaient situées au second étage de cette aile, et toutes les fenêtres donnaient sur le magnifique jardin anglais, les pièces en enfilade avec des dégagements sur le long corridor qui regarde la grande cour. Notre appartement se composait de trois chambres à coucher, d'un salon et d'une pièce qui semblait destinée à servir de salle à manger. Toutes étaient tendues de soie, et parfaitement propres. Les femmes de chambre étaient logées derrière nous, dans des pièces mal disposées, mal meublées et peu confortables, ne prenant jour que sur le corridor.

« Mais comme la famille royale n'était arrivée qu'un jour avant nous, et qu'il n'y avait pas eu de voyage à Fontainebleau depuis l'Empire, on peut supposer que les détails seront plus soignés une autre fois. Nos domestiques furent aidés, pour le transport des bagages, par des hommes dont c'était le service spécial. Nous nous sommes habillées longtemps d'avance, car le dîner ne devait avoir lieu qu'à six heures et demie. A six heures un quart, nous étions descendues au salon, ayant donné ordre à *Petrolini* de nous envoyer quelqu'un pour nous montrer le chemin, que nous n'aurions certainement jamais trouvé seules ; il était long de près d'un demi-quart de mille. Nous avons trouvé à peu près soixante-dix ou quatre-vingts personnes. Le roi, la reine et les princesses étaient déjà là. On nous fit le plus aimable accueil. Lorsque le dîner fut annoncé, ce fut le duc de Bassano[1] qui me conduisit.

« Pozzo conduisait la reine, et le roi sa sœur, comme d'habitude. Les princesses suivaient la reine ; l'une prit place de son côté de la table, et l'autre, en face, à la gauche du roi.

---

[1] Hugues Bernard Maret, duc de Bassano, fils d'un médecin de Dijon, né en 1763, éditeur du *Bulletin*, dans lequel il rendait compte des débats de l'Assemblée nationale. Il fut envoyé en Angleterre pour tenter de continuer les négociations au moment du renvoi de Chauvelin. Il alla ensuite en mission à Naples, tomba aux mains des Autrichiens et resta prisonnier jusqu'en 1795. Puis il devint un des ministres favoris de Napoléon et son ami personnel ; il lui resta fidèle après 1814. Il était avec lui à la bataille de Waterloo. Les événements de cette année le conduisirent en exil, et il ne revint qu'en 1820. Il fut élevé à la pairie et créé ministre de l'Intérieur par Louis-Philippe. Il mourut en 1839.

« Après une promenade d'environ cinq minutes, nous arrivâmes à la longue galerie de Diane; nous étions environ cent personnes à table, l'éclairage était magnifique et un orchestre jouait de temps en temps. Une troupe de domestiques servaient remarquablement bien; c'étaient des valets de pied qui avaient remplacé leurs habits rouges par des jaquettes de courriers, bleues ornées d'argent, et un gilet rouge; ils étaient beaux et bien tenus. Le dîner dura moins longtemps qu'on ne l'aurait cru, et nous retournâmes au salon dans le même ordre. Le café fut servi à huit heures, tous les invités suivirent le roi et la reine jusqu'au théâtre. Dieu sait quelle seconde longue promenade! Le théâtre est mal proportionné, mais magnifique par son ornementation Louis XV. La cour en occupait le fond; les invités se placèrent de chaque côté, sur des chaises disposées en forme de balcon et faisant le tour de la salle. Dessous étaient les personnes de la ville; dans le parterre les officiers, et dans la galerie les soldats. Les pièces étaient *la Lectrice* et *le Lorgnon*, jouées toutes les deux par des acteurs du Gymnase. Entre les deux pièces, on servit des glaces et du thé derrière la loge royale. Après le spectacle, nous sommes retournés au salon dans le même ordre, et bientôt après nous fûmes congédiés pour la nuit. »

Mercredi, 1ᵉʳ octobre 1834. — « Nous nous sommes levées beaucoup plus tôt qu'il n'était nécessaire, parce que je ne savais où étaient les parterres. A dix heures et demie, nous sommes revenues sans guide au salon; nous y avons trouvé toute la famille royale et ses hôtes. Il y eut une courte conversation avant le déjeuner, qui fut servi dans la même galerie que le dîner. Ce déjeuner était un dîner complet, sauf l'absence du poisson et des rôtis, et se termina par des tasses de thé ou de café servies à tout le monde. L'ordre de la journée que nous connaissions déjà était une longue promenade dans la forêt et les environs. Après le déjeuner, chacun se retira dans ses appartements jusqu'à deux heures; alors, tous ceux qui désiraient faire partie de la promenade devaient se réunir au salon.

« Avant deux heures, les voitures, toutes découvertes, attendaient dans la cour du Cheval-Blanc, sous les fenêtres de notre corridor. Il y en avait neuf, six à six chevaux, trois à quatre, et un grand nombre de chevaux de selle pour les piqueurs, inspecteurs, etc., et ceux des invités qui désiraient monter à cheval. Le prince Butera, par exemple, accompagna ainsi le petit duc d'Aumale. Les voitures étaient toutes protégées du soleil par une espèce de toit en toile. Celle du roi et de la reine ressemblait à un omnibus assez grand pour contenir six ou sept personnes; Pozzo, M. de Werther et d'autres y prirent place. On assigna des places à tout le monde, mais chacun était libre de changer. Nous eûmes le bonheur de nous trouver dans un phaéton double, contenant six personnes, avec Mme de Boigne, MM. Pasquier, d'Argout et Montalivet. Nous fîmes une promenade de neuf lieues dans la forêt que nous avons traversée d'une extrémité à l'autre, nous arrêtant à un ou deux villages où les paysans du voisinage étaient accourus. Le cri de « Vive le roi ! » retentit souvent.

« Deux ou trois fois, tout le monde descendit de voiture pour admirer les remarquables points de vue dont quelques-uns dominaient l'immensité de la forêt. Notre cavalcade, qui consistait en une centaine de chevaux et de voitures, eût été belle sans la poussière qui, lorsque tout était en mouvement, nous empêchait de voir à un mètre au delà de la voiture. A l'un des carrefours de la forêt, des chevaux de poste nous attendaient et nous ramenèrent vers six heures. Le dîner, ce jour-là, avait été retardé jusqu'à sept heures ; il eut lieu dans le même ordre que la veille et ne fut pas suivi de spectacle. On joua chez la reine, qui ne prit pas part au jeu, mais fut priée par ses filles de diriger une table de biribi à laquelle elles étaient assises avec plusieurs jeunes filles. Les autres personnes jouaient à trois ou quatre tables ou se promenaient. Comme il était facile de se retirer de bonne heure, je rentrai vers dix heures dans ma chambre. Un valet de pied attendait dans la seconde antichambre pour conduire les invités à leurs appartements. »

Jeudi, 2 octobre 1834. — « Aujourd'hui, après le déjeuner semblable à celui d'hier, ceux qui, comme moi, avaient exprimé le désir de visiter le château se rendirent, accompagnés de la reine elle-même, des deux petits princes, de Mme de Werther et sa fille, de Mme de Boigne et de deux ou trois autres personnes, à l'appartement royal, de là à la grande chapelle du château, pour le moment remplie d'échafaudages et en pleine réparation ; puis à la galerie Henri II, où le roi nous rejoignit. C'est une salle magnifique dont les dessus de fenêtres sont couverts de peintures du Primatice et de son école. Beaucoup sont à moitié effacées ; et le roi en a confié la restauration à M***. Celles qu'il a déjà fait revivre sont admirables. L'artiste était là, le roi nous le présenta et le complimenta chaleureusement sur son œuvre.

« Dans cette salle doit avoir lieu le bal lundi prochain, et l'on drapait les fenêtres pour cette fête. Ensuite nous sommes allés à la petite chapelle de Saint-Saturnin, qui fut consacrée, dit-on, par Thomas Becket, lors de son passage en France allant à Rome. L'ornementation n'est pas de cette époque, mais elle est très ancienne, très riche et très belle. C'est maintenant la chapelle de la famille royale. Nous avons vu aussi l'appartement occupé par le pape lorsqu'il fut retenu en captivité par Napoléon. Il se compose de dix pièces confortablement mais simplement meublées; le lit est tendu de soie violette. L'appartement de Mme de Maintenon est tout en désordre, et sert de garde-meuble, car on répare en ce moment différentes parties de cet énorme groupe d'édifices. L'appartement de la reine se compose de trois pièces; les meubles de la chambre à coucher sont ceux de la reine Marie-Antoinette; les tentures sont brodées en chenille sur un fond blanc, elles sont très belles et peu fanées. La chambre paraît assez confortable. Le roi a trois pièces, dont l'une est son cabinet particulier, dans lequel travaillent deux secrétaires. Au milieu est une petite table ronde, toute simple, sur laquelle Bonaparte signa la fameuse abdication. En retournant cette table, on y voit une plaque de cuivre portant mention de ce fait. Comme l'empereur y est simplement appelé Napoléon Bonaparte, l'inscription a dû être placée là sous la Restauration.

« Après avoir visité le château, on proposa une promenade, mais qui fut beaucoup moins longue que la veille. Il y avait, je crois, quatre ou cinq voitures et quelques cavaliers, parmi lesquels, à leur grande joie, les deux petits princes. Nous avons été d'abord par le jardin public du palais, à ce que l'on appelle la treille du roi, longue étendue de vignes plantées en espalier contre le mur. Là, on mit pied à terre, et chacun mangea du meilleur chasselas qu'il soit possible de goûter, le roi, la reine, les princesses et les petits princes conduisant toujours tout le monde. Puis le roi et ses deux filles montèrent à cheval et accompagnèrent les autres cavaliers. Nous avons fait une belle promenade par le parc et un coin de la forêt jusqu'au village d'Avon, dont l'église était autrefois la paroisse de Fontainebleau. Nous y avons vu une pauvre petite pierre tombale sur laquelle on lit difficilement le nom de Monaldeschi [1], et qui sans doute a été placée là longtemps après sa mort.

« Tout le village était sur pied; les gardes nationaux, avec ou sans uniformes, rangés le long de la petite rue tortueuse, présentèrent les armes. Il y a là un pensionnat de garçons dont le roi, je crois, loua les élèves, mais ici je trouvai le « Vive le roi ! » plus froid que je ne m'y attendais. Ensuite, nous sommes rentrés dans la forêt et de là dans le parc, par une autre grille, pour longer le grand canal et arriver à l'entrée la plus éloignée du jardin anglais. Nous sommes descendus de voiture et nous sommes allés à pied jusqu'au manège, un des plus grands que j'aie jamais vus; puis, toujours à pied, jusqu'au château pour rentrer par la cour des Fontaines. Un grand nombre de personnes y étaient rassemblées. Un petit garçon en grand deuil sortit de la foule et présenta une pétition à la reine. Derrière lui était sa mère, tout en noir aussi, cherchant à s'avancer, mais elle se couvrit la figure de ses mains et s'affaissa au milieu de ceux qui l'entouraient. La reine était déjà

---

[1] Monaldeschi, noble italien, grand chambellan de la reine Christine de Suède, fut assassiné par ses ordres en 1657, pendant sa résidence au château de Fontainebleau, sous Louis XIV.

passée et ne la voyait pas. Mais comme je me trouvais tout près, cette scène me frappa, et je ne pus passer outre. Heureusement j'aperçus non loin de moi Mme de Dolomieu; je lui racontai ce que j'avais vu et la menai au groupe qui entourait la pauvre femme revenant de son évanouissement. Son mari était mort depuis peu; elle avait été privée d'un petit secours sur lequel elle comptait, et se trouvait sans ressources. Mme de Dolomieu lui adressa quelques paroles de consolation et des promesses d'appui. M. de Montalivet, ministre de la liste civile, nous rejoignit et lui dit qu'il n'était pas possible de lui donner ce qu'elle demandait, mais qu'on ferait autre chose pour elle. J'avoue que ces assurances me firent plaisir, car il m'eût été pénible d'assister à un grand dîner, de jouir de la musique, des lumières et de la splendeur, avec le souvenir de cette pauvre veuve évanouie et du petit garçon si tristement abandonnés.

« Après dîner, nous avons été invités au théâtre; on y représentait trois pièces: *le Chalet, le Caprice d'une femme*, de l'Opéra-Comique, et *Dominique ou le Possédé*, du Théâtre-Français. Montrose joua admirablement dans cette comédie et nous divertit beaucoup. Mais c'est trop d'entendre trois pièces; le spectacle ne finit qu'à minuit et demi. J'en étais fâchée pour le roi et la reine, qui furent obligés de rester jusqu'au bout. Nous étions également forcés d'attendre afin d'avoir l'occasion de les remercier, en rentrant dans le salon, de la grande bonté qu'ils nous avaient toujours témoignée.

« Je m'en tirai très maladroitement; j'espère que mes compagnons furent plus habiles. Nous n'étions rentrés dans nos chambres qu'à une heure. Toutes les personnes qui, comme nous, devaient partir le lendemain prirent congé aussi, car on est censé avoir quitté Fontainebleau le soir du jour où se termine l'invitation. C'est une bonne coutume qui épargne des ennuis de part et d'autre. »

Vendredi, 3 octobre 1834. — « L'inspecteur des postes, M. Decasé, avait été envoyé chez moi la veille pour savoir quand nous désirions nos chevaux de poste. Je les avais demandés pour neuf heures et demie, supposant qu'alors on aurait amené nos deux voitures des remises qui, dans ce grand palais, sont très éloignées ; mais elles étaient à la poste aux chevaux, attendant l'ordre du départ. Bref, nous ne sommes partis qu'à dix heures et demie. En attendant, je me promenai tranquillement dans les quatre cours du palais, ce que je n'avais pas encore eu le temps de faire. J'allai aussi au jardin public qui communique avec le palais par une arche entre deux cours. La matinée était superbe, et je ne me souviens pas d'une scène de ce genre plus frappante et dont j'aie conservé un plus agréable souvenir. Nous étions arrivés à Paris avant cinq heures, malgré un arrêt en route pour causer avec lady Granville, qui se rendait à Fontainebleau. »

Lettre à M. Macaulay.

« Paris, 15 octobre 1834.

« Près de deux mois se sont écoulés depuis le commencement de cette lettre. Je suis de nouveau à Paris pour un mois, avant de retourner en Angleterre. Tout est tranquille et prospère ici, malgré les journaux et les rêves républicains des collégiens. La grande question gouvernementale actuelle est celle-ci : « Faut-il, oui ou non, accorder une amnistie générale pour tous les délits politiques, quels qu'ils soient ? » Elle comprendrait les infortunés ministres de Charles X, encore enfermés au château de Ham. Aucun gouvernement ne peut les craindre, tant ils sont insignifiants, et cependant cette mesure seule permettrait de les mettre en liberté. Le nombre des arrestations opérées à la suite des événements du mois d'avril dernier est si considérable (plusieurs centaines), que le procès, et surtout la condamnation des prisonniers devient une affaire difficile pour la commission de la Chambre des pairs, qui est spécialement chargée du sort de ces inculpés. Le gouvernement n'a cessé de recueillir des témoignages sur cette affaire et, je crois, commence à trouver que le grand nombre des coupables doit les sauver, et rendrait leur procès plutôt fâcheux qu'utile.

« Dans ces circonstances, une amnistie générale arrangerait tout avec bien plus d'honneur et de sûreté pour le gouvernement, que ne pourrait le faire n'importe quelle solution du procès. Cette mesure témoignerait de la confiance en la force du ministère, et ajouterait à la popularité que je crois voir poindre pour le roi. Il vient de faire une visite de dix jours avec toute sa famille et la cour à Fontainebleau; un pareil événement n'avait pas eu lieu depuis le règne de Napoléon. Nous avons eu l'honneur d'y être invitées pour trois jours. Rien ne peut dépasser la magnifique ordonnance de tout l'ensemble, et personne ne peut voir l'intérieur de la famille royale sans éprouver quelque chose comme de l'affection pour leur bon sens, leur bonne conduite et leur bon goût. Les meilleurs acteurs des premiers théâtres de Paris avaient été appelés pour nous donner des représentations au théâtre du palais, et étaient tous logés et payés par le roi.

« Le matin, des promenades dans la superbe forêt,

en voitures découvertes, à six chevaux, où tous ceux qui voulaient accompagner la famille royale trouvaient place, et un dîner de quatre-vingts à cent couverts chaque jour, merveilleusement éclairé et parfaitement servi, satisfaisaient les plus difficiles en fait de magnificence royale. Tout cela accompagné, je dois l'ajouter, d'un certain air de bonhomie et de grâce non affectées qui n'appartenaient pas à ces sortes de fêtes sous l'ancien régime.

« Je crois que le voyage de Fontainebleau aura fait beaucoup de bien au roi. Il avait eu l'habileté de n'inviter personne de ceux qui auraient accepté et se seraient plaints d'y aller, non plus que beaucoup d'autres qui auraient cru qu'il était seulement désireux de remplir ses salons. La haute bourgeoisie est très satisfaite de la magnificence que le roi a déployée, et ceux qui l'ont accusé d'économiser mesquinement et de mettre de côté cent vingt mille livres sterling par an ont la bouche close. »

Bellevue, 30 octobre 1834. — « Visite aux enfants trouvés avec ma sœur, M. Fullerton[1] et lord Henry Fitzmaurice[2]. Cinq ou six mille enfants sont reçus annuellement. De ces cinq ou six mille, cent cinquante au plus sont réclamés par leurs parents. Il en meurt entre douze et quatorze cents dans l'hôpital avant qu'ils ne puissent être envoyés à la campagne chez des nourrices. Vingt et une sœurs de Charité sont attachées à cet établissement; elles ont environ quarante personnes sous leurs ordres, sans compter les nourrices, dont un grand nombre arrive chaque semaine de toutes les par-

---

[1] Gendre du comte Granville.
[2] Actuellement lord Lansdowne.

ties du pays, tandis que d'autres partent avec les enfants qui leur sont confiés.

« Elles sont transportées dans une longue voiture couverte ressemblant à un omnibus et qui appartient à l'hôpital. Dans tout l'établissement, et en particulier à la cuisine, règnent une propreté et un ordre admirables.

« Le linge, les draps et les vêtements, dont il faut une quantité considérable, ne sont pas faits dans la maison, mais à la Maternité et dans d'autres hôpitaux.

« La dépense se monte en tout, y compris celle des enfants en nourrice dans la campagne, à un million huit cent mille francs, soit à peu près soixante-dix mille livres sterling par an. Elle est supportée, en partie, par des fonds légués à l'hôpital, et le reste est soldé par les droits d'octroi de la ville de Paris. Plusieurs des meilleurs esprits d'ici sont d'avis que cet hôpital présente à peu près les mêmes inconvénients que nos lois sur les pauvres dans l'ancienne administration, et que le système encourage à la fois le vice et la paresse, car un grand nombre d'enfants sont certainement des enfants légitimes dont les parents s'évitent, de cette façon, la peine de les élever eux-mêmes. Et, d'autre part, on procure aux femmes de la petite bourgeoisie, aussi bien qu'à celles du peuple, un moyen de dissimuler leur inconduite. On a l'intention, à ce qu'on m'assure, de recevoir désormais les enfants moins facilement, et de limiter le temps de leur séjour à l'hospice. »

Bellevue. Vendredi, 31 octobre 1834. A l'Hôtel-Dieu avec lady Lansdowne. — « Environ neuf mille malades ; deux salles, toujours réservées aux victimes d'accidents, et une pour les femmes en couches. Mais celles-ci n'y peuvent rester que si elles accouchent dans les vingt-quatre heures qui suivent leur admission. Chaque salle contient environ soixante-dix lits. Tous sont en fer avec des rideaux de calicot blanc, suffisamment éloignés les uns des autres. Les salles sont larges, propres et bien aérées. Les décès y sont en moyenne (d'après le registre de la mairie de l'arrondissement) de un à sept par jour en temps ordinaire.

« Quarante sœurs de Charité sont attachées à cet hôpital, et environ cent serviteurs, hommes et femmes, dirigés par elles.

« La cuisine est très propre et paraît bien tenue ; la distribution du linge dans les salles est bien réglée. Le linge est envoyé régulièrement à Boulogne, pour être blanchi dans une maison que l'hôpital possède sur les bords de la Seine. »

Lady Lansdowne et miss Berry ne s'épargnèrent pas la visite de la salle des morts, voulant connaître l'Hôtel-Dieu dans ses plus pénibles détails.

Miss Berry retourna passer l'hiver à Londres, et l'été de 1836 la ramena pour la dernière fois à Paris [1].

[1] Au mois de juillet 1836, elle s'installa dans un appartement de l'avenue des Champs-Élysées.

QUATORZIÈME VOYAGE

1836

La vieillesse était venue pour la brillante amie de Walpole, qui envisageait le déclin de sa vie avec une rare élévation d'âme, se livrant à des réflexions fort sérieuses, sans cesser pourtant de recevoir de nombreuses visites, de causer avec animation et de sortir autant que ses forces le lui permettaient. Ses anciens amis ne la négligeaient pas. On causait beaucoup chez elle des événements passés, et il est assez curieux de retrouver parmi ces souvenirs une relation particulière du 18 brumaire.

19 août 1836. — « Le prince C. me dit que Pahlen n'était pas un des quatre assassins de Pierre III. Pahlen était alors à la tête de la police et tenait entre ses mains la sécurité et la vie de l'empereur. Néanmoins il peut être accusé d'avoir été l'âme de la conspiration. Zuboff, l'un des frères de celui qui fut ensuite l'amant de Catherine, était parmi les meurtriers de l'empereur ; les autres étaient des gens sans importance, auxquels personne ne songea lorsque le crime fut accompli.

« Catherine conspira, d'un côté avec la princesse Dashkoff et la plus haute noblesse, et, de l'autre, avec les Orloff et leurs partisans, l'un et l'autre parti s'ignorant mutuellement.

« Ceci confirme ce que dit Mme Dashkoff, dans ses mémoires, de son étonnement et de la lumière nouvelle qui l'éclaira lorsque, traversant le boudoir de l'impératrice, le soir du jour de son entrée triomphante à Pétersbourg, elle y trouva Orloff, blessé à la jambe, étendu sur un sofa. »

Samedi, 18 septembre 1836. — « M'affaiblissant rapidement tous les jours, je voudrais pouvoir exprimer encore dans mon journal mes impressions morales et physiques. Cela pourrait me distraire, et dans l'avenir être curieux et intéressant pour quelque autre vieille femme, consciente, comme moi, de sa situation. J'ai été incapable aujourd'hui d'autre chose que de lire ma Bible pour me distraire, car je ne pouvais pas même réfléchir dessus ! J'ai la tête trop lourde et beaucoup de langueur. Heureusement, je n'ai rien d'urgent à exécuter ; je puis remercier le ciel de n'éprouver aucune violente souffrance, et d'être entourée de tout le confort nécessaire. »

Lundi, 19 septembre 1836. — « Je suis très contente d'avoir presque tous les jours une petite conférence avec moi-même. Je n'ai désormais de réel et complet entretien confidentiel qu'avec Dieu, le Père et l'Ami de tous les désolés de cœur ou d'esprit, avec le Dieu tout-puissant auquel je puis exposer les pensées de mon esprit vacillant, toutes les faiblesses de ma nature, et tous mes regrets de ne pas les avoir mieux combattues. »

11 octobre 1836. — « Il y a longtemps que je n'ai pu causer un peu avec moi-même. J'ai été si souffrante ! A chaque jour suffisait sa peine. Lady Harriet Williams et son mari sont arrivés dimanche. Tous les hôtels sont pleins, mais heureusement j'ai pu les loger à l'hôtel du Rhin. »

2 novembre. — « Depuis la dernière fois que j'ai écrit ma santé a été réellement meilleure. »

Samedi, 18 novembre 1836. — « Notre vieil ami Fregeville nous a montré une lettre de Lucien Bonaparte, qui le prie de lui envoyer les noms des secrétaires du conseil des Cinq-Cents, au 18 brumaire. Voici ce qu'il nous a raconté sur cette mémorable journée : Fregeville était lui-même un des Cinq-Cents, et comme un grand nombre de ses collègues, fort dégoûté du gouvernement du Directoire.

« Deux des directeurs, Roger Ducos et Gohier, quoique faisant partie du gouvernement, partageaient ces sentiments et cherchaient un homme capable de renverser le Directoire et de donner une autre forme à la République. Tous sondèrent Moreau sur ce point et désirèrent le charger du coup à tenter. Mais il refusa absolument, et ils ne savaient à qui s'adresser, quand Bonaparte arriva d'Égypte. (Peut-être avait-il été averti).

« Le conseil des Cinq-Cents et le conseil des Anciens furent transportés à Saint-Cloud par crainte de la populace parisienne.

« Fregeville, en sa qualité de militaire, commandait la garde du conseil des Cinq-Cents. Lucien Bonaparte était président. L'orangerie, où siégeait l'Assemblée, est une salle longue et étroite n'ayant qu'une seule porte au fond. Le parti avancé du conseil exigeait que Lucien présentât un acte d'accusation contre son frère, coupable d'avoir abandonné l'armée sans autorisation. Lucien s'opposait à cette mesure en raison des services rendus par son frère.

« Au milieu de la discussion, la porte du fond de la salle s'ouvrit, et Napoléon parut entre deux grenadiers désarmés, et suivi d'autres soldats. Il n'était pas parvenu au milieu de la salle que les cris de : « A bas le « tyran ! Point de dictateur ! » retentirent si nombreux et si violents, qu'il revint en arrière avec ses deux grenadiers et sortit aussi rapidement que possible. L'Assemblée entière se précipita sur ses pas. L'histoire de Napoléon eût pris fin à ce moment si Fregeville, qui se trouvait placé à la porte d'une petite antichambre attenant à l'orangerie, n'eût commandé à ses gardes de croiser la baïonnette devant la porte, et empêché ainsi les furieux de sortir. Ils se persuadèrent alors qu'un grand déploiement de forces militaires avait lieu, et tous les membres du Conseil étrangers au complot ou opposés à Napoléon s'enfuirent en sautant à la hâte par les fenêtres de l'orangerie.

« Les Bonaparte comptaient beaucoup d'amis dans le conseil des Anciens. Lucien les harangua, leur adjoignit plusieurs membres de celui des Cinq-Cents, et envoya Fregeville tenter de rejoindre les fuyards et de les assurer que nulle mesure de violence ne serait prise contre eux. L'Assemblée se reforma ; Lucien reprit la présidence, et des envoyés se rendirent près du général Bonaparte qui se tenait à cheval dans la cour du château avec ses troupes. Fregeville fut un des envoyés. Le général se pencha vers lui en demandant : « S'il n'y « aurait pas d'assassins. » La réponse fut rassurante, et il entra dans l'assemblée. »

*Lettre de M. Doudan à la vicomtesse d'Haussonville
(née Broglie)* [1].

« Paris, 19 novembre 1836.

« Voulez-vous savoir qui est venu ici hier soir? Voici :
M. et Mme Villemain, M. et Mme Lebrun, le ministre
de Belgique, l'ambassadeur d'Angleterre, M. Guizot,
M. de Guizard, M. d'Haubersaert, Mme la duchesse de
Massa, M. et Mme Serurier, M. G. Serurier, M. Jouffroy, M. de Canouville, les deux *miss Berry*, M. Caffarelli, M. Anisson, Mme de Rémusat, M. Sampayo,
le colonel Caradoc et vingt autres, ce qui faisait un
très joli salon ! ! ! »

Mercredi, 30 novembre 1836. — « Hier soir, aux
Tuileries, j'ai causé en particulier avec le roi pendant
dix minutes. Il a d'abord parlé des travaux de Versailles, qui avancent, mais sans qu'il puisse savoir
à quelle époque ils seront terminés. Le public ne sera
certainement pas admis à visiter le musée au 1er janvier
prochain, comme plusieurs journaux l'ont annoncé.
Ensuite, le roi s'est étendu sur les affaires d'Espagne,
déclarant que l'issue en était impossible à prévoir, et
que toute intervention étrangère serait une folie. « C'est
« aux Espagnols, dit-il, à régler leurs différents entre
« eux. Envoyer des soldats français dans ce pays serait
« les jeter dans un puits d'où il n'en sortirait pas un.
« Et en même temps ce serait les exposer à subir l'in-
« fluence des détestables principes de radicalisme dont

---

[1] Cette lettre de M. Doudan décrivait une soirée chez la duchesse de
Broglie. On a cru devoir l'insérer ici.

« l'Espagne est travaillée au moyen des clubs et des « associations révolutionnaires. » Louis-Philippe déplora vivement le mal produit par la lecture des journaux, et l'effet des mensonges qu'ils répandaient dans le peuple, mais ajouta que pour cela comme pour les troubles actuels de l'Espagne il n'y avait rien à faire. Aussi s'était-il décidé à ne lire presque aucun journal. Je lui exprimai mon regret du peu de connaissance que montraient nos feuilles anglaises de son caractère. Il répéta que le mal était sans remède, et reconnut qu'il lisait parfois les journaux anglais. (Je sais cependant qu'il les lit fort régulièrement et se montre fort mécontent de leurs insultes.)

« Le roi dit encore que le mieux était de s'appliquer à gouverner avec droiture, à faire le plus de bien possible au pays, à maintenir la paix, et de laisser les nations livrées à la guerre civile apprendre à démêler leurs affaires.

« Je lui répondis que je croyais que l'immixtion anglaise dans les affaires d'Espagne avait été mal calculée. Il sourit et s'inclina sans formuler son opinion. Je lui exprimai ma vieille et constante conviction, celle de la nécessité absolue de maintenir l'union entre la France et l'Angleterre ; et que, s'il en était ainsi, ces deux nations pourraient défier l'Europe entière. Donc il fallait travailler à empêcher tout événement capable de troubler cette bonne entente. Le roi exprima l'espoir que cette opinion était générale en France. Mais il revint à la préoccupation que lui causaient les affaires d'Espagne, à sa décision de ne pas s'en mêler, et à son regret de voir sa conduite sur ce point mal comprise par les Anglais.

Vendredi, 2 décembre. — « Nous avons été aux Tuileries à une heure, prendre congé de Mme Adélaïde. Son appartement se trouve au premier, on pourrait dire au rez-de-chaussée, du pavillon de Flore. »

11 décembre 1836. — « Repartie pour l'Angleterre. »

TABLE

Introduction et premier voyage. 1
Second voyage (1790). 19
Troisième voyage (1802). 27
Quatrième voyage (octobre 1802). 112
Londres (1813-1814). 127
Cinquième voyage (1816) 146
Sixième voyage (1818). 182
Septième voyage (1819). 189
Huitième voyage (1822). 228
Neuvième voyage (1823). 235
1828. — Critiques, par B. Constant. 239
Dixième et Onzième voyages (1828-1829). 244
Douzième voyage (1830. — Lettres et Journal) . . . 248
Treizième voyage (1834). 284
Quatorzième voyage (1836). 303

31515. — Tours, imprimerie Mame.

www.ingramcontent.com/pod-product-compliance
Lightning Source LLC
Chambersburg PA
CBHW071336150426
43191CB00007B/760